Christophe Deissenberg

Stochastische Systeme mit vollkommenen Verbindungen und ihre ökonomische Anwendung

Eine Einführung

VERLAG HARRI DEUTSCH, ZÜRICH, FRANKFURT/M., THUN 1976

ISBN 3 87144 293 3

difo-druck · schmacht bamberg

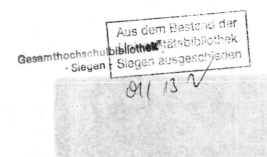

V O R W O R T

Die vorliegende Arbeit entstand unter dem etwas kürzeren Titel "Stochastische Systeme mit vollkommenen Verbindungen - Eine Einführung" als Dissertation des Fachbereichs Wirtschaftswissenschaften der Johann Wolfgang Goethe-Universität Frankfurt am Main. Sie wurde Ende 1973 abgeschlossen und erscheint nun unverändert.

Ich möchte diese Gelegenheit benutzen, meinen beiden Lehrern Heinz Sauermann und Waldemar Wittmann sehr herzlich für ihre Unterstützung und Ermunterung zu dieser Arbeit zu danken. Danken möchte ich auch Hans W. Gottinger für seine ausführliche und kritische Durchsicht des Manuskripts, Siegmar Stöppler, der viele Stunden lang als williger Diskussionspartner fungierte, und Georges Le Calvé, M. Frank Norman sowie vor allem Radu Theodorescu für die Überlassung von zum Teil unveröffentlichtem Material. Dank und Bewunderung schulde ich schliesslich auch Denise Deissenberg, die die Reinschrift besorgte und die, zusammen mit dem Rest meiner engeren Familie, die Entstehung dieser Arbeit mit erstaunlichem Gleichmut überstand.

Konstanz, Juli 1976

INHALTSVERZEICHNIS

EINLEITUNG

Die stochastischen Systeme mit vollkommenen Verbindungen bilden eine sehr allgemeine Klasse von stochastischen Prozessen, die in den letzten Jahren durch rumänische und französische Mathematiker systematisch untersucht wurden. Ihre potentielle Bedeutung für die Wirtschafts- und Sozialwissenschaften liegt vor allem darin, daß sie die explizite Berücksichtigung von Wechselwirkungen zwischen zwei "Teilsystemen" erlauben. Es ist daher kein Zufall, wenn die Entwicklung der Theorie der stochastischen Systeme mit vollkommenen Verbindungen maßgeblich durch Fragestellungen der mathematischen Lerntheorie motiviert wurde. In den Wirtschaftswissenschaften haben sie jedoch, wenn man von einem Aufsatz von Jacobs (JACOBS [1958]) absieht, bislang kaum Berücksichtigung gefunden.

Mit der vorliegenden Arbeit soll eine Einführung in die Theorie der stochastischen Systeme mit vollkommenen Verbindungen unter besonderer Berücksichtigung eventueller Anwendungen in den Wirtschaftswissenschaften gegeben werden. Die Arbeit ist weitgehend in sich abgeschlossen. Zu ihrem Verständnis sind eigentlich nur elementare Vorkenntnisse in Linearer Algebra, Analysis und Mengenlehre erforderlich. Aufgrund der behandelten Thematik ist die Lektüre dieser Arbeit jedoch recht mühsam für jeden, der nicht gewohnt ist, formal zu arbeiten.

Es wurde nicht versucht, die schon zahlreichen speziellen Ergebnisse der Theorie der stochastischen Systeme mit vollkommenen Verbindungen mehr oder minder vollständig wiederzugeben. Vielmehr wurde besonderer Wert darauf gelegt, die Vorkenntnisse bzw. das Vorverständnis zu vermitteln, die für eine selbständige Einarbeitung in diese speziellen Fragen notwendig sind.

Da alle Arbeiten über die stochastischen Systeme mit vollkommenen Verbindungen bislang allgemeinst, d.h. maßtheoretisch, gehandhabt wurden, war es in Anbetracht der letzt genannten Zielsetzung unerlässlich, die vorliegende Untersuchung auch maßtheoretisch darzustellen. Es stellte sich heraus, daß die benötigten maßtheoretischen Begriffe nur in recht anspruchsvollen Mathematikbüchern eingeführt wurden. Es war daher unumgänglich, eine eigene Einführung in die

Wahrscheinlichkeitstheorie anzubieten. Dies wird im zweiten Kapitel dieser Arbeit getan. Dabei gilt unser Interesse mehr der axiomatischen Begründung der dargelegten Strukturen als ihren abgeleiteten Eigenschaften. Obwohl die Zusammensetzung dieses zweiten Kapitels durch die spezifischen Erfordernisse dieser Arbeit bedingt ist, dürfte sie umfassend genug sein, um zu einem Allgemeinverständnis der meisten maßtheoretisch gehandhabten ökonomischen Ansätze zu verhelfen.

Nachdem die Aufnahme eines solchen Einführungskapitels sich als technisch notwendig erwiesen hatte, lag es nahe, in einem ersten Kapitel einen kurzen Überblick über die Bedeutung des wahrscheinlichkeitstheoretischen Gedanken in der Wirtschaftstheorie zu geben.

Die eigentliche Behandlung der stochastischen Systeme mit vollkommenen Verbindungen erfolgt im Kapitel 3. Im ersten Abschnitt dieses Kapitels wird das Schwergewicht auf die anschauliche Darlegung der grundlegenden Strukturen gelegt, sowie auf die umfassende Ableitung bzw. Erläuterung der für wirtschaftswissenschaftliche Anwendungen relevantesten Eigenschaften der stochastischen Systeme mit vollkommenen Verbindungen. Die vorgetragenen Ergebnisse bleiben jedoch in der Regel sehr abstrakt und lassen leicht erkennen, wie weit der Weg zu relevanten Modellen ist. Wir möchten jedoch darin mehr eine Herausforderung als einen Mangel sehen.

Sehr viel unmittelbarer anwendbar sind die Ergebnisse vom zweiten Abschnitt Kapitels 3. Dort wird versucht, von den stochastischen Systemen mit vollkommenen Verbindungen ausgehend "Entscheidungssysteme mit vollkommenen Verbindungen" zu definieren. Die Grundsteine zu einer allgemeinen Theorie der Entscheidungssysteme mit vollkommenen Verbindungen werden gelegt. Wir erhalten dabei die Möglichkeit, einerseits komplizierte Markoff-Modelle mühelos zu optimieren, andererseits eine bestimmte Klasse von Nicht-Markoff-Prozesse indirekt zu optimieren.

Die im laufenden Text ohne besondere Hervorhebung angegebenen Beispiele sind der Anschaulichkeit halber in eine ökonomische Problemstellung eingebettet. Der Leser sollte jedoch nicht versuchen, entgegen der verfolgten Absicht darin allzuviel ökonomischen Gehalt zu finden. Die in besonderen Unterabschnitten angegebenen Beispiele beziehen sich dagegen stets auf eine wesentliche Fragestellung, die in dieser Art schon behandelt wurde bzw. behandelt werden könnte. Insbesondere lassen sich die Beispiele von Entscheidungssystemen mit vollkommenen Verbindungen direkt auf ökonomische Probleme übertragen.

BEZEICHNUNGEN UND KONVENTIONEN

Mengen

Wir benutzen die üblichen mengentheoretischen Symbole. $A \subset B$ bedeutet, daß A eine Teilmenge von B ist; A=B ist hierbei zugelassen. Die leere Menge wird mit $\emptyset$ bezeichnet. Die Menge der Punkte x, die einen Bedingungskomplex B erfüllen, wird mit $\{x;B\}$ bezeichnet. Menge und Raum, Punkt und Element werden als Synonyme verwendet. Die Isomorphie wird mit $\approx$ bezeichnet.

Als abzählbare Menge wird eine endliche oder abzählbar unendliche Menge bezeichnet.

Zahlen

Im Folgenden bezeichnet stets N die Menge der natürlichen Zahlen, N^* die Vereinigung von N mit der Zahl 0, Z die Menge der ganzen Zahlen. Mit R soll der Körper der reellen Zahlen mit seiner üblichen Topologie, also die Zahlengerade, bezeichnet werden. R^n ist der n-dimensionale euklidische Raum. Das Intervall $(a,b]$, $a,b \in R$, ist als $\{x \in R;\ a<x\le b\}$ definiert; die anderen Intervallarten werden entsprechend definiert. Wenn $a = (a_1,\dots,a_n)$ und $b = (b_1,\dots,b_n)$ Punkte in R^n sind, so bedeutet $a \le b$, daß $a_i \le b_i$ für $i=1,\dots,n$ ist. Das Intervall $(a,b]$ ist definiert als $\{x \in R^n;\ a_i<x_i\le b_i,\ i=1,\dots,n\}$; die anderen Intervallarten werden ähnlich **definiert.**

Die <u>kompaktifizierte Zahlengerade</u> $R \cup \{\infty\} \cup -\{\infty\}$ wird mit $\bar{R}$ bezeichnet. Wir folgen folgenden Konventionen in $\bar{R}$:

$a + \infty = \infty + a = a, \quad a - \infty = -\infty + a = -\infty, \quad a \in R$;

$\infty + \infty = \infty, \quad -\infty -\infty = -\infty, \quad \infty - \infty$ ist nicht definiert;

$$b \cdot \infty = \infty \cdot b = \begin{cases} \infty & \text{für } b \in \bar{R},\ b>0 \\ -\infty & \text{für } b \in \bar{R},\ b<0 \\ 0 & \text{für } b=0 \end{cases} \quad ;$$

$\frac{a}{\infty} = \frac{a}{-\infty} = 0$, $a \in R$;

$\frac{\infty}{\infty}$ ist nicht definiert.

Man bemerke, daß unter diesen Konventionen $\bar{R}$ keine Boole'sche Algebra ist. Intervalle in $\bar{R}$ werden ähnlich wie Intervalle in R definiert. R^+ bzw. $\bar{R}^+$ ist die Menge aller Zahlen $r \in R$ bzw. $r \in \bar{R}$ mit $r \geq o$.

Abbildungen und Funktionen

Eine Vorschrift, die jedem Punkt ω einer Menge Ω genau einen Punkt ω' einer Menge Ω' zuordnet, heißt eine Abbildung von Ω in Ω' bzw. eine Abbildung auf Ω. Ω heißt die Urbildmenge, jeder Punkt $\omega \in \Omega$ heißt ein Urbild; entsprechend heißt Ω' die Bildmenge und jeder Punkt $\omega' \in \Omega$ heißt ein Bild. Falls jedem Bild genau ein Urbild entspricht, heißt die Abbildung eineindeutig.

Eine Abbildung T von Ω in Ω' wird mit $T:\Omega \to \Omega'$, $\Omega \overset{T}{\to} \Omega'$, bzw. für $\omega \in \Omega$ und $\omega' \in \Omega'$, mit $T:\omega \to \omega'$ oder $\omega \to T(\omega)$ bezeichnet. Gelegentlich wird die Schreibweise $T(\cdot) = \{T(\omega)\}$ benutzt, um die möglichen Urbilder von $T(\cdot)$ hervorzuheben.

Das Inverse einer Abbildung T, auch inverse Abbildung genannt, wird mit T^{-1} bezeichnet. Sie wird definiert durch $T^{-1}(A) = \{\omega \in \Omega; T(\omega) \in A\}$ für alle $A \in \Omega'$.

Ist T eine Abbildung von einer Menge Ω in eine Menge Ω' und U eine Abbildung von Ω' in eine Menge Ω'', so bezeichnet $U \circ T$ die Produktabbildung $U(T):\Omega \to \Omega''$.

Ist T eine Abbdilung mit Urbildern von der Form (ω_1, ω_2), so bezeichnet $T(\omega_1, \cdot)$ die Abbildung $\omega_2 \to T(\omega_1, \omega_2)$ bei festgehaltenem ω_1.

Eine Abbildung in eine Menge A von reellen Zahlen wird Funktion genannt. Im Spezialfall $A \subset R$ bzw. $A \subset \bar{R}$ werden wir von einer reellen bzw. numerischen Funktionen sprechen.

Sind f und g numerische Funktionen auf eine Menge Ω, so bedeutet $f \leq g$, daß $f(\omega) \leq g(\omega)$ für alle $\omega \in \Omega$ gilt. Gelegentlich wird die Menge $\{\omega \in \Omega; f(\omega) \leq g(\omega)\}$ mit $\{f \leq g\}$ bezeichnet. Die Urbildmenge $\{\omega \in \Omega; f(\omega) \in A'\}$ wird entsprechend mit $\{f \in A'\}$ bezeichnet. $f+g$, fg usw. bedeutet die durch $\omega \to [f(\omega)+g(\omega)]$, $\omega \to f(\omega)g(\omega)$ usw. definierte Funktion.

Ist f eine numerische Funktion auf eine Menge Ω, so ist der Positivteil von f definiert durch $f^+ = \max(f,o)$; sein Negativteil ist definiert durch $f^- = \min(-f,o)$.

Es gilt:

$$f^+(\omega) = \begin{cases} f(\omega) & \text{für } f(\omega) \geq o \\ o & \text{für } f(\omega) < o \end{cases}$$

$$f^-(\omega) = \begin{cases} -f(\omega) & \text{für } f(\omega) \leq o \\ o & \text{für } f(\omega) > o \end{cases} \quad .$$

Sei $A \subset \Omega$. I_A bezeichnet stets die Indikatorfunktion von A, definiert durch

$$I_A(\omega) = \begin{cases} o & \text{für } \omega \notin A \\ 1 & \text{für } \omega \in A \end{cases} \quad .$$

δ_ω bezeichnet stets das durch die Einheitsmasse in ω definierte Wahrscheinlichkeitsmaß. Man sagt, daß die Wahrscheinlichkeit δ_ω in ω konzentriert ist.

Das Integral $\int fd(x)$ einer Funktion f mit $x = (x_1,x_2,\ldots,x_n)$ wird mit $\int f(dx_1 \times dx_2 \times \ldots \times dx_n)$ bzw. $\int fd(x_1 \times x_2 \times \ldots \times x_n)$ bezeichnet.

Seien Elemente ω einer Menge Ω durch Elemente t einer Menge T indiziert (es besteht also eine Abbildung von T in Ω). Die Menge der durch T indizierten Elemente ω_t erscheint in der Schreibweise $(\omega_t)_{t \in T}$ oder einfach (ω_t). (ω_t) wird Familie genannt. Ist T=N, heißt (ω_t) speziell eine Folge und wird auch mit (ω_t), t=1,2,... bezeichnet. Ist T=1,2,...,n, so heißt (ω_t) eine endliche Folge und kann mit (ω_t), t=1,2,...,n bezeichnet werden. Eine n-Tupel ist eine endliche Folge mit T=1,...,n.

Meßräume

Ein Meßraum erscheint in der Schreibweise $(\Omega,\mathscr{A})$, $(\underline{D},\mathscr{D})$, $(\underline{X},\mathscr{X})$ und ähnlich. Der erste Buchstabe bezeichnet die zugrundegelegte Menge, der zweite Buchstabe die entsprechende σ-Algebra. Es gilt in der Regel $\Omega=\{\omega\}$, $\mathscr{A}=\{A\}$, $\underline{D}=\{d\}$, $\mathscr{D}=\{D\}$, $\underline{X}=\{x\}$, $\mathscr{X}=\{X\}$, usw.

Sei $\mathscr{E}$ eine Menge von Teilmengen. $\sigma(\mathscr{E})$ ist stets die durch $\mathscr{E}$ erzeugte σ-Algebra.

Es sei an einigen der getroffenen Bezeichnungskonventionen, die bei der Untersuchung eines SVV ständig benutzt werden, erinnert: Sei $(\underline{X}_i,\mathscr{X}_i)$ eine Folge von zu einem Meßraum $(\underline{X},\mathscr{X})$ isomorphen Meßräumen. Der Produktraum $(\prod_{i=1}^{n} \underline{X}_i, \bigotimes_{i=1}^{n} \mathscr{X}_i)$, n endlich, wird mit $(\underline{X}^{(n)},\mathscr{X}^{(n)})$ bezeichnet. Dann bezeichnet $x^{(n)} = (x_1,\ldots,x_n)$ ein Element von $\underline{X}^{(n)}$ und $X^{(n)} = (X_1,\ldots,X_n)$ ein Element von $\mathscr{X}^{(n)}$. Wenn in einem Ausdruck $x^{(n)}$ (bzw. $X^{(n)}$) und x_i (bzw. X_i) vorkommen, ist x_i (bzw. X_i) die i-te Komponente von $x^{(n)}$ (bzw. von $X^{(n)}$). Entsprechend sind die Komponenten von $x^{(k)}$ (bzw. $X^{(k)}$) die k ersten Komponenten von $x^{(n)}$ (bzw. von $X^{(n)}$), $k \geq n$, wenn $x^{(k)}$ (bzw. $X^{(k)}$) und $x^{(n)}$ (bzw. $X^{(n)}$) in dem gleichen Ausdruck vorkommen. Die Schreibweise $(\underline{X}^T, \mathcal{X}^T)$ wird für das Produkt von unendlich vielen durch T indizierten isomorphen Meßräumen $(\underline{X}_t, \mathcal{X}_t)_{t \in T}$ verwendet.

Erscheinen die Symbole x_i, $x^{(n)}$, X_i, $X^{(n)}$ usw. in einem Ausdruck, so bezeichnen sie feste Punkte. Variable oder Elemente, die erst durch den Verlauf eines stochastischen Prozesses bestimmt werden, sind dann meistens durch $\cdot$ bezeichnet. (Vgl. oben die Konvention bezüglich $f(\omega_1, \cdot)$).

Man bemerke: Auch Matrizen werden gelegentlich mit einem unterstrichenen Buchstabe bezeichnet. X bezeichnet im zweiten Kapitel Zufallsvariable.

Metrik

Sei Ω eine Menge. Eine Metrik d auf Ω ist eine Funktion von $\Omega \times \Omega$ in R^+, mit

$d(x,y) \geq o$;

$d(x,y) = o$ dann und nur dann, wenn $x=y$;

$d(x,y) = d(y,x)$;

$d(x,y) \leq d(x,y) + d(y,z)$;

für alle $x,y,z \in \Omega$.

Die Zahl $d(x,y)$ heißt der Abstand zwischen x und y.

Eine Menge, auf die eine Metrik definiert ist, heißt metrischer Raum.

Ordnungsbeziehung

Eine partielle Ordnung über eine Menge Ω ist eine Beziehung $\leq$, die

a) reflexiv: $x \leq x$;

b) antisymmetrisch: $x \leq y$ und $y \leq x \Rightarrow x=y$;

c) transitiv: $x \leq y$ und $y \leq z \Rightarrow x \leq z$;

für alle $x,y,z \in \Omega$ ist.

Eine Menge Ω heißt dann und nur dann geordnet, wenn für alle $x,y \in \Omega$ entweder $x \leq y$ oder $y \leq x$ ist. Eine geordnete Menge Ω heißt rechts-unendlich, wenn sie unendlich ist und wenn $\omega \in \Omega$ gilt mit $\omega' \geq \omega$ für alle $\omega' \in \Omega$. Links-unendliche Mengen usw. werden entsprechend definiert.

Beweise

Der Anschaulichkeit halber werden die verschiedenen Beweispunkte durch □ hervorgehoben. Q.E.D. deutet das Ende eines Beweises an.

Abbildungen

In den Abbildungen bedeutet ein gerade Pfeil → eine deterministische Zuordnung. Einem gewellten Pfeil ⇝ entspricht eine stochastische Vorschrift.

Gliederung der Kapitel

Die Kapitel sind gegliedert in Abschnitte (2 Zahlen, z.B. 2: 7), Unterabschnitte (3 Zahlen, z.B. 2: 7.1) und (gleichgestellte) Definitionen, Sätze, Bemerkungen usw. (4 Zahlen, z.B. 2:8.1.4). 2: 7.1.4. bedeutet also Kapitel 2, Abschnitt 7, Unterabschnitt 1, Definition o.ä. 4.

Die Gleichungen sind in jedem Kapitel durchgehend numeriert. (2: 10) bezeichnet z.B. die zehnte Gleichung von Kapitel 2. Das Gleiche gilt für die Abbildungen und Tabellen.

1. ALLGEMEINE BEMERKUNGEN: WAHRSCHEINLICHKEITSTHEORIE, MEßBARKEIT, UND WIRTSCHAFTS-WISSENSCHAFTEN

1: 1. WAHRSCHEINLICHKEITSTHEORIE UND WIRTSCHAFTSWISSENSCHAFTEN

Es lässt sich sehr eindeutig zeigen, daß die neoklassische Ökonomie ganz wesentlich durch die (deterministische) Physik des neunzehnten Jahrhunderts beeinflüsst worden ist. Die Entwicklung, welche die formalen Ansätze der Wirtschaftstheorie erfahren haben bzw. noch erfahren, scheint überhaupt in ihren Grundlinien die Entwicklung der Naturwissenschaften und insbesondere der Physik nachzuvollziehen, allerdings mit einer Verzögerung, die bis zu 50 Jahre betragen kann (KRUPP [1966], TINTNER [1968], TINTNER und SENGUPTA [1972]).

Nun hat sich gerade in den letzten 50 Jahren das Weltbild der Physik grundlegend verändert. Von einer deterministischen Physik, die ihren Höhepunkt und zugleich den Anfang ihres Niederganges mit der Einsteinschen Relativitätstheorie zu verzeichnen hatte, ist man zu einer fundamental probabilistischen Auffassung von der Natur übergegangen. Dieser Wandel des physikalischen Denkens hat sehr bald zu einer Revision der traditionellen Wissenschaftstheorie geführt. Recht weitgehend wird heute die Ansicht vertreten, daß jede Erkenntnis über die reale Welt nur probabilistischer Natur sein kann.

Diese "probabilistische Revolution" hat verschiedene tiefsinnige wirtschaftstheoretische Arbeiten angeregt. Sie versuchen den Nachweis, daß die Ökonomie als stochastische Wissenschaft aufgefasst werden muß und daß entsprechend die mathematische Wirtschaftstheorie eine ähnliche Umwandlung zu vollziehen habe wie die Physik (GEORGESCU-ROEGEN [1966], [1971], BORCH [1968]).

An dieser Stelle können wir uns nicht mit den Gedanken dieser Autoren auseinandersetzen. Sollten aber ihre Überlegungen der Kritik standhalten, so ist trotzdem nicht zu erwarten, daß die probabilistischen Ansätze der Wirtschaftstheorie die deterministischen vollständig verdrängen. Pragmatisch betrachtet rechtfertigt sich die durch die Einführung stochastischer Elemente bedingte erhöhte Komplexität eines Modells erst dann, wenn das betrachtete Phänomen sich in einem deterministischen Ansatz nicht hinreichend beschreiben lässt. Dabei entscheiden Zweckmässigkeitskriterien in jedem Einzelfall, was unter "hinreichend" zu verstehen ist. Die Wahrscheinlichkeitstheorie lehrt uns zudem, daß in zahlreichen Fällen eine sehr gute Approximation stochastischer Vorgänge durch deterministische möglich ist. Dies gilt insbesondere, wenn man sich für das Durchschnittsverhalten von sehr vielen, unabhängigen, gleichen Elementen interessiert (Gesetz der großen Zahlen). Damit erklärt sich, warum deterministische Ansätze für die meisten technischen Anwendungen physikalistischen Wissens immer noch unverminderte Gültigkeit haben. Das folgende einfache Beispiel stützt aber die Vermutung, daß in der Wirtschaftstheorie solche deterministische Approximation nur in verhältnismässig wenigen Fällen und dann nur unter sehr speziellen Bedingungen zulässig ist.

Unter allen ökonomischen Ansätzen erfüllt am ehesten die klassische Vorstellung des vollständigen Wettbewerbs alle Voraussetzungen für die Gültigkeit des Gesetzes der großen Zahlen. In einer solchen Situation gibt es eine große Anzahl von gleichgestellten, voneinander unabhängigen Wirtschaftssubjekten, sodaß es gerechtfertigt ist, mit Mittelwerten als deterministischen Größen zu arbeiten, und zwar unabhängig davon, ob das Verhalten der Wirtschaftssubjekte deterministisch ist oder nicht.

Leider scheint die vollständige Konkurrenz kaum der Gegebenheit realer Märkte zu entsprechen. Charakteristisch für die entwickelten Nationen sind Marktstrukturen, die zwischen reinem Monopol und vollständiger Konkurrenz liegen. Hier gilt das Gesetz der großen Zahlen nicht mehr. Daher sind diese Märkte mithilfe deterministischer Ansätze nur zu beschreiben, wenn die Wirtschaftssubjekte sich nach deterministischen und nach exakt bekannten Regeln verhalten.[1] Derartige Annahmen sind jedoch einerseits kaum plausibel und widersprechen andererseits zahlreichen sozialökonomischen Befunden (KOO [1963]).

---

1) Bei unbekannten Verhaltensregeln kann der Beobachter nur von subjektiven Wahrscheinlichkeiten ausgehen. Hier muß jeder deskriptive Ansatz stochastisch sein.

Ein kleiner Exkurs erscheint an dieser Stelle angebracht. Mindestens ein formaler Ansatz ist in weit stärkerem Masse durch die Problemstellungen der Ökonomie bestimmt worden als durch die der Physik, nämlich die mathematische Spieltheorie. Allerdings sind ihre Erfolge weitgehend auf Analysen des bilateralen Monopols sowie der vollständigen Konkurrenz begrenzt. Entgegen ursprünglicher Hoffnungen und trotz zahlreicher Forschungsbemühungen hat aber die Spieltheorie keine befriedigenden Ergebnisse bei oligopolitischer Konkurrenz und ähnlicher Fälle geliefert. Das sind gerade die oben angedeuteten Fälle, für die der deterministische Ansatz unzulänglich ist.

Im Anschluss an die berühmte Hypothese von Pareto über die Einkommensverteilung (PARETO [1927]) findet man in allen Teilbereichen der Wirtschaftstheorie vereinzelte Versuche, stochastische Momente in ökonomischen Modellen zu berücksichtigen. Offensichtlich hat jedoch das wahrscheinlichkeitstheoretische Denken bislang eine zentrale Bedeutung nur dort erlangt, wo entweder keine gefestigte Theorie vorhanden war, oder wo der Glaube an die Theorie den Erfolgsregeln der Praxis weichen musste.

Einen ersten systematischen Gebrauch stochastischer Elemente finden wir in der Ökonometrie. Allerdings müssen in ökonometrischen Modellen die Funktionalzusammenhänge prinzipiell als deterministische aufgefasst werden. Stochastisch sind diese Modelle nur insofern, als sogenannte "Störglieder" eingeführt werden, um die z.B. durch Beobachtungsfehler auftretenden Unstimmigkeiten zu berücksichtigen. Daher wird man trotz ihres statistischen Ursprungs ökonometrische Modelle nicht als "echte" stochastische Modelle betrachten können. Allerdings sei kurz erwähnt, daß die Trennung von einfachem, deterministischem "Gesetz" und nicht-deterministischer "Störung" erhebliche methodologische Zweifel aufwirft. (Kapitel V von BACHELARD [1960]).

Weit grundsätzlicher werden stochastische Elemente in volkswirtschaftlichen Planungsmodellen berücksichtigt. Hier sind sowohl die richtungsweisenden Arbeiten von Theil zu nennen, als auch die neueren, mathematisch anspruchsvolleren Ansätze von Sengupta, Aoki, Radner, u.a. . Zwar wird in der Mehrzahl dieser Ansätze die Unsicherheit über die Störglieder eines ökonometrischen Modells eingeführt, das als Abbild der betrachteten Wirtschaft zugrunde gelegt wird. Diese Unsicherheit wird aber zum organischen Teil des Planungsprozesses. Die Fiktion einer deterministischen Wirtschaft mit kleinen stochastischen Störungen wird nicht aufrechterhalten.

Damit sind die wichtigsten praxisorientierten Ansätze der Volkswirtschaftslehre genannt worden. Darüberhinaus gibt es seit kurzem den Versuch, eine probabilistische "reine" Theorie zu entwickeln. Vor allem wird systematisch daran gearbeitet, die Preistheorie zu probabilisieren, wobei meist maßtheoretisch vorgegangen wird. Dieses sind durchwegs sehr anspruchsvolle Arbeiten, die vorwiegend aus dem "Institute for Mathematical Studies in the Social Sciences" in Stanford stammen und in der Regel im "Journal of Economic Theory" veröffentlicht werden.

Der ökonomische Teilbereich, in dem sich das wahrscheinlichkeitstheoretische Denken am vollständigsten eingebürgert hat, ist zweifelsohne die Unternehmensforschung. Eine Reihe ihrer Problemstellungen - Warteschlangentheorie, Ersatztheorie, usw. - wurden von vornherein wahrscheinlichkeitstheoretisch behandelt. Ursprünglich deterministisch gefasste Ansätze der Unternehmensforschung wurden zum größten Teil später probabilisiert. Dazu zählen vor allem die Ansätze der stochastischen Programmierung, welche die deterministische Programmierung erweitern und immer mehr an Boden gewinnen.

Es wäre aber falsch, die besonders ausgeprägte Berücksichtigung stochastischer Ansätze in der Unternehmensforschung ausschliesslich auf die grössere Praxisnähe der Betriebswirtschaft zurückzuführen. Die Tatsache, daß sich wahrscheinlichkeitstheoretisches Denken sehr viel leichter im Rahmen des einzelnen Unternehmens als im Rahmen der gesamten Volkswirtschaft durchsetzen konnte, hat wesentlich technologisch strukturelle Gründe. Insbesondere haben Einzelbetrieb und Volkswirtschaft ganz unterschiedliche Zeitperspektiven, die in unterschiedlichen entscheidungsrelevanten Ereignisfolgen gründen. Zum Beispiel hat eine Telefongesellschaft schon nach wenigen Tagen brauchbare Informationen über die Schwankungen in der stündlichen Belastung ihres Leitungsnetzes. Dagegen braucht man Jahre, bevor man sinnvolle statistische Aussagen über - sagen wir - saisonale Schwankungen im Verkehrsaufkommen machen kann.

Liegen aber zehn oder gar zwanzig Jahre zwischen der ersten und der neuesten Datenerhebung einer volkswirtschaftlichen Zeitreihe, so kann man diese Daten vernünftigerweise nicht mehr als Stichproben aus einer gemeinsamen Verteilung ansehen. Man muß vielmehr annehmen, daß infolge von wirtschaftlichen Strukturveränderungen die zugrunde liegenden Verteilungen sich verändert haben (HAYEK [1952]). Formal bedeutet das den Zwang, mit zeitabhängigen stochastischen Prozessen zu arbeiten. Dabei ist zu erwarten, daß die Zeitabhängigkeit nicht einfacher Art sein wird, sondern Trends, saisonale Schwankungen, irreguläre Zyklen o.ä. enthält. Das führt die Statistik in phantastische Schwierigkeiten, zu deren Lösung heute kaum ein Weg bekannt ist.

1: 2. MEßBARKEIT

Das Problem des Messens ist grundlegend für die ganzen Wirtschafts- und Sozialwissenschaften. Die Fragen der Meßbarkeit, die den Gegenstand der sogenannten Maßtheorie bilden, und die uns in dieser Arbeit mehrfach beschäftigen werden, haben jedoch nur mit einem anscheinend sehr sekundären Teilproblem zu tun. Es handelt sich um die formalen Schwierigkeiten, die auftreten, wenn man überabzählbare, also "kontinuierliche" Mengen messen will. Diese Schwierigkeiten verschwinden, sobald man mit abzählbaren (diskreten) Mengen arbeitet, gleichgültig, ob diese Mengen endlich oder unendlich sind.

Wir haben im Vorwort schon erklärt, daß es uns notwendig erscheint, in der vorliegenden Arbeit maßtheoretisch vorzugehen, um den Anschluß an die vorhandene Literatur zu sichern. Allgemein kann es jedoch ungerechtfertigt erscheinen, in der Wirtschaftstheorie überhaupt irgendeine Aufmerksamkeit Fragen der Meßbarkeit zu schenken. Zwar liefert der maßtheoretische Ansatz dem Mathematiker eine sehr reichhaltige Theorie. Wie oben erläutert, hat er dennoch nur Sinn bei strenger Kontinuität der betrachteten Mengen, und genau in der Wirtschaftstheorie scheint diese Kontinuität nicht gegeben zu sein. Die grundlegenden Größen der Wirtschaftstheorie - etwa Mengen oder Preise - sind offensichtlich nicht beliebig teilbar, sondern werden immer als Mehrfache einer kleinsten Einheit ausgedrückt. Diese Einheit kann sehr klein gewählt werden, man denke z.B. an Gramm oder Milligramm, Pfennige oder Tausendstel von Pfennigen. Sie wird aber nie "unendlich klein", sodaß strenge Kontinuität nicht währt wird. Damit wird höchstens mit unendlich abzählbar vielen Mengen oder Preisen gearbeitet, nie aber mit überabzählbar vielen.

Zwar arbeitet die mathematische Wirtschaftstheorie faktisch fast ausschliesslich mit kontinuierlichen Mengen bzw. Funktionen. Bewußt oder unbewußt wird aber dabei vorausgesetzt, daß es sich nur um eine zweckmässige Approximation für diskrete Zusammenhänge handelt. Da im diskreten Fall Meßbarkeitsprobleme nicht auftreten, wird für diese Approximation a priori angenommen, daß alle Meßbarkeitsanforderungen erfüllt sind. Die ganze Meßbarkeitsproblematik wird überhaupt nicht angesprochen.

Warum aber wird in der mathematischen Wirtschaftsforschung mehr und mehr maßtheoretisch argumentiert? Zwei Hauptgründe sind erkennbar. Einerseits zwingt der maßtheoretische Ansatz, Annahmen explizit zu machen, die sonst als Annahmen nicht zu erkennen wären. Typisch dafür sind zum Beispiel die Ergebnisse von Aumann, der in einem der ersten maßtheoretischen Ansätze der mathematischen Wirtschaftstheorie gezeigt hat, daß vollkommener Wettbewerb ein Kontinuum von Wirtschaftssubjekten impliziert (AUMANN [1964]). Damit wurden die Ergebnisse von Cournot widerlegt, der für die Existenz eines vollkommenen Wettbewerbs nur unendlich viele Wirtschaftssubjekte als notwendig ansah. Diese u.E. recht wesentliche Verfeinerung der Theorie war nur unter Anwendung des maßtheoretischen Instrumentariums möglich, da erst dieses eine strenge Unterscheidung zwischen abzählbar unendlichen und überabzählbaren Mengen erlaubt.

Andererseits bedingt nicht nur die Maßtheorie eine Straffung der formalen Annahmen, sondern führt mit ihren reichhaltigen inhaltlichen Implikationen zu einer neuen Denkweise, die sich als durchaus fruchtbar für die Wirtschaftstheorie erweisen kann. Zur Illustration dieser Behauptung sei unter anderen auf die Arbeiten von Van Praag hingewiesen, der versucht, in Analogie zur Maßtheorie ein neues formales Instrumentarium zur Behandlung der Fragen des Konsumentenverhaltens zu entwickeln (VAN PRAAG [1968]).

Die Maßtheorie mag zur Zeit noch als ein Spielzeug,als ein Experiment in den Händen einer kleinen Gruppe von Theoretikern erscheinen. Zu dieser zählen aber neben anderen Gale, Hildenbrand, Radner, Samuelson, Stiglitz und Uzawa, deren Kompetenz vermuten lassen sollte, daß der maßtheoretische Ansatz seinen Platz in der ökonomischen Wissenschaft finden wird.

1: 3. STOCHASTISCHE SYSTEME MIT VOLLKOMMENEN VERBINDUNGEN UND SPIELTHEORIE

Im Vorwort wurde gesagt, daß die stochastischen Systeme mit vollkommenen Verbindungen ihre Bedeutung für die Sozial- und Wirtschaftswissenschaften vor allem darin finden, daß sie die explizite Berücksichtigung von Wechselwirkungen zwischen zwei Teilsystemen in einem dynamischen, probabilistischen Kontext erlauben. Diese Eigenschaft teilen sie mit den sehr viel bekannteren stochastischen (Zwei-Personen-) Spielen. (Bei den stochastischen Spielen stellen die Spieler die Teilsysteme dar, die über die Entscheidungen in gegenseitiger Beeinflussung stehen). Es erscheint angebracht, schon an dieser Stelle eine kurze Parallele zwischen Spielen und stochastischen Systemen mit vollkommenen

Verbindungen zu ziehen, wobei wir selbstverständlich auf einer intuitiven Ebene bleiben müssen.

Die Definition eines Spieles setzt grundsätzlich die Angabe von Zielfunktionen voraus, nämlich je einer Zielfunktion für jeden Spieler. Diesen Zielfunktionen müssen in der Regel unterschiedliche Zielvorstellungen entsprechen, sodaß eine Konfliktsituation gegeben ist.

Die Vorschriften, die die Entscheidungen der Spieler und damit die Wechselwirkungen im Spielablauf bestimmen - das sind die sogenannten Strategien - werden nicht mit der Definition des Spieles a priori spezifiziert. Vielmehr werden in der Regel alternative Strategien hinsichtlich der Werte der Zielfunktionen untersucht, die bei ihrer Anwendung zu erwarten sind. Die typische Fragestellung der Spieltheorie ist dann die Bestimmung der besten Strategien, wobei die genaue Bedeutung des Wortes "besten" uns hier nicht zu interessieren braucht.

Wie wir es noch im dritten Kapitel sehen werden, beinhalten dagegen stochastische Systeme mit vollkommenen Verbindungen keine Zielfunktion. Die Spezifizierung der Vorschriften, die die Art und Weise bestimmen, in der sich die betrachteten Teilsysteme gegenseitig beeinflussen, erfolgt hier nicht in Hinblick auf eine möglichst gute Erfüllung von Zielen, sondern wird zum Bestandteil der Definition der einzelnen stochastischen Systeme mit vollkommenen Verbindungen. Die typische Fragestellung bezieht sich nicht mehr auf ein Auswahlproblem. Man interessiert sich eher für das Grenzverhalten verschiedener Typen von stochastischen Systemen mit vollkommenen Verbindungen bei unendlichen Folgen von Wechselwirkungen.

Die stochastischen Systeme mit vollkommenen Verbindungen erscheinen insofern als rein deskriptive, die Spiele dagegen als weitgehend normative Strukturen.

Eine Zielfunktion wird zwar in der Definition der stochastischen Entscheidungssysteme mit vollkommenen Verbindungen eingeführt. Es handelt sich jedoch um eine einzelne Funktion, die die Entwicklung der beiden betrachteten Systeme als Ganzes bewertet. Es fehlt also hier die Konfliktsituation, die für Spiele charakteristisch ist. Die Art von Optimierungsproblemen, die damit anfallen, erinnern jedoch an die sogenannten kooperativen Spiele, bei denen ein "Superspieler" oder eine Spielergemeinschaft das Gesamtspiel optimiert.

In der einschlägigen Literatur wird vermutet, daß enge Beziehungen zwischen stochastischen Systemen mit vollkommenen Verbindungen und Spielen in extensiver Form bestehen. Es werden zwar erhebliche Formale Schwierigkeiten für den Fall einer genauen Untersuchung dieser Beziehungen erwartet. Das Problem scheint jedoch interessant genug zu sein, um einigen Arbeitsaufwand zu rechtfertigen.

2. GRUNDLAGEN DER WAHRSCHEINLICHKEITSTHEORIE

2: 1. INTUITIVE GRUNDLAGEN DER WAHRSCHEINLICHKEITSTHEORIE

Schon die früheren, intuitiv begründeten Versuche einer formalen Beschreibung von Zufallserscheinungen haben zu anwendungsfähigen Ergebnissen mit großem Erkenntniswert geführt. Schwierigkeiten traten jedoch mit zunehmender Komplexität der betrachteten Zusammenhänge (Zufallsfolgen) zutage. Es zeigt sich, daß hier, ähnlich wie bei den anderen mathematischen Disziplinen die Grundlegung eines expliziten Systems von Definitionen und Axiomen die Voraussetzung für einen widerspruchslosen und logisch strengen Aufbau der Wahrscheinlichkeitstheorie ist. Die notwendige axiomatische Begründung der Wahrscheinlichkeitstheorie wurde Anfang der dreißiger Jahren von A.N. Kolmogoroff (KOLMOGOROFF [1933]) durchgeführt. In Verbindung mit der Weiterentwicklung der Maß- und Integrationstheorie erlaubte und provozierte zugleich diese Axiomatik die sprunghafte Entwicklung, die die Wahrscheinlichkeitstheorie und insbesondere die Theorie der stochastischen Prozesse in den letzten Jahrzehnten erlebt hat.

In ihrer axiomatischen Begründung bildet die Wahrscheinlichkeitstheorie ein abgeschlossenes System und bedarf in diesem Sinne keiner Bezugnahme zur Erfahrungswelt. Eine inhaltliche Definition der Begriffe der Wahrscheinlichkeitstheorie ist dabei nicht erforderlich. Zur Vermeidung logischer Schwierigkeiten und im Hinblick auf eine möglichst universelle Anwendbarkeit der Theorie ist eine solche Definition vielmehr zu vermeiden. Der intuitive Hintergrund, aus dem die Theorie entstanden ist, ist jedoch nicht zu vernachlässigen und wird im Folgenden kurz umrissen. Damit soll ein intuitives Verständnis für die formalen mathematischen Strukturen vermittelt und die Erkenntnis der Anwendungsmöglichkeiten dieser Struktur zur Beschreibung und Analyse empirischer Tatbestände erleichtert werden.

Die Wahrscheinlichkeitstheorie ist durch den Versuch entstanden, Gesetzmässigkeiten bei Experimenten mit zufälligem Ausgang (Zufallsexperimente) zu erforschen und mathematisch zu formulieren. Konkret liegt ein Zufallsexperiment vor, wenn ein physisches System auf das Vorhandensein bzw. Nicht-Vorhandensein von a priori definierten Merkmalen untersucht wird, unter der Voraussetzung, daß das Ergebnis der Untersuchung ungewiss ist.[1)] Die auf ihr Vorhandensein untersuchten Merkmale werden Ereignisse genannt. Das Vorhandensein eines Ereignisses wird als Realisation dieses Ereignisses bezeichnet. Die Wahrscheinlichkeit eines Ereignisses erscheint dann als eine Bewertung für den "Möglichkeitsgrad" der Realisation dieses Ereignisses bei dem betreffenden Experiment. Ein Wahrscheinlichkeitsmaß, das jedem Ereignis eines Zufallsexperiments seine Wahrscheinlichkeit zuordnet, hat also primär den Charakter einer Gewichtung über die Klasse der Ereignisse, was in der axiomatischen Definition eindeutig zum Ausdruck kommen wird.

Die obige Definition eines Zufallsexperimentes beruht sehr stark auf dem Verhältnis zwischen Beobachter und Untersuchungsobjekt, d.h., auf subjektiven Momenten. Eine - wie immer definierte - "stochastische Eigenschaft" des untersuchten Systems wird nicht verlangt. Die "Zufälligkeit" des Experiments leitet sich unmittelbar aus der beschränkten Kenntnis des Beobachters über die realisierten Ereignisse ab. In der Regel ist aber der Informationsstand des Beobachters eine Funktion der Definition der untersuchten Ereignisse, welche selbst nach subjektiven Kriterien (Zweckmässigkeit) definiert werden. So wird man zum Beispiel eine Untersuchung durch einen menschlichen Beobachter des Systems "Ein Spielwürfel ruhend auf einer ebenen Fläche" auf die Realisation bzw. Nicht-Realisation des Ereignisses "Der Würfel liegt auf einer seiner Flächen" kaum als Zufallsexperiment bezeichnen können.[2)] Eine a priori vollkommene Information

---

1) Ist keine Ungewissheit gegeben, werden wir von einem "degenerierten" Zufallsexperiment sprechen.

2) In diesem "kaum" liegt eine ganze, äußerst weitreichende Problematik. Es handelt sich um die Frage, ob überhaupt Aussagen, die nicht leere logische Zusammenhänge sein sollen, sondern das Vorliegen bestimmter Sachverhalte in der Welt ausdrücken sollen, etwas anderes als Wahrscheinlichkeitsaussagen sein können. Ohne uns mit dieser Fragestellung, die vor allem von Carnap und seinen Nachfolgern der neo-positivistischen Schule behandelt wurde, weiterzubefassen, wollen wir nur bemerken, daß im täglichen Sprachgebrauch "Gewissheit" und "sehr hohe Wahrscheinlichkeit" ständig verwechselt werden. Die Lage des Würfels auf dem Tisch kann im Grunde genommen nicht mit Gewissheit vorausgesagt werden. Die Wahrscheinlichkeit, daß der Würfel flach liegt, ist jedoch so groß, daß wir im täglichen Leben eine andere Alternative nicht berücksichtigen wollen, ja gar nicht können.

über das Ergebnis des Experiments wird hier, etwa auf Grund der allgemeinen Erfahrung, die man bei einem Erwachsenen erwarten darf, angenommen. Dagegen muß die gezeigte Augenzahl als zufällig angenommen werden, solange keine spezifischeren Angaben über die "Vorgeschichte" der Würfel gegeben sind.

In die Definition eines Zufallsexperiments wird häufig eine Handlung einbezogen, die das Unsicherheitsmoment erzeugt. Das obige Experiment würde dann etwa heissen: "Ein Würfel wird geworfen und auf die gezeigte Augenzahl untersucht". Mit dem Werfen wird in der Regel gesichert, daß der Beobachter die gezeigte Augenzahl nicht voraussagen kann, weil er nicht alle die zur Bestimmung der Bewegungsgleichung der Würfel notwendigen Daten in Erfahrung bringen kann. Der Begriff der vorbereitenden Handlung in dieser Definition braucht aber nicht wörtlich genommen zu werden: eine aktuelle Handlung wird damit nicht gefordert, sondern allein das Vorhandensein eines Unsicherheitsmoments. Die Einbeziehung einer vorbereitenden Handlung kann aber allzuleicht den falschen Eindruck erwecken, die Zufälligkeit des Experiments liege in speziellen Eigenschaften (die oben erwähnte stochastische Eigenschaft!) dieser Handlung. Vor allem wird sie meist in Zusammenhang mit der Forderung nach beliebig häufiger Wiederholbarkeit des Zufallsexperiments gebracht und/oder verstanden. Diese Wiederholbarkeit hat in den Anfängen der Wahrscheinlichkeitstheorie eine große Rolle gespielt, und ist grundlegend für einige empirische Wahrscheinlichkeitsbegriffe (wie für den Begriff der statistischen Wahrscheinlichkeit, siehe unten). Sie wird sich wohl von dort aus in die Definition eines Zufallsexperiments - wo sie nicht hingehört - eingeschlichen haben. Das Wort "vorbereitende Handlung" könnte auch dazu irreführen anzunehmen, daß der Wahrscheinlichkeitsbegriff nur bei Zukunftsaussagen sinnvoll ist. Wir brauchen uns jedoch nur Aussagen wie "Es ist wahrscheinlich, daß Homer gelebt hat" zu vergegenwärtigen, um zu erkennen, daß der Wahrscheinlichkeitsbegriff auch bei Vergangenheitsaussagen seinen Platz hat. Dasselbe gilt selbstverständlich für räumliche oder rein logische Aussagen.

Neben den Ereignissen werden bei einem Zufallsexperiment die sogenannten Elementarereignisse im voraus definiert. Die Menge der Elementarereignisse, die Stichprobenraum heißt, kann als die Menge aller möglichen Zustände des im Rahmen einer gegebenen wahrscheinlichkeitstheoretischen Untersuchung betrachteten Systems interpretiert werden. Dabei muß unter "Zustand" die genaueste Beschreibung des tatsächlichen Zustandes des Systems, die bei der laufenden Untersuchung relevant sein kann, verstanden werden.

Wie die Definition eines Ereignisses ist die Definition eines Elementarereignisses vornehmlich eine Frage der Zweckmässigkeit. Sie ist zwar durch die erreichbare "Feinheit" der Beobachtung begrenzt. In den meisten Fällen jedoch erscheint es sinnvoll, mit einem gröberen Stichprobenraum zu arbeiten, als es technisch möglich wäre.

Die Definition eines Elementarereignisses als genaueste Beschreibung eines Zustandes impliziert, daß jeweils ein und nur ein Elementarereignis realisiert ist. Die Realisation eines Elementarereignisses kann dagegen die Realisation mehrerer Ereignisse - von denen nicht gefordert wird, daß sie sich gegenseitig ausschliessen - zur Folge haben. Umgekehrt kann man jedem Ereignis die Menge der Elementarereignisse zuordnen, die dieses Ereignis realisieren. Man spricht dann von den verschiedenen Versionen dieses Ereignisses.

Den Elementarereignissen werden prinzipiell keine Wahrscheinlichkeiten zugeordnet. In den meisten konkreten Fällen wird zwar jedem Elementarereignis ein Ereignis (nicht aber: jedem Ereignis ein Elementarereignis) im Sinne ihrer respektiven Realisation eineindeutig assoziiert. Es liegt daher nahe, und es ist auf einem elementaren Niveau üblich, den Stichprobenraum als Teilmenge im Ereignisraum (d.h., in der Menge der Ereignisse) zu betrachten. Die Elementarereignisse erscheinen dann als spezielle (unter anderem sich gegenseitig ausschliessende Ereignisse. Eine solche Identifizierung von Elementarereignissen mit Ereignissen kann jedoch unerwünscht sein. Wir werden daher im folgenden Beispiel zwischen Elementarereignissen und Ereignissen streng unterscheiden, obwohl dieses Vorgehen dort recht künstlich erscheinen mag.

Zur Veranschaulichung der Beziehungen zwischen Ereignissen und Elementarereignissen sei das Beispiel 'Roulette' gewählt. Die Beschreibung des physischen Ausganges eines Roulettespieles kann sehr zahlreiche, faktisch beliebig viele Parameter enthalten: Temperatur der Kugel beim Stillstand, Position der Kugel bezüglich des Croupiers, usw., gehören dazu. Unbeachtet von der Schwierigkeit, sie praktisch zu ermitteln, wird ein Spieler in der Regel solche Daten für irrelevant halten. Betrachten wir einen Spieler und nehmen wir an, die Information, welche Zahl herausgekommen ist, sei von ihm als ausreichend differenziert für alle seine Zwecke angesehen. Für diesen Spieler wird offenbar der Stichprobenraum durch die 37 Elementarereignisse, die die möglichen zahlenmässigen Ausgänge beschreiben, gegeben. Die Menge aller Ereignisse ist für einen Spieler, der alle zulässigen Kombinationen spielt, erheblich umfangreicher. Einmal interessiert er sich für die Wahrscheinlichkeiten der verschiedenen Zahlenausgänge; die entsprechend definierten Ereignisse können offenbar den Elementarereignissen eineindeutig zugeordnet werden. Ferner werden die Merkmale "pair", "rot", usw, sinnvollerweise als Ereignisse definiert. Jedes dieser Ereignisse kann durch verschiedene Elementarereignisse realisiert werden. Anders bei einem Spieler, der etwa nur Pair und Impair spielen würde: hier sind nur die drei Ereignisse "Pair", "Impair" und "Null" von Interesse. Der Stichprobenraum könnte selbst auf die drei entsprechenden Elementarereignisse reduziert werden. Es kann aber auch für den Spieler sinnvoll sein, mit dem ursprünglichen, 37 Elemente enthaltenden Stichprobenraum zu arbeiten. So zum Beispiel, wenn er ein Gewinnsystem verfolgt, das auf der Reihenfolge des Eintretens der einzelnen Zahlen basiert. Hier könnte nur das Elementarereignis "Null" mit dem entsprechenden Ereignis identifiziert werden. Der Vollständigkeit halber sei noch erwähnt, daß es beim zweiten betrachteten Fall durchaus möglich wäre, die zahlenmässigen Ausgänge als (uninteressante) Ereignisse zu definieren.

Die praktische Anwendbarkeit der Wahrscheinlichkeitstheorie hängt wesentlich von der Möglichkeit einer Quantifizierung von Wahrscheinlichkeiten im Rahmen eines aktuellen Experiments ab, das eine weitgehende Übereinstimmung zwischen den Ergebnissen der Theorie und den empirischen Erfahrungen sichert. Kern der ersten wahrscheinlichkeitstheoretischen Untersuchungen war die Definition eines dementsprechend erfahrungsbezogenen Wahrscheinlichkeitsbegriffs. Dabei ist in der geschichtlichen Entwicklung der Theorie ein markanter Wandel zu verzeichnen. In den Anfängen der Wahrscheinlichkeitstheorie[1] war die Theorie der Glückspiele das beliebteste Untersuchungsgebiet[2]. Für die untersuchten Spiele (Würfel, Roulette, ...) ist der Stichprobenraum, der durch die "natürlichen" Ausgänge des Spieles (wie zum Beispiel das Auftreten einer Zahl bei Roulette) gegeben ist, endlich. Man kann beobachten, daß unter bestimmten experimentellen Bedingungen (homogene, rechteckige Würfel) die Elementarereignisse, als Ereignisse interpretiert, praktisch die gleichen Realisationschancen haben. Unter diesen Voraussetzungen kann man die Wahrscheinlichkeitsformel von Laplace

---

1) Anfangs des siebzehnten Jahrhunderts, etwa mit den Arbeiten von Cardano, Fermat, Pascal, Jacob Bernoulli, Huygens.

2) Es ist nicht uninteressant zu vermerken, daß der Ursprung des französischen Wortes für Zufall, "hasard", im Namen eines Würfelspiels zu finden ist, das von den Kreuzrittern in der palestinischen Stadt Al Hazar gespielt und danach benannt wurde.

$$\text{Wahrscheinlichkeit eines Ereignisses A} = \frac{\text{Anzahl der Elementarereignisse, die A realisieren}}{\text{Anzahl der Elementarereignisse}}$$

unmittelbar ableiten.[1)]

Diese Definition genügt offensichtlich nicht mehr, sobald der Stichprobenraum nicht mit einer Menge gleichwahrscheinlicher Ereignisse identifiziert werden kann, wie es z.B. schon bei einem asymetrischen Würfel der Fall ist. Von allgemeiner praktischer Relevanz hat sich der sogenannte statistische Wahrscheinlichkeitsbegriff

$$\text{Wahrscheinlichkeit eines Ereignisses A} = \lim_{n \to \infty} \frac{A_n}{n}$$

erwiesen. In dieser Formel bezeichnet A_n die Anzahl von Realisationen von A im Rahmen der n-maligen Wiederholung eines Experiments.

Diese letzten Definitionen können als die intuitive Motivation für den axiomatischen Wahrscheinlichkeitsbegriff, mit dem wir uns befassen wollen, angesehen werden. Die anderen bedeutsamen Wahrscheinlichkeitsbegriffe (subjektive Wahrscheinlichkeit, logische Wahrscheinlichkeit im Sinne Carnaps) sprengen den Rahmen dieser Arbeit und werden hier nicht erörtert.

2: 2. DIE AXIOMATISCHEN GRUNDLAGEN: DER WAHRSCHEINLICHKEITSRAUM

Dieser Abschnitt folgt weitgehend NEVEU [1970]. Die sehr elegante Darstellung von Neveu hat für uns den besonderen Vorteil, stärker wahrscheinlichkeitstheoretisch (versus maßtheoretisch) orientiert zu sein als die anderen klassischen Referenzwerke, wie z.B. DOOB [1953], LOEVE [1963], BAUER [1968].

Die in der axiomatischen Darstellung verwendeten Bezeichnungen wurden zum großen Teil aus dem intuitiven Hintergrund der Theorie entnommen. Es sei hier nochmals betont, daß jede a priori Identifizierung eines axiomatischen Begriffes

1) Der Einfachheit halber haben wir in diesem Absatz Bezeichnungen bzw. Begriffe gebraucht, die zur Zeit von Laplace noch nicht eingeführt waren. Der Grundgedanke des Gründers der Wahrscheinlichkeitstheorie wurde jedoch damit richtig ausgedrückt.

mit dem entsprechenden intuitiven Begriff unzulässig ist.

2: 2.1. Ereignisse und Ereignisraum

Der erste Begriff der Wahrscheinlichkeitstheorie ist der eines Ereignisses. Axiomatisch sind Ereignisse mathematische Dinge, die durch die logischen Operationen "nicht", "und", "oder", miteinander verknüpft werden können. Diesen logischen Operationen entsprechend sind über den Ereignisraum (d.h., die Menge aller Ereignisse) drei Bildungsgesetze definiert: Komplementärbildung, Vereinigungsbildung und Durchschnittsbildung.

Durch die Komplementärbildung wird jedem Ereignis A ein zweites Ereignis, das "Komplementärereignis von A", d.h. "Nicht-A", bezeichnet mit A^c, zugeordnet.

Durch die Vereinigungsbildung wird jedem Paar A,B von Ereignissen das Ereignis "Vereinigung von A und B", d.h. "A und B", bezeichnet mit $A \cup B$, zugeordnet.

Durch die Durchschnittsbildung wird jedem Paar A,B von Ereignissen das Ereignis "Durchschnitt von A und B", d.h. "A oder B", bezeichnet mit $A \cap B$, AB, oder A-B, zugeordnet.

Folgende Beziehungen werden dann als Axiome gesetzt:

(2: 1) $A \cup B = B \cup A$ (Kommutativität der Vereinigungsbildung)

(2: 2) $A \cup (B \cup C) = (A \cup B) \cup C$ (Assoziativität der Vereinigungsbildung)

(2: 3) $A \cap (B \cup C) = (A \cap B) \cup (A \cap C)$ (Distributivität der Vereinigungsbildung bezüglich der Durchschnittsbildung)

(2: 4) $(A^c)^c = A$

(2: 5) $(A \cap B)^c = A^c \cup B^c$

Als weitere Axiome setzt man die Existenz zweier spezieller Ereignisse voraus, nämlich die Existenz des unmöglichen Ereignisses, bezeichnet mit $\emptyset$, und die Existenz des sicheren Ereignisses, bezeichnet mit Ω, mit den Eigenschaften

(2: 6) $A \cap A^c = \emptyset$

(2: 7) $A \cap \Omega = A$

Wir können jetzt folgende Definition angeben:

2: 2.1.1. Definition: Die Struktur, die durch die obigen Axiome und Definitionen über eine nicht-leere Menge bestimmt ist, heißt eine Ereignisalgebra.

2: 2.1.2. Bemerkungen: Die obigen Axiome charakterisieren vollständig die Struktur einer Ereignisalgebra: aus diesen Axiomen lassen sich alle in einer Ereignisalgebra gültigen Beziehungen ableiten. Dabei ist kein Axiom redundant. Es ist allerdings möglich, alternative Zusammensetzungen von Axiomen zu finden, die die gleiche Struktur definieren.

Die Ereignisse werden nur bezüglich (der Wahrscheinlichkeit) ihrer Realisation bzw. Nicht-Realisation untersucht: einem Ereignis entspricht eine Frage, die mit ja (Realisation) bzw. nein (Nicht-Realisation) beantwortet werden kann. Ist jetzt eine Aussage über die Realisation eines Ereignisses A gemacht, dann ist auch eine Aussage über die Nicht-Realisation von A unmittelbar möglich. Es liegt daher nahe, zu fordern, daß "Nicht-A" (A^c) auch ein Ereignis ist. Entsprechend wird der "natürlichen" Forderung nach einer Möglichkeit der Aussage über die Ereignisse "gleichzeitige (alternative) Realisation von endlich vielen Ereignissen" durch die Definition des Durchschnittes (Vereinigung) Genüge getan. Eine solche intuitive Rechtfertigung kann für alle Axiome und Beziehungen dieses Unterabschnittes gefunden werden. Sie wird dem Leser überlassen.

2: 2.1.3. Abgeleitete Beziehungen: Die folgenden, aus den obigen Axiomen ableitbaren Beziehungen (sie gelten somit in jeder Ereignisalgebra), lassen einige grundlegende Eigenschaften einer Ereignisalgebra erkennen. Ihre Wiedergabe erscheint daher angebracht, obwohl wir sie zum größten Teil in unseren weiteren Ausführungen nicht unmittelbar benötigen werden. Es gilt für Ereignisse A,B:

(2: 8) $A \cap B = (A^c \cup B^c)^c$

(2: 9) $A \cup A = A \cap A = A$

(2: 10) $A \cup A^c = \Omega$

(2: 11) $A \cup \Omega = A$

(2: 12) $\Omega^c = \emptyset$

(2: 13) $A \cap B = B \cap A$ (Kommutativität der Durchschnittsbildung)

(2: 14) $A \cap (B \cap C) = (A \cap B) \cap C$ (Assoziativität der Durchschnittsbildung)

(2: 15) $A \cup (B \cap C) = (A \cup B) \cap (A \cup C)$ (Distributivität der Durchschnittsbildung bezüglich der Vereinigungsbildung)

Aus (2: 2) folgt, daß jede endliche, nicht-leere Familie $(A_i)_{i\in T}$ von Ereignissen eine Vereinigung $\bigcup_{i\in I} A_i$ besitzt. Wegen (2: 8) besitzt die Familie (A_i) auch einen Durchschnitt $\bigcap_{i\in I} A_i$. Es hat sich als zweckmässig erwiesen, diese letzten Beziehungen auf den Fall einer leeren Familie von Ereignisse zu erweitern, indem

(2: 16) $$\bigcup_{i\in I} A_i = \emptyset \qquad \bigcap_{i\in I} A_i = \emptyset \text{ , I leer}$$

gesetzt wird.

Aus (2: 2) und (2: 8) folgen für jede endliche, nicht-leere Familie $(A_i)i\in I$ von Ereignissen die de Morganschen Beziehungen,

(2: 17) $$(\bigcup_{i\in I} A_i)^c = \bigcap_{i\in I} A_i^c \quad , \quad (\bigcap_{i\in I} A_i) = \bigcup_{i\in I} A_i^c$$

Folgende unmittelbar einleuchtenden Definitionen sind noch von Bedeutung:

2: 2.1.4. Definition: Zwei Ereignisse A,B, für die $A \cap B = \emptyset$ gilt, heißen disjunkt oder inkompatibel.

2: 2.1.5. Definition: Man sagt, daß das Ereignis A das Ereignis B impliziert, wenn gilt: $A = A \cap B$ (bzw. äquivalent: $B = B \cup A$). Die Implikation von B durch A wird mit $A \subset B$ bzw. $B \supset A$ bezeichnet.

Anschaulich bedeutet $A \subset B$, daß A immer realisiert wird, wenn B realisiert wird. A und B disjunkt heißt, daß sie nicht simultan realisiert werden können.

2: 2.1.6. Definition: Zwei Ereignisse, für die gilt $A \supset B$ und $B \subset A$, heißen äquivalent $(A=B)$.

Zwischen zwei äquivalenten Ereignissen wird nie unterschieden.

2: 2.1.7. Abgeleitete Beziehungen: Folgende wichtige Beziehungen, die die Bedeutung der Implikation eines Ereignisses durch ein anderes verdeutlichen, können leicht abgeleitet werden:

(2: 18) $A \subset A$

(2: 19) $A \subset B,\ B \subset C \Rightarrow A \subset C$

(2: 20) $A \subset C,\ B \subset C \Rightarrow (A \cup B) \subset C$

(2: 21) $A \supset C,\ B \supset C \Rightarrow (A \cap B) \supset C$

(2: 22) $A \subset B \Leftrightarrow B^c \subset A^c$

Die Beziehungen (2: 18) und (2: 19), zusammen mit $A \supset B$, $B \subset A \Leftrightarrow A = B$, definieren eine partielle Ordnung über den Ereignisraum.

2: 2.1.8. Bemerkungen: Die Vorschriften $\cup$, $\cap$, usw., und die Ordnungsbeziehungen, die über einen Ereignisraum definiert wurden, sind nicht im Sinne der Mengentheorie zu verstehen. Die Ereignisse stellen Elemente einer Menge dar. Die Vorschriften $\cup$, $\cap$, usw. der Mengenlehre sind dagegen über Teilmengen definiert; sie können im Allgemeinen nicht auf einzelne Elemente übertragen werden. Diese Eigenart der Bildungsvorschriften in einer Ereignisalgebra bringt einige Probleme mit sich. Es ist z.B. nicht möglich, den Durchschnitt oder die Vereinigung unendlich vieler Ereignisse sinnvoll zu definieren. Wir werden jedoch im nächsten Unterabschnitt sehen, wie diese Schwierigkeiten umgangen werden können.

2: 2.2. Der Stichprobenraum

Es soll jetzt eine weitere Menge, der sogenannte Stichprobenraum, eingeführt werden. Die Elemente des Stichprobenraumes werden Elementarereignisse genannt. Die intuitive Bedeutung der Elementarereignisse wurde schon unter 2: 1. erläutert: Wir hatten sie dort als präziseste Beschreibung der möglichen Ausgänge eines Zufallsexperiments charakterisiert. Wie schon erwähnt wurde, impliziert diese Deutung eines Elementarereignisses, daß man aus der Realisation eines Elementarereignisses auf die Realisation oder Nicht-Realisation jedes beliebigen Ereignisses, das in Bezug auf das betreffende Zufallsexperiment definiert ist, schliessen kann. In anderen Worten, es besteht eine eindeutige Zuordnung der Elementarereignisse zu den Ereignissen. Man wird diesem intuitiven Hintergrund gerecht, indem man in der axiomatischen Theorie verlangt, daß die Mächtigkeit des Stichprobenraumes mindestens gleich der Mächtigkeit des Ereignisraumes ist. Damit ist die Existenz einer eindeutigen Abbildung der Elementarereignisse in die Ereignisse gesichert. Weitere formale Bedingungen werden an den Ereignisraum nicht gestellt.

Es erscheint unmittelbar sinnvoll, jedes Ereignis durch die Menge der Elementarereignisse, die es realisieren, zu charakterisieren und umgekehrt. Dieser Gedanke soll jetzt formal ausgebaut werden. Es sei $\{A\}$ ein Ereignisraum und Ω' ein Stichprobenraum für $\{A\}$ (d.h. formal: Ω' ist eine beliebige Menge, deren Mächtigkeit $\mathcal{M}(\Omega')$ mindestens gleich der Mächtigkeit $\mathcal{M}(\{A\})$ von $\{A\}$ ist). Da $\mathcal{M}(\Omega') \geq \mathcal{M}(\{A\})$ ist, kann man immer eine eineindeutige Abbildung T von den Teilmengen $A' \subset \Omega'$ in die Elemente $A \in \{A\}$ definieren. Wir fragen uns nun über die Weise, in der T definiert sein muß, wenn man T in einem intuitiven Kontext als Zuordnung jedes Ereignisses A zu der Menge A' der Elementarereignisse, die das Ereignis A realisieren, erkennen können will. Es ist unmittelbar einleuchtend z.B., daß T zu dem sicheren Ereignis Ω die Menge Ω' aller Elementarereignisse zuordnen muß. Entsprechend wird dem unmöglichen Ereignis $\emptyset$ die leere Menge $\emptyset'$ von Ω' zugeordnet. Es ist nicht schwer abzuleiten, daß T insgesamt

(2: 23) $$\Omega \to \Omega' \qquad \emptyset \to \emptyset'$$
$$A \to A' \Leftrightarrow A^c \to (A')^c$$
$$A \to A' \,,\; B \to B' \Rightarrow A \cup B \to A' \cup B'$$
$$A \to A' \,,\; B \to B' \Rightarrow A \cap B \to A' \cap B'$$

zu erfüllen hat. Dabei sind A,B beliebige Ereignisse, A',B' Teilmengen von Ω'. $\emptyset'$ bezeichnet die leere Menge von Ω'. $(A')^c$ bezeichnet die Komplementärmenge von A' in Ω', $A' \cup B'$ bzw. $A' \cap B'$ bezeichnen die Vereinigung bzw. den Durchschnitt der Teilmengen A' und B' im Sinne der Mengenlehre.

Bezeichnen wir mit $\{A'\}$ die Menge der Teilmengen von Ω', die durch die nach (2: 23) definierte Abbildung T den Ereignissen $A \in \{A\}$ zugeordnet werden. (Im Allgemeinen wird es Teilmengen von Ω' geben, die keinem Ereignis im Sinne von (2: 23) entsprechen). Man prüft leicht, daß T die Bildungsgesetze und Ordnungsbeziehungen, die über $\{A\}$ durch die Struktur einer Ereignisalgebra (bzw. über $\{A'\}$ im Sinne der Mengenlehre) definiert sind, auf $\{A'\}$ (bzw. auf den Ereignisraum $\{A\}$) aufrechterhält. Man sagt, daß $\{A\}$ und $\{A'\}$ isomorph zueinander sind, und man schreibt $\{A\} \approx \{A'\}$. Aufgrund dieser Isomorphie ist es formal zulässig, jedes Ereignis mit der Menge der Elementarereignisse, die es realisieren, zu identifizieren. Diese Identifikation ist nicht nur intuitiv ansprechend, sondern gibt auch die Möglichkeit, mengentheoretisch mit wahrscheinlichkeitstheoretischen Gebilden (Ereignissen) zu arbeiten. Der Sinn der vorherigen Doppelbezeichnung: "Komplementärereignis von A" und "Nicht-A", "A und B disjunkt" und "A und B inkompatibel", etc. wird jetzt unmittelbar einleuchtend. Wir werden in diesem Zusammenhang von der mengentheoretischen bzw. wahrscheinlichkeitstheoretischen Interpretation einer Aussage sprechen.

Die Grundstruktur, mit der im Folgenden gearbeitet wird, besteht also aus dem

Stichprobenraum Ω (das Zeichen " ' " wird ab jetzt vernachlässigt) als Menge von Elementarereignissen, und aus dem Ereignisraum {A} als Menge von Teilmengen A von Ω. Die Teilmengen A werden Ereignisse genannt.

Die Menge {A}, die im Folgenden mit $\mathscr{A}$ bezeichnet wird, enthält durch Konstruktion $\Omega, \emptyset$, und ist bezüglich endlicher Vereinigungsbildung und Komplementärbildung (also auch bezüglich endlicher Durchschnittsbildung) abgeschlossen. Man sagt, daß $\mathscr{A}$ (als Menge von Teilmengen von Ω) eine Struktur der Boole'schen Algebra besitzt:

2: 2.2.1. Definition: Ein System $\mathscr{A}$ von Teilmengen einer Menge Ω heißt Boole'sche Algebra (in Ω), wenn gilt

(2: 24) $\Omega \in \mathscr{A}$,

(2: 25) $A \in \mathscr{A} \Rightarrow A^c \in \mathscr{A}$,

(2: 26) $A_1, A_2, \ldots, A_n \in \mathscr{A} \Rightarrow \bigcup_{i=1}^{n} A_i \in \mathscr{A}$.

(2: 26) drückt die Abgeschlossenheit der endlichen Vereinigungsbildung aus. Die Abgeschlossenheit der endlichen Durchschnittsbildung wird auch hier aus der Abgeschlossenheit der endlichen Vereinigungsbildung und aus der Definition des Komplementärs abgeleitet.

Die Struktur der Boole'schen Algebra entspricht der Struktur der Ereignisalgebra im Isomorphismus {A} $\approx$ {A'} .

Die Definition der Ereignisse als Teilmengen erlaubt, ohne besondere Schwierigkeiten einen Sinn der abzählbaren Vereinigung bzw. dem abzählbaren Durchschnitt von Ereignissen zu geben:

2: 2.2.2. Definition: Sei (A_n) eine Folge von Teilmengen einer Menge Ω. Die abzählbare Vereinigung $\bigcup_{n=1}^{\infty} A_n$ wird als die Menge aller Punkte von Ω, die zu A_n für mindestens ein n gehören, definiert. Der abzählbare Durchschnitt $\bigcap_{n=1}^{\infty} A_n$ wird als die Menge aller Punkte von Ω, die zu A_n für unendlich viele Werte von n gehören, definiert.

Die abzählbare Abgeschlossenheit einer Menge bezüglich eines Bildungsgesetzes wird allgemein σ-Additivität genannt.

Wir können jetzt einführen:

2: 2.2.3. Definition: Ein System $\mathscr{A}$ von Teilmengen einer Menge Ω heißt eine σ-Algebra (in Ω), wenn gilt:

(2: 27) $\Omega \in \mathscr{A}$,

(2: 28) $A \in \mathscr{A} \Rightarrow A^c \in \mathscr{A}$,

(2: 29) Für jede Folge $\{A_n\} \subset \mathscr{A}$, $\bigcup_{n=1}^{\infty} A_n \in \mathscr{A}$ (σ-Additivität) .

Eine σ-Algebra ist also eine bezüglich abzählbarer Durchschnittsbildung (bzw. Vereinigungsbildung) abgeschlossene Boole'sche Algebra.

Eine σ-Algebra $\mathscr{G}$ in Ω, für die $\mathscr{G} \subset \mathscr{A}$ gilt, heißt eine σ-Unteralgebra von $\mathscr{A}$.

2: 2.2.4. Beispiele: a) Es sei Ω eine beliebige Menge. Die größte σ-Algebra in Ω ist die sogenannte Potenzmenge von Ω, d.h. das System aller Teilmengen von Ω. Die kleinste σ-Algebra in Ω besteht aus den beiden Teilmengen $\emptyset$ und Ω.

b) Es sei A eine echte, nicht-leere Teilmenge von Ω. $\mathscr{F} = \{\Omega, \Phi, A, A^c\}$ ist dann die kleinste A enthaltende σ-Algebra: $\mathscr{F}$ ist offenbar eine σ-Algebra; Umgekehrt muß jede σ-Algebra $\mathscr{G}$ in Ω, die A enthält, auch mindestens Φ, Ω und A^c enthalten, d.h., $\mathscr{G} \supset \mathscr{F}$.

Für die Konstruktion von σ-Algebren ist folgender Satz von Bedeutung:

2: 2.2.5. Satz: Jeder Durchschnitt von (endlich oder unendlich vielen) σ-Algebren in einer Menge Ω ist selbst eine σ-Algebra in Ω.

Beweis: Der Beweis ergibt sich durch einfaches Nachprüfen der Eigenschaften (2: 27) bis (2: 29).

Es folgt aus Satz 2: 2.2.5.:

2: 2.2.6. Satz: Zu jedem System $\mathscr{E}$ von Teilmengen einer Menge Ω existiert genau eine kleinste, $\mathscr{E}$ enthaltende σ-Algebra, die im Folgenden stets mit $\sigma(\mathscr{E})$ bezeichnet wird. Man nennt sie die von $\mathscr{E}$ (in Ω) erzeugte σ-Algebra.

Beweis: Trivial. $\sigma(\mathscr{E})$ ist die Vereinigung aller σ-Algebren, die $\mathscr{E}$ enthalten.

2: 2.2.7. Bemerkung: Die Unterscheidung zwischen endlicher und abzählbarer Abgeschlossenheit einer Menge und ähnliche Unterscheidungen, die in dieser Arbeit und überhaupt in der Wahrscheinlichkeitstheorie eine große Rolle spielen, können als sinnlos empfunden werden. Daß sie ihre mathematische Rechtfertigung haben, sei an einem einfachen Beispiel dargestellt. Die Summe endlich vieler reeller Zahlen, definiert in Analogie zu der endlichen Summe[1], ist eine reelle Zahl. Die abzählbare Summe reeller Zahlen braucht keine reelle Zahl zu sein ("unendlich" ist keine Zahl!), d.h., R ist bezüglich abzählbare Summenbildung nicht abgeschlossen. Die "kompazifierte Zahlengerade" $\bar{R} = \{-\infty\} \cup R \cup \{+\infty\}$ ist wohl bezüglich abzählbarer Summenbildung abgeschlossen, besitzt aber einige der algebraischen Eigenschaften von R nicht. Insbesondere ist $\bar{R}$, im Gegensatz zu R, kein Körper, da $\pm\infty$ kein Inverses bezüglich der Multiplikation besitzt.

Die meisten Arbeiten der mathematischen Wahrscheinlichkeitstheorie definieren unmittelbar die Ereignisse als Teilmengen des Stichprobenraumes. Für dieses Vorgehen spricht seine Einfachheit. Es kann jedoch nicht voll befriedigen. Ereignisse sind grundsätzlich Elemente - nicht Teilmengen. Auch von einem intuitiven Standpunkt aus wäre es falsch, sie nur als "zusammengesetzte Elementarereignisse" zu betrachten. Sie stellen selbständige, und nicht abgeleitete, Gebilde dar. Entsprechend ist eine Ereignisalgebra keine Boole'sche Algebra. Der Isomorphismus zwischen {A} und {A'} erlaubt zwar, nachdem er festgestellt ist, die durchgeführte Identifikation. Diese, so zweckmässig und einleuchtend sie zu erscheinen vermag - man spricht in diesem Zusammenhang von der Naturalrepräsentation der Ereignisse - , basiert jedoch letzten Endes auf einer Konvention.

2: 2.3. Maße und Wahrscheinlichkeitsmaße

Die in vorherigen Unterabschnitten definierten Strukturen (Boole'sche bzw. σ-Algebra in einer Menge Ω) erscheinen weiterhin als sinnvoll, wenn man die Elemente der Algebra nicht mehr als "Ereignisse", sondern als Teile eines durch die Menge Ω dargestellten geometrischen Gebildes, also als Strecken, Flächen, usw., interpretiert. Die Elementarereignisse erscheinen dann als Punkte im geometrischen Sinne.

---

1) Die eigentlich interessante Frage, die wir hier nicht weiter ausführen können, wäre aber gerade: Kann man überhaupt die abzählbare Summe von reellen Zahlen sinnvoll definieren, und wenn ja, wie?

In der Tat wurden diese Strukturen zuerst für eine allgemeine Behandlung der Problematik der Inhaltsmessung entwickelt. Diese Problematik hat ihren Ursprung in der praktischen Messung von Flächen- bzw. Rauminhalten u.ä. Entsprechend wird hier als erstes der Begriff des Inhaltes bzw. des Maßes definiert:

2: 2.3.1. Definition: Sei $\mathcal{A}$ eine Boole'sche Algebra in einer Menge Ω und $\mu: \mathcal{A} \to \bar{\mathbb{R}}$ eine numerische Funktion. μ heißt ein Inhalt (auf $\mathcal{A}$), wenn gilt:

(2: 30) $\mu(\emptyset) = 0$,

(2: 31) $\mu(A) \geq 0$, $A \in \mathcal{A}$;

(2: 32) für je zwei und damit für endlich viele paarweise disjunkte Mengen $A_1, A_2, \ldots, A_n \in \mathcal{A}$ ist

$$\mu\left(\bigcup_{i=1}^{n} A_i\right) = \sum_{i=1}^{n} \mu(A_i)$$

(endliche Additivität der Funktion μ) .

Dagegen heißt ein Prämaß, wenn an Stelle von (2: 32) gilt:

(2: 33) für jede Folge $\{A_n\}$ paarweise fremder Mengen aus $\mathcal{A}$ mit $\bigcup_{n=1}^{\infty} A_n \in \mathcal{A}$ ist

$$\mu\left(\bigcup_{n=1}^{\infty} A_n\right) = \sum_{n=1}^{\infty} \mu(A_n)$$

(σ-Additivität der Funktion μ).

2: 2.3.2. Definition: Jedes auf eine σ-Algebra $\mathcal{A}$ in einer Menge Ω definierte Prämaß μ heißt ein Maß auf $\mathcal{A}$.

Sinngemäß werden dann definiert:

2: 2.3.3. Definition: Das Paar $(\Omega, \mathcal{A})$, wobei $\mathcal{A}$ eine σ-Algebra in der Menge Ω ist, heißt ein Meßraum.

2: 2.3.4. Definition: Das Tripel $(\Omega, \mathcal{A}, \mu)$, wobei $\mathcal{A}$ eine σ-Algebra in der Menge Ω und μ ein Maß auf $\mathcal{A}$ ist, heißt ein Maßraum. Die Mengen A aus $\mathcal{A}$ heißen μ-meßbare Mengen.[1)]

Wie schon erwähnt, stimmen im allgemeinen die σ-Algebra $\mathcal{A}$ der meßbaren Mengen und die Potenzmenge von Ω nicht überein: Sei es, weil man diese Bedingung bei der Konstruktion von $(\Omega, \mathcal{A})$ willkürlich festlegt, sei es, weil mathematische

---

1) Ist keine Verwechslung bezüglich des relevanten Maßes μ zu befürchten, werden wir einfach von meßbaren Mengen sprechen.

Notwendigkeiten es erzwingen: Man kann mit Hilfe von Beispielen zeigen, daß in bestimmten Fällen einige Teilmengen von Ω nicht "meßbar" sein können. Man bemerke, daß "nicht-meßbar" und "vom Maße Null" zwei verschiedene Begriffe sind:

2: 2.3.5. Definition: Sei $(\Omega,\mathcal{A},\mu)$ ein Maßraum. Ein Element A aus $\mathcal{A}$, für das $\mu(A) = o$ gilt, heißt eine μ-Nullmenge (bzw. einfach: eine Nullmenge).

Ein Maß erscheint also in einem geometrischen Zusammenhang als ein "kohärente" Gewichtung von - sagen wir - Teilvolumen eines räumlichen Gebildes. Dabei sind die Beziehungen zwischen den Teilvolumen durch die Struktur einer σ-Algebra festgelegt. Die Gewichte stellen die Rauminhalte der verschiedenen Teilvolumen dar. Ein Wahrscheinlichkeitsmaß wird ähnlich definiert. Die gewichteten Elemente sind hier Ereignisse, die Gewichte ihre Wahrscheinlichkeiten. Um dem intuitiven Hintergrund gerecht zu werden, werden Wahrscheinlichkeitsmaße als normierte Maße definiert:

2: 2.3.6. Definition: Sei $(\Omega,\mathcal{A})$ ein Meßraum. Ein Maß P (auf $\mathcal{A}$), für das gilt

(2: 34) $P(\Omega) = 1$

heißt ein Wahrscheinlichkeitsmaß (kurz: ein W-Maß). P wird auch Wahrscheinlichkeitsverteilung genannt.

Damit ist gesichert, daß der formale Begriff einer Wahrscheinlichkeit sowohl mit dem Laplaceschen als auch mit dem statistischen Wahrscheinlichkeitsbegriff kompatibel ist. Für jede Menge $A \in \mathcal{A}$ wird die Zahl P(A) die Wahrscheinlichkeit von A genannt. (Das Wort Wahrscheinlichkeit wird jedoch häufig durch Sprachmißbrauch anstelle von Wahrscheinlichkeitsmaß benutzt).

2: 2.3.7. Definition: Das Tripel $(\Omega,\mathcal{A},P)$, wobei $\mathcal{A}$ eine σ-Algebra in der Menge Ω und P ein W-Maß auf $\mathcal{A}$ ist, heißt ein Wahrscheinlichkeitsraum (kurz: ein W-Raum).

2: 2.3.8. Beispiele: a) Sei eine beliebige Menge Ω. Man wähle als σ-Algebra in Ω die Potenzmenge $\mathcal{P}$ von Ω. $(\Omega,\mathcal{P})$ ist offenbar ein Meßraum. Man stelle dann n paarweise verschiedene Punkte $\omega_1,\dots,\omega_n \in \Omega$ und n reelle nicht-negative Zahlen $x_1,\dots,x_n$. Ist ferner eine Funktion μ durch

(2: 35) $$\mu(A) = \sum_{\{k;\omega_k \in A\}} x_k \quad , \quad A \in \mathcal{P} ,$$

auf $\mathscr{P}$ definiert, so ist offenbar μ ein Maß auf $\mathscr{P}$ (die σ-Additivität von μ ist a priori gesichert, da in jedem Ausdruck (2: 35) nur endlich viele Summanden vorkommen). Für $\sum_{i=1}^{n} x_i = 1$ ist μ ein W-Maß.

Falls n=1, x_1=1 ist, ist es üblich, δ_{ω_1} anstatt von μ zu schreiben. δ_{ω_1} wird das durch die Einheitsmasse in ω_1 (auf $(\Omega,\mathscr{A})$) definierte W-Maß genannt; man sagt auch, daß die Wahrscheinlichkeit in ω_1 konzentriert ist. Diese Bezeichnung leitet sich aus der Vorstellung ab, ein Maß μ auf einer σ-Algebra in Ω als Ladungsverteilung auf Ω zu interpretieren. $\mu(A)$ charakterisiert im Rahmen dieser Interpretation die in A befindliche Gesamtladung.

Dieses Beispiel mag an dieser Stelle recht künstlich erscheinen, spielt jedoch eine gewisse Rolle in der Theorie der stochastischen Prozesse; insbesondere der Begriff der in einem Punkt konzentrierten Wahrscheinlichkeit wird im Folgenden mehrfach angewandt.

b) Sei $\Omega = \{\omega_1,\ldots,\omega_n\}$ endlich, $\mathscr{P}$ die Potenzmenge von Ω und $p_1,\ldots,p_n$ n reelle Zahlen mit $p_i = \frac{1}{n}$, i=1,...,n. Die Funktion

(2: 36) $$P(A) = \sum_{\{i;\omega_i \in A\}} p_i \quad ,$$

die ähnlich der Funktion μ im ersten Beispiel konstruiert wurde, ist wiederum ein W-Maß. Sie entspricht offenbar der Laplace'schen Definition

(2: 37) $$P(A) = \frac{\text{Anzahl von Elementarereignisse in } A}{\text{Anzahl von Elementarereignisse in } \Omega}$$

Insbesondere ist $P\{\omega_i\} = \frac{1}{n} = p_i$.

2: 2.4. Bemerkungen

Die dargestellten Definitionen und Axiome bilden die sogenannte Kolmogoroffsche Axiomatik. Wie oben dargelegt wurde, erscheinen im Rahmen dieser Axiomatik die wahrscheinlichkeitstheoretischen Grunddefinitionen als Spezialfälle der grundlegenden Definitionen der Maßtheorie. Entsprechend bedient sich die Wahrscheinlichkeitstheorie des Instrumentariums der Maß- und Integrationstheorie.[1] Es wäre jedoch weit verfehlt, in der Wahrscheinlich-

---

1) Wie wir im Folgenden erkennen werden, sind beide Gebiete nicht voneinander zu trennen.

keitstheorie bloß ein Kapitel der Maß- und Integrationstheorie zu sehen. Ganz im Gegenteil kann man behaupten, daß das wahrscheinlichkeitstheoretische Gedankengut mit seinen originellen intuitiven und philosophischen Implikationen die eigentliche Anregung zu der stürmischen Entwicklung des maß- und integrationstheoretischen Instrumentariums in den letzten Jahren gegeben hat.

Es ist schwer möglich, eine überzeugende anschauliche Begründung für die Forderung der σ-Additivität bei Wahrscheinlichkeitsmaßen zu geben. In den meisten Anwendungsfällen wird der Ereignisraum als endliche Menge definiert, auch dann, wenn er ein physisches Kontinuum beschreiben soll. So gibt es z.B. überabzählbar viele Ereignisse "Lebensdauer einer Glühbirne", da die möglichen Lebensspannen in eineindeutiger Beziehung mit den reellen Zahlen (bzw. einer Teilmenge davon) gebracht werden können. Man wird sich aber in der Regel nur für endlich viele Ereignisse der Form "Die Lebensdauer ist größer als x Minuten" interessieren. (Dieses Beispiel wurde aus HENN und KÜNZI [1968] entnommen). In solchen Fällen genügt selbstverständlich endliche Additivität der Wahrscheinlichkeit P . Betrachten wir aber den Fall eines beliebigen Ereignisraumes. Ist die Wahrscheinlichkeit eines Ereignisses A als seine relative Häufigkeit in einer sehr langen Reihe von Experimenten definiert, d.h., gilt $P(A) = \frac{\sum A_n}{n}$ mit $A_n=1$ oder 0, je nachdem, ob A im n-ten Versuch realisiert wurde oder nicht, so muß man von P offenbar endliche Additivität verlangen. Es ist allerdings unmöglich, in einem begrenzten Raum und/oder Zeitintervall mehr als endlich viele Experimente durchzuführen, so daß die Forderung der σ-Additivität hier im Widerspruch mit den intuitiven Erkenntnissen steht. Man verlangt jedoch σ-Additivität, weil das bei Gewährung dieser Voraussetzungen abgeleitete Instrumentarium analytisch sehr viel "mächtiger" ist, als dasjenige, das man bei endlicher Additivität entwickeln kann. Erwähnenswert bleibt jedoch ein Ansatz von Savage und Dubins, in dem die Autoren bestimmte Problemkreise aus der Theorie der stochastischen Prozesse auf der Grundlage endlich additiver Wahrscheinlichkeiten behandelt haben (DUBINS und SAVAGE [1965]). Dabei erweist sich, daß im Rahmen ihres Ansatzes kein Verlust an Allgemeinheit oder analytischer Mächtigkeit eintritt.

Die mathematische Wahrscheinlichkeitstheorie interessiert sich nicht für die aktuelle numerische Bestimmung von Wahrscheinlichkeiten. Diese Bestimmung, die für eine praktische Anwendung der Theorie Voraussetzung ist, wird der Statistik überlassen (Identifikation von Wahrscheinlichkeiten bzw. von stochastischen Prozessen). Im Rahmen der Wahrscheinlichkeitstheorie wird eine solche Berechnung von W-Maße höchstens als Rechenbeispiel durchgeführt.

Hauptuntersuchungsgegenstand der Theorie ist dagegen die Frage der Existenz und der Eindeutigkeit von W-Maßen mit gegebenen Eigenschaften.

Man hat oft den Anlaß, numerische Maßwerte für besonders einfache Mengen A vorzuschreiben. So haben wir z.B. gesehen, daß in der klassischen Wahrscheinlichkeitstheorie die Wahrscheinlichkeit jedes der n Elementarereignisse mit 1/n festgelegt wurde (Laplace'scher Wahrscheinlichkeitsbegriff!). Bei der klassischen Flächenmeßung wird die Fläche jedes Rechtecks als das Produkt der Seitenlängen, bemessen in einer orthonormalen Basis, definiert. Ein grundlegendes Problem der Maßtheorie könnte dann etwa sein: ist es möglich, die Fläche einer gegebenen Figur in der Ebene zu messen, wenn wir über die Vorschrift P verfügen, die uns die Fläche P(A) jede Rechtecks A angibt? Betrachten wir den Fall eines Kreises. Man erkennt aus Abbildung 2: 1, daß es möglich ist, das Innere des Kreises durch eine Folge $\{A_i\}_{i\in N}$ von disjunkten Rechtecken A_i zu überdecken, wobei die Fläche dieser Rechtecke nach Null strebt. Es scheint sinnvoll, die Fläche $P(A_o)$ des Kreises durch

(2: 38) $$P(A_o) = \lim_{n\to\infty} P(\bigcup_{i=1}^{n} A_i) = \lim_{n\to\infty} \sum_{i=1}^{n} P(A_i) = \sum_{i=1}^{\infty} P(A_i)$$

zu definieren. Auf diese Weise kann man die Fläche der verschiedensten Gebilde in der Ebene bestimmen. Unsere Problemstellung führt also recht unmittelbar zu dem Begriff eines Maßes auf eine σ-Algebra (hier: die von den Rechtecken erzeugte σ-Algebra).

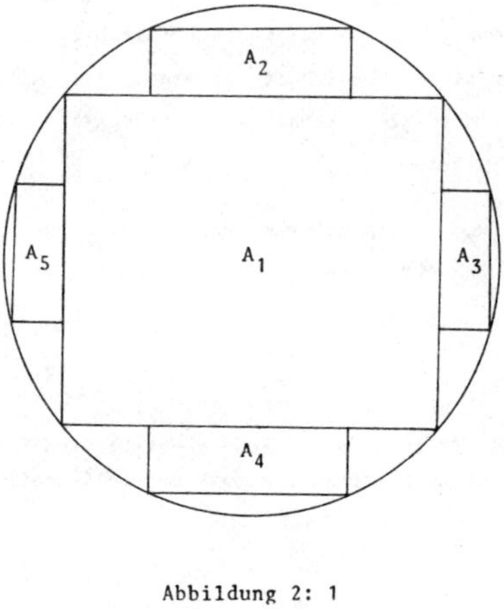

Abbildung 2: 1

Einige Punktmengen sind allerdings nicht P-meßbar, weil sie z.B. so "unanständig" sind, daß sie nicht durch abzählbaren Vereinigungen von disjunkten Rechtecken zu approximieren sind.[1] Für ein Beispiel einer solchen "unanständigen" Menge siehe KOLMOGOROFF und FOMIN [1961], S. 18. Es ist allerdings denkbar, daß einige dieser "unanständigen" Mengen sich durch, sagen wir, Vereinigungen von Dreiecken approximieren lassen. Sie sind dann P'-meßbar, wenn P' ein beliebiges Maß über die σ-Algebra der Dreiecke ist. Man erkennt hier, daß die Meßbarkeit bzw. Nicht-Meßbarkeit von Mengen ein relativer Begriff ist.

Das obige Problem kann leicht wahrscheinlichkeitstheoretisch eingebettet werden und erweist sich auch für die Wahrscheinlichkeitstheorie von grundlegender Bedeutung. Der zugrundegelegte Kreis kann z.B. als Zielscheibe interpretiert werden. Die Wahrscheinlichkeit, daß ein beliebiges Rechteck in der Scheibe getroffen wird, sei proportional zu seiner Fläche.[2] Die obige Fragestellung wird dann übersetzt zu: "Welches ist die Wahrscheinlichkeit, daß ein gegebenes Gebilde in der Zielscheibe getroffen wird?"

Das Zielscheibenbeispiel führt uns zu einer sehr wichtigen Bemerkung. Jeder einzelne Punkt bzw. jede abzählbare Punktmenge der Zielscheibe hat die Fläche Null, d.h., ist eine Nullmenge (erst überabzählbare Mengen von Punkten können eine von Null verschiedene Fläche haben). Die Wahrscheinlichkeit, einen bestimmten Punkt der Scheibe zu treffen, ist entsprechend Null. Trotzdem wird jedesmal ein bestimmter Punkt getroffen werden. Wahrscheinlichkeit Null und Unmöglichkeit sind also nicht gleich zu setzen, und eine Nullmenge ist nicht notwendigerweise ein unmögliches Ereignis. Um von Widersprüchen frei zu bleiben, müssen wir deshalb auch behaupten, daß aus der Wahrscheinlichkeit Eins nicht die Gewißheit folgt. Vielmehr ist die Gewißheit nur ein Spezialfall der Wahrscheinlichkeit Eins. Diese primordiale Unterscheidung findet ihren Ausdruck in der maßtheoretischen Definition:

2: 2.4.1. <u>Definition</u>: Es sei $(\Omega,\mathscr{A},\mu)$ ein Maßraum, und es sei ferner E eine Eigenschaft derart, daß für jeden Punkt $\omega\in\Omega$ definiert ist, ob ω diese

---

1) Wir bleiben recht intuitiv in unseren Ausführungen.

2) Es handelt sich selbstverständlich um eine recht spezielle Annahme: Allgemein braucht eine Beziehung zwischen Treffwahrscheinlichkeit und Fläche nicht zu bestehen.

Eigenschaft besitzt oder nicht. Wir sagen "E besteht (μ-) fast überall (μ-f.ü.) auf Ω", wenn es eine μ-Nullmenge N gibt, derart, daß alle Punkte $\omega \in N^c$ die Eigenschaft E besitzen.

Wo keine Verwechslung bezüglich des Maßes μ zu befürchten ist, wird man einfach "fast überall" (f.ü.) schreiben. In der wahrscheinlichkeitstheoretischen Deutung dieser Definition wird anstatt von fast überall fast sicher (f.s.) benutzt.

Wir können jetzt definieren:

2: 2.4.2. Definition: Ein Maßraum $(\Omega,\mathscr{A},\mu)$ wird dann vollständig genannt, wenn jede Teilmenge einer μ-Nullmenge zu $\mathscr{A}$ gehört und eine μ-Nullmenge ist.

Wir werden im Folgenden immer annehmen, daß die von uns betrachteten W-Räume vollständige Maßräume sind. Diese Annahme stellt eine unwesentliche Beschränkung der Allgemeinheit vor, wird aber oft Beweise und Definitionen deutlich vereinfachen.

Entsprechend ist:

2: 2.4.3. Definition: Zwei Funktionen über einem Maßraum $(\Omega,\mathscr{A},\mu)$, die sich nur durch eine μ-Nullmenge unterscheiden, heißen äquivalent (man sagt auch: sie sind bis auf Äquivalenz gleich). Die Menge aller Funktionen, die zu einer Funktion äquivalent sind, bilden eine Äquivalenzklasse. Wir werden in diesem Sinne von den verschiedenen Versionen einer Funktion innerhalb ihrer Äquivalenzklasse sprechen.

Wir kommen zu dem Problem der Inhaltsmessung zurück, das wir jetzt auf strengere Weise behandeln wollen, da wir dabei einige wichtige Begriffe und Zusammenhänge kennenlernen werden.

Sei R die Zahlengerade und A eine Teilmenge von R, wobei wir an einer sinnvollen Definition der Länge von A interessiert sind. Wenn A ein (offenes, halb-offenes oder abgeschlossenes) Interval mit Endpunkten a und b, $b>a$, ist, erscheint es als sinnvoll, die Länge $\mu(A)$ von A durch $\mu(A) = b-a$ zu definieren. Ist A eine kompliziertere Menge, wird in der Regel keine intuitive Definition ihrer Länge möglich. Man kann jedoch zeigen, daß die Vorschrift μ, die die Forderungen:
a) $\mu((a,b]) = b-a$ für alle $a,b \in R$, $a<b$; b) μ ist ein Maß; erfüllt, die "Länge" von einer breiten Klasse von Teilmengen von R sinnvoll bestimmt.

Das Längenmaß μ wird auf die σ-Algebra der Borelschen Mengen des R definiert:

2: 2.4.4. Definition: Die Elemente der σ-Algebra, die vom System $\mathcal{B}$ der links halboffenen Intervalle in R erzeugt wird, heißen die Borelschen Mengen des R. Dementsprechend heißt $\sigma(\mathcal{B})$ die σ-Algebra der Borelschen Mengen des R.

Man bemerke, daß die Existenz von $\sigma(\mathcal{B})$ gesichert ist. $\sigma(\mathcal{B})$ kann etwa als die Intersektion aller σ-Algebren, die die Intervalle $(a,b]$ enthalten, beschrieben werden. Enthält aber eine σ-Algebra alle Intervalle der Form $(a,b]$, dann enthält sie auch z.B. alle offenen Intervalle und umgekehrt, da

(2: 39) $$(a,b] = \bigcap_{n=1}^{\infty}(a\ ,\ b + \tfrac{1}{n}) \text{ und } (a,b) = \bigcup_{n=1}^{\infty}(a\ ,\ b - \tfrac{1}{n}) \quad .$$

$\sigma(\mathcal{B})$ ist also die kleinste σ-Algebra, die alle offenen Intervalle enthält.
Ähnlich können wir die Intervalle $(a,b]$ durch z.B.
alle abgeschlossene Intervalle,
alle Intervalle $[a,b)$, $a,b\in R$,
alle Intervalle (a,∞), $a\in R$,
usw. ersetzen.

Da eine σ-Algebra, die alle Intervalle einer Art enthält, auch alle andere Intervalle jeder anderen Art enthält, kann $\sigma(\mathcal{B})$ als die kleinste σ-Algebra, die alle Intervalle im R enthält, definiert werden.

Der Begriff der Borelschen Mengen kann leicht auf den Fall des n-dimensionalen euklidischen Raum erweitert werden. Wenn $a = (a_1,\ldots,a_n)$ und $b = (b_1,\ldots,b_n)\in R^n$ sind, ist das Intervall $(a,b]$ durch $\{x = (x_1,\ldots,x_n)\in R^n;\ a_i < x_i \leq b_i\ ,\ i=1,\ldots,n\}$ definiert. Die anderen Arten von Intervallen werden entsprechend definiert. Die kleinste σ-Algebra, die alle Intervalle $(a,b]$, $a,b\in R^n$, enthält, heißt die σ-Algebra der Borelschen Mengen des R^n. Das für die Borelschen Mengen des R Ausgeführte gilt hier entsprechend. Die σ-Algebra der Borelschen Mengen in $\overline{R}$ (bzw. $\overline{R}^n$) ist definiert als die kleinste σ-Algebra, die alle Intervalle $(a,b]$, $a,b\in\overline{R}$, (bzw. $(a,b]$, $a,b\in\overline{R}^n$) enthält.

Die Vorschrift μ wurde ursprünglich über die Klasse der Intervalle $(a,b]$ in R definiert. Es ist allerdings a priori gar nicht sicher, ob es überhaupt ein Maß μ über die breitere Klasse der Borelschen Mengen des R existiert, das die Vorschrift μ im Sinne folgender, unmittelbar einleuchtender Definition fortsetzt:

2: 2.4.5. <u>Definition</u>: Seien V_1 und V_2 zwei numerische Funktionen, die auf den Mengen M_1 respektive M_2, mit $M_1 \subset M_2$, definiert sind. Man sagt, daß V_2 V_1 <u>fortsetzt</u> (ist eine Fortsetzung von V_1), wenn gilt:

$$V_2(A) = V_1(A) \qquad \text{für jedes } A \in M_1 \quad . \tag{2: 40}$$

Es ist zwar unproblematisch, μ auf der Boole'schen Algebra $\mathscr{F}$ von Intervallen $(a,b]$ fortzusetzen: Sind $A_1,\ldots,A_n$ disjunkte Intervalle der Form $(a,b]$, setzen wir $\mu(\bigcup_{i=1}^{n} A_i) = \sum_{i=1}^{n} \mu(A_i)$. Die sich ergebende numerische Funktion μ ist endlich additiv. μ ist also ein Prämaß auf $\mathscr{F}$. Die σ-Additivität bleibt jedoch zuerst einmal fraglich. Auch wenn wir σ-Additivität über $\mathscr{F}$ beweisen könnten, bliebe das Problem der Fortsetzung von μ auf die kleinste σ-Algebra über $\mathscr{F}$, das ist $\sigma(\mathscr{B})$. Ohne uns mit diesem Fragenkomplex eingehender zu befassen, was weit über den Rahmen dieser Arbeit führen würde, geben wir ohne Beweis ein Theorem wieder, aus dem die Existenz des gewünschten Maßes μ hervorgeht. Dieses Theorem spielt ferner eine zentrale Rolle in einigen Beweisen des dritten Kapitels dieser Arbeit.

2: 2.4.6. <u>Satz</u>: Jedes Prämaß μ auf einer Boole'schen Algebra $\mathscr{F}$ in Ω kann auf mindestens eine Weise zu einem Maß μ auf die von $\mathscr{F}$ erzeugte σ-Algebra $\sigma(\mathscr{F})$ fortgesetzt werden.

Der Beweis findet sich z.B. in BAUER [1968], S. 27f.

Man bemerke, daß wir schon eine Fortsetzung vorgenommen haben: In dem Beispiel der Approximierung eines Kreises durch Rechtecke wurde die Vorschrift P, die über alle Rechtecke der Ebene definiert war, durch (2: 38) zu einem Maß auf die von diesen Rechtecken erzeugte σ-Algebra fortgesetzt.

2: 2.5. <u>Produkte von Meßräumen</u>

Es sollen hier einige Definitionen und Sätze wiedergegeben werden, die bei der Darstellung der Theorie der stochastischen Prozesse benötigt werden.

2: 2.5.1. <u>Definition</u>: Sei (Ω_i), $i=1,\ldots,n$, eine endliche Folge von Mengen. Als <u>kartesisches Produkt</u> dieser Mengen verstehen wir die Menge aller n-Tupel der Form $(\omega_1,\ldots,\omega_n)$, wobei ω_i, $i=1,\ldots,n$, einen Punkt von Ω_i darstellt. Wir bezeichnen dieses Produkt durch

$$\prod_{i=1}^{n} \Omega_i \quad \text{bzw.} \quad \Omega_1 \times \Omega_2 \times \ldots \times \Omega_n \ .$$

2: 2.5.2. Definition: Sei $(\Omega_i, \mathcal{A}_i)$, $i=1,\ldots,n$, eine endliche Menge von Meßräumen. Als kartesisches Produkt dieser Meßräumen verstehen wir die Menge

$$\left(\prod_{i=1}^{n} \Omega_i, \bigotimes_{i=1}^{n} \mathcal{A}_i\right) .$$

Dabei bezeichnet $\bigotimes_{i=1}^{n} \mathcal{A}_i$ die durch die Klasse aller Mengen der Form $\prod_{i=1}^{n} A_i$, $A_i \in \mathcal{A}_i$, erzeugte σ-Algebra.

Diese zwei Definitionen lassen sich auf den Fall von unendlich vielen Faktoren erweitern:

2: 2.5.3. Definition: Sei $(\Omega_i)_{i\in N}$ eine Folge von Mengen Ω_i. Das kartesische Produkt dieser Mengen ist definiert als die Menge aller Folgen der Form $(\omega_i,\ldots,\omega_n,\ldots)$ mit $\omega_i \in \Omega_i$. Sei ferner $(\Omega_i, \mathcal{A}_i)_{i\in N}$ eine Folge von Meßräumen. Als kartesisches Produkt dieser Meßräume verstehen wir die Menge

$$\left(\prod_{i\in N} \Omega_i, \bigotimes_{i\in N} \mathcal{A}_i\right) ,$$

wobei $\bigotimes_{i\in N} \mathcal{A}_i$ die durch die Klasse aller Mengen der Form $\prod_{i\in N} A_i$, $A_i \in \mathcal{A}_i$, erzeugte σ-Algebra bezeichnet.

Es gilt dann:

2: 2.5.4. Satz: Das kartesische Produkt abzählbar vieler Meßräume ist ein Meßraum.

Der Beweis kann z.B. in HALMOS [1950], Sec. 38, nachgesehen werden.

Es gilt ferner:

2: 2.5.4. Satz: Seien $((\Omega_i, \mathcal{A}_i, P_i))$ endlich oder unendlich abzählbar viele W-Räume. Dann gibt es genau ein W-Maß P auf $\bigotimes_i \mathcal{A}_i$ mit:

(2: 41) $$P(\prod_i A_i) = P_1(A_1) \cdot P_2(A_2) \cdot \ldots \qquad \text{für alle } A_i \in \mathcal{A}_i .$$

Das W-Maß P heißt das Produkt der W-Maße (P_i) und wird mit $\bigotimes_i P_i$ bezeichnet. Der recht komplizierte Beweis kann in BAUER [1958], S. 135 ff, gefunden werden.

2: 2.5.5. <u>Definition</u>: Seien $((\Omega_i,\mathcal{A}_i,P_i))$ endlich oder unendlich viele W-Räume. Der W-Raum $(\prod_i \Omega_i\ ,\ \bigotimes_i \mathcal{A}_i\ ,\ \bigotimes_i P_i)$ heißt das <u>Produkt</u> der W-Räume $((\Omega_i,\mathcal{A}_i,P_i))$.

2: 3. ZUFALLSVARIABLE UND ERWARTUNG

2: 3.1. <u>Meßbare Abbildungen, Zufallsvariable, und Integration</u>

Ist f eine reelle, stückweise stetige Funktion über ein abgeschlossenes Intervall in R, so können wir vom Riemannschen Integral von f sprechen. Das Riemannsche Integral ist jedoch - wie es aus den obengenannten Bedingungen bezüglich der Funktion f unmittelbar zu erkennen ist - viel zu speziell, um den Anforderungen der Wahrscheinlichkeitstheorie in all ihrer Allgemeinheit zu genügen. Wir werden versuchen, einen Überblick über einen sehr viel allgemeineren Integralbegriff zu geben, welcher sich auf numerische Funktionen einer beliebigen Menge bezieht, vorausgesetzt, daß bestimmte "Meßbarkeitsbedingungen" erfüllt sind. Die intuitive Begründung dieser Meßbarkeitsbedingungen läßt sich am besten über einen wahrscheinlichkeitstheoretischen Umweg einführen.

Bei einem Experiment mit zufälligem Ausgang interessiert man sich oft nicht nur für die zufälligen Ausgänge selbst, sondern auch für Zahlen und allgemeinere mathematische Größen, die durch den zufälligen Ausgang des Experiments bestimmt werden. Solche Größen, die durch Abbildung des Ereignisraumes eines Zufallsexperiments in eine andere Menge gewonnen werden, heißen zufällige Größen oder Zufallsvariable. So wird man sich z.B. beim Roulettespiel für den Gewinn eines Spieles interessieren. Dieser Gewinn ist bei gegebenem Einsatz eine Funktion des realisierten Ereignisses, hier, der aufgetretenen Zahl. Bezeichnen wir mit $(\Omega,\mathcal{A},P)$ den Wahrscheinlichkeitsraum, der das Roulettespiel beschreibt, und mit f die "Gewinnfunktion" bei gegebenem Einsatz. f sei also eine Funktion von Ω in R, die jedem Ausgang ω des Spieles den entsprechenden Gewinn $f(\omega)$ zuordnet. Man wird oft daran interessiert sein, etwa die Wahrscheinlichkeit zu kennen, daß $a \leq f(\omega) \leq b$ ist. Das ist $P\{\omega;\ f(\omega)\in B$, $B = [a,b]$, wobei a und b reelle Zahlen sind. Diese Wahrscheinlichkeit kann offenbar dann und nur dann bestimmt werden, wenn die Menge $\{\omega;\ f(\omega)\in B\} = f^{-1}(B)$ P-meßbar ist, also zu $\mathcal{A}$ gehört. Man wird deshalb fordern, da $f^{-1}(B)\in\mathcal{A}$ für jedes relevante B gilt.

Damit haben wir die wesentlichen Motive für die Definitionen:

2: 3.1.1. Definition: Es seien $(\Omega,\mathscr{A})$ und $(\Omega',\mathscr{A}')$ zwei Meßräume, und es sei $f: \Omega \to \Omega'$ eine Abbildung von Ω in Ω'. f heißt $(\mathscr{A}\text{-}\mathscr{A}')$-meßbar, wenn gilt

$$(2{:}\ 42) \qquad f^{-1}(A') \in \mathscr{A} \qquad \text{für alle } A' \in \mathscr{A}' .$$

Falls f eine reelle oder eine numerische Funktion ist, werden wir einfach von einer $\mathscr{A}$-meßbaren Abbildung sprechen.

2: 3.1.2. Definition: Es sei $(\Omega,\mathscr{A},P)$ ein W-Raum und $(\Omega'\ \mathscr{A}')$ ein Meßraum. Zufallsvariable mit Werten in Ω' bzw. $(\Omega',\mathscr{A}')$-Zufallsvariable heißt jede $(\mathscr{A}\text{-}\mathscr{A}')$-meßbare Abbildung $X:\Omega\to\Omega'$. Jeder Wert $X(\omega)$ heißt eine Realisation von X.

Man bemerke, daß die Meßbarkeit durch die üblichen Operationen der Analysis nicht verletzt wird. Insbesondere sind, wie man leicht nachprüfen kann, Summen, Produkte und Potenzen von meßbaren Funktionen meßbar.

Eine Zufallsvariable mit Werten in R (bzw. $\overline{R}$) heißt reelle (bzw. numerische) Zufallsvariable. Die σ-Algebra von Teilen von R (bzw. von $\overline{R}$) ist dann die σ-Algebra der Borelschen Mengen des R (bzw. in $\overline{R}$).

Eine Zufallsvariable, die immer den gleichen Wert annimmt, wird degeneriert genannt.

2: 3.1.3. Beispiel: Sei $(\Omega,\mathscr{A},P)$ ein W-Raum. Die Indikatorfunktion jeden Ereignisses $A\in\mathscr{A}$ ist eine reelle Zufallsvariable. Es gilt in der Tat

$$I_A^{-1}(B) = \begin{cases} \emptyset \text{ wenn } 0 \notin B \text{ und } 1 \notin B \\ \Omega \text{ wenn } 0 \in B \text{ und } 1 \in B \\ A \text{ wenn } 1 \in B \text{ und } 0 \notin B \\ A^c \text{ wenn } 1 \notin B \text{ und } 0 \in B \end{cases} .$$

$\emptyset,\Omega$, A und A^c gehören aber zu $\mathscr{A}$.

2: 3.1.4. Bemerkung: Falls Ω abzählbar ist, kann man immer ohne Verlust der Allgemeinheit annehmen, daß $\mathscr{A}$ alle Teilmengen von Ω enthält. Dann sind alle Teilmengen von Ω meßbare Mengen bzw. Ereignisse, alle auf $(\Omega,\mathscr{A})$ definierte Funktionen sind meßbar, und das ganze maßtheoretische Instrumentarium wird nicht mehr benötigt.

Es sei X eine $(\Omega'\text{-}\mathscr{A}')$-Zufallsvariable. Aus der Meßbarkeit der Abbildung X folgt, daß die Urbildmenge $X^{-1}(A')$ von jedem Wert A' von X ein Ereignis in dem zugrundeliegenden Ereignisraum $\mathscr{A}$ ist. Somit ist gesichert, daß $P(X^{-1}(A'))$ definiert ist. Das ist die Wahrscheinlichkeit dafür, daß X einen in B gelegenen Wert annimmt. Definieren wir jetzt, einer allgemein üblichen zweckmässigen Konvention folgend, $\{X\epsilon A'\}$ bzw. $\{X(\omega)\epsilon A'\}$ als die Menge $\{\omega;X(\omega)\epsilon A'\}$, so können wir setzen:

(2: 43) $\qquad \{X\epsilon A'\} = X^{-1}(A') = A$

und

(2: 44) $\qquad P\{X\epsilon A'\} = P(X^{-1}(A')) = P(A) \quad .$

$\{X\epsilon A'\}$ wird als das Ereignis "X liegt in A'", $P\{X\epsilon A'\}$ als die Wahrscheinlichkeit dieses Ereignisses bezeichnet. Wir können jetzt definieren:

2: 3.1.5. Definition: Sei X eine auf einem W-Raum $(\Omega,\mathscr{A},P)$ definierte Zufallsvariable mit Werten in einem Meßraum $(\Omega',\mathscr{A}')$. Die Abbildung

(2: 45) $\qquad A' \rightarrow P\{X\epsilon A'\} \quad , \qquad A'\epsilon\mathscr{A}' \quad ,$

heißt die Verteilung von X (bezüglich P).

Durch die Definition der Verteilung einer Zufallsvariablen haben wir die Möglichkeit, die Wahrscheinlichkeiten der Werte dieser Zufallsvariablen, und die Wahrscheinlichkeiten aller Ereignisse, die diese Werte "erzeugen", in einer einzigen Relation auszudrücken. Die Tatsache, daß die Verteilung alle Information enthält, die zur Charakterisierung der Zufallsvariable notwendig ist, erlaubt uns, vom zugrundegelegten W-Raum zu abstrahieren. Für eine beliebige Verteilung bleibt allerdings zu prüfen, ob mindestens ein W-Raum existiert,auf den die entsprechende Zufallsvariable definiert werden kann. Man beweist, daß die Existenz dieses W-Raumes unter sehr allgemeinen Bedingungen, und insbesondere bei numerischen Zufallsvariablen gesichert ist. (ASH [1972],5.6.)

Es sei noch bemerkt, daß man in der Maßtheorie bevorzugt, mit dem "inversen Bild" $X^{-1}(A')$ zu arbeiten, da die grundlegenden mengentheoretischen Operationen durch die inverse Abbildung aufrechterhalten werden, aber im allgemeinen nicht durch die direkte Abbildung. Es gilt z.B. $X^{-1}(\bigcap_i A_i) = \bigcap_i X^{-1}(A_i)$, aber $X(\bigcap_i A_i) \subset \bigcap_i X(A_i)$.

Nach diesen wahrscheinlichkeitstheoretischen Ausführungen wenden wir uns erneut der Integration meßbarer Funktionen zu. Wir führen ein:

2: 3.1.6. Definition: Sei $(\Omega,\mathcal{A})$ ein Meßraum. Eine numerische Funktion f auf Ω heißt eine (μ-) Elementarfunktion, wenn sie μ-meßbar ist, und wenn sie nur endlich viele Werte annehmen kann.

Eine Funktion f ist dann und nur dann eine Elementarfunktion, wenn sie als Linearkombination endlich vieler Indikatorfunktionen geschrieben werden kann, also in der Form

(2: 46) $$f = \sum_{i=1}^{n} x_i I_{A_i}$$

wobei $x_1,\ldots,x_n$ die Menge der Werte, die f annehmen kann, ist, und $A_i = f^{-1}(x_i)$, $i=1,\ldots,n$, ist (vgl. z.B. BAUER [1968], S. 46).

Man überprüft leicht, daß Summen, Differenzen, Produkte und Quotienten von Elementarfunktionen selbst Elementarfunktionen sind, solange man mit den üblichen Konventionen arbeitet (es gelte nämlich für alle $a\in R$: $a+\infty = \infty$, $a-\infty = -\infty$, $a/\pm\infty = 0$, $a\cdot\infty = -\infty$, $a\cdot-\infty = -\infty$ für $a>0$, $a\cdot\infty = -\infty$, $a\cdot-\infty = \infty$ für $a<0$, $0\cdot\pm\infty = 0$, $\infty+\infty = \infty$, $-\infty-\infty = -\infty$; Addition und Multiplikation sind kommutativ) und unzulässige Operationen nicht durchführt (Addieren von $+\infty$ mit $-\infty$, Dividieren durch 0 , Dividieren von $\pm\infty$ durch $\pm\infty$).

Wir können jetzt definieren:

2: 3.1.7. Definition: Es sei $(\Omega,\mathcal{A},\mu)$ ein Maßraum, und f eine numerische, μ-meßbare Funktion. Das abstrakte Lebesque Integral von f bezüglich μ, das mit $\int_\Omega f d\mu$, $\int_\Omega f(\omega)\mu(d\omega)$ oder $\int_\Omega f(\omega)d\mu(\omega)$, $\omega\in\Omega$, bezeichnet wird, wird definiert

a) wenn f eine Elementarfunktion ist, durch

(2: 47) $$\int_\Omega f d\mu = \sum_{i=1}^{n} x_i \mu(A_i)$$

für $f = \sum_{i=1}^{n} x_i I_{A_i}$, und dies, solange $+\infty$ und $-\infty$ nicht beide in der Summe erscheinen. Ist diese letzte Bedingung nicht erfüllt, so sagen wir, daß das Integral nicht existiert.

b) wenn f nicht-negativ ist, durch

(2: 48) $$\int_\Omega f d = \sup_h \{\int_\Omega h d\mu ;\ h \text{ Elementarfunktion}\ ,\ 0\le h\le f\} .$$

Man bemerke, daß das auf diese Weise definierte Integral einer nicht-negativen Funktion immer existiert.

c) wenn keine weiteren Bedingungen über f gemacht werden, durch

(2: 49) $\int_\Omega f d\mu = \int_\Omega f^+ d - \int_\Omega f^- d\mu$,

und dies, solange die zwei Glieder der rechten Seite der obigen Gleichung nicht beide unendlich sind. (In diesem letzten Fall sagt man, daß das Integral nicht existiert). Dabei ist $f^+ = \sup(f,o)$ und $f^- = -\inf(u.o)$. Es ist also $f^+(\omega) = f(\omega)$, falls $f(\omega) \geq o$, und $f^+(\omega) = o$ sonst, für alle $\omega \in \Omega$. Entsprechend ist $f^-(\omega) = -f(\omega)$, falls $f(\omega) \leq o$, sonst ist $f^-(\omega) = o$.

Falls $\int_\Omega f d\mu$ endlich ist (also wenn $\int_\Omega f^+ d\mu$ und $\int_\Omega f^- d\mu$ beide endlich sind), sagt man, daß f <u>(μ-) integrierbar</u> (über Ω) ist.

2: 3.1.8. <u>Definition</u>: Sei $(\Omega, \mathscr{A}, \mu)$ ein Maßraum, und sei f eine meßbare Funktion, dessen abstraktes Lebesque Integral existiert. Dann ist das <u>unbestimmte Integral</u> η von f über $A \subset \Omega$ definiert durch

(2: 50) $\eta(A) = \int_A f d\mu = \int_\Omega f \cdot I_A d\mu$.

2: 3.1.9. <u>Bemerkungen</u>: Die Definitionen 2: 3.1.7. a), b) und c) sind miteinander kompatibel. Sie stehen im Verhältnis des engeren zum weiteren Begriff. b) stimmt mit a) überein, wenn f Elementarfunktion ist. Die Erweiterung auf dem Fall c) ist unmittelbar: Jede Funktion f kann in der Form $f = f^+ - f^-$ ausgedrückt werden. Offenbar sind f^+ und f^- meßbar, wenn f meßbar ist. Wenn wir das Integral einer nicht-negativen meßbaren Funktion definieren können, können wir somit das Integral einer beliebigen meßbaren Funktion entsprechend c) definieren.

Eine anschauliche Interpretation des Lebesque Integrals läßt sich am besten an Gleichung (2: 47) ablesen. Das Integral von f ist gleich der gewichteten Summe der verschiedenen Werte, die f annimmt. Dabei sind die jeweiligen Gewichte die Maße der Mengen, auf die f diese Werte annimmt. Diese Interpretation des Integrals wird uns erlauben, die Definition des Erwartungswertes einer Zufallsvariable, die wir jetzt in der Lage sind einzuführen, intuitiv zu begründen.

Wie es aus dem Namen "Erwartungswert" zu entnehmen ist, interessieren wir uns hierbei für den "zu erwartenden" oder "mittleren" Wert einer numerischen Zufallsvariablen. Dieser Erwartungswert wird als gewichtete Summe der möglichen Werte der Zufallsvariablen definiert, wobei die Gewichte die Wahrscheinlichkeiten dieser Werte sind. Der Erwartungswert ist also nichts anderes als das Lebesque Integral der Zufallsvariablen bezüglich der zugrundegelegten Wahrscheinlichkeit:

2: 3.1.10. Definition: Sei X eine numerische Zufallsvariable auf einem W-Raum $(\Omega,\mathscr{A},P)$. Ist dann entweder $X \geq 0$ oder (P-)integrierbar (d.h.: existiert das Integral von X), so heißt

(2: 51) $$E(X) = E_P(X) = \int_\Omega X dP$$

der Erwartungswert von X (bezüglich P).

Existiert das Integral nicht, kann man keinen Erwartungswert sinnvoll definieren.

Für ein besseres Verständnis des Erwartungswerts im Hinblick auf praktische Anwendungen erscheint es angebracht, ihn auch von einem statistischen Standpunkt einzuführen. Betrachten wir ein durch einen W-Raum $(\Omega,\mathscr{A},P)$ beschriebenes Zufallsexperiment, und sei X eine numerische Elementarfunktion auf $(\Omega,\mathscr{A},P)$. Wir sagen, daß X eine elementare numerische Zufallsvariable ist. X nehme die Werte $x_1,\dots,x_n$ mit den Wahrscheinlichkeiten $p_1,\dots,p_n$ an. Wird das Experiment N-mal wiederholt, N sehr groß, wird X mit sehr großer Wahrscheinlichkeit den Wert x_i, $i=1,\dots,n$, ungefähr (Np_i)-Mal annehmen. Der arithmetische Mittelwert der Werte von X über N Beobachtungen wird also mit sehr großen Wahrscheinlichkeit etwa

(2: 52) $$\frac{1}{N}[Np_1x_1+Np_2x_2+\dots+Np_nx_n] = \sum_{i=1}^{n} p_i x_i$$

sein. Wenn $X = \sum_{i=1}^{n} x_i I_{A_i}$ ist, wobei die A_i disjunkte Teilmengen in $\mathscr{A}$ sind, kann (2: 52) in der Form $\sum_{i=1}^{n} x_i P(A_i)$ ausgedrückt werden. Das ist aber $\int_\Omega X dP$. Die Erweiterung auf den Fall einer beliebigen numerischen Zufallsvariablen erfolgt leicht unter Berücksichtigung von Definition 2: 3.1.7. b) und c).

Zum Schluß dieses Unterabschnitts möchten wir eine kurze, intuitiv begründete Parallele zwischen Riemannschem Integral und Lebesque Integral ziehen. (Eine mathematisch streng gehandhabte Parallele, die allerdings weit über den

Rahmen des hier vermittelten Überblicks hinausgeht, findet sich in ASH [1972], 1.7.). Die zwei grundlegenden Unterschiede zwischen beiden Typen von Integralen sind:

a) Bei Riemann ist die Urbildmenge der zu integrierenden Funktion immer ein Intervall in R. Bei Lebesque kann diese Urbildmenge eine beliebige Menge Ω sein.

b) In der Riemannschen Theorie wird immer bezüglich eines und desselben Maßes, nämlich der Intervallänge in R, definiert. Die Lebesque Integrationstheorie gibt die Möglichkeit, bezüglich eines beliebigen Maßes zu integrieren.

Soweit ist es schon einleuchtend, daß die Riemannsche Integration gewissermaßen als ein Spezialfall der Lebesque Integration angesehen werden kann. Wir wollen jedoch die Beziehungen zwischen beiden Integrationsprozessen weiter explizieren. In der Riemannschen Theorie ist wie gesagt die Urbildmenge der zu integrierenden Funktion (unsere Menge Ω) ein Intervall in R, also eine Menge der Form $\{x;a\leq x\leq b\ ,\ a,b\in R\}$. Den Mengen $A_1,\ldots,A_n$ der Lebesque Integration entsprechen disjunkte Intervalle in R, die das Intervall $[a,b]$ überdecken. Den Maßen $\mu(A_1),\ldots,\mu(A_n)$ entsprechen bei der Gewichtsbildung die Längen $t_1,\ldots,t_n$ dieser Intervalle. Äquivalent zu der Elementarfunktion f der Lebesque Theorie ist in der Riemannschen Theorie eine sogenannte Stufenfunktion f, die konstante Werte $y_1,\ldots,y_n$ über die sukzessiven Intervalle annimmt. Das Integral

$$\int_a^b f(x)dx = \sum_{i=1}^{n} y_i t_i$$

erscheint dann als das Äquivalent von $\int_\Omega f d\mu$.

Man bemerke, daß die Schreibweise f(x) im Riemannschen Integral eher irreführend ist: Sowohl bei Riemann als auch bei Lebesque ist es die Funktion f, und nicht die Werte f(x), die integriert wird. Die Schreibweise $d\mu$ (anstatt von etwa $d\omega$) beim Lebesque Integral erklärt sich aus der Notwendigkeit, das Maß μ, bezüglich dessen integriert wird, zu betonen. Diese Notwendigkeit entfällt beim Riemannschen Integral, da, wie schon bemerkt, die Bildung der Gewichte, die den $y_1,\ldots,y_n$ bei der Summenbildung zugeordnet werden, immer nach dem gleichen Maß (Intervallänge) erfolgt.

2: 3.2. Bedingte Erwartungen, bedingte Wahrscheinlichkeiten, und Markoffsche Kerne

In einem intuitiven Zusammenhang kann, wie schon ausgeführt wurde, von der Wahrscheinlichkeit eines Ereignisses im Rahmen eines Zufallsexperiments gesprochen werden. In diesem Sinne ist jede Wahrscheinlichkeit "bedingt", da sie nur im Hinblick auf die Erfüllung des Bedingungskomplexes "Experiment" definiert ist. Wenn wir das Wort "bedingte Wahrscheinlichkeit" in der Wahrscheinlichkeitstheorie benutzen, denken wir jedoch speziell an das Ersetzen und an die Folgen des Ersetzens des grundlegenden Bedingungskomplexes "Experiment" durch einen engeren, spezifizierteren Bedingungskomplex. Bleiben wir anschaulich und betrachten wir ein Zufallsexperiment und zwei mögliche, nicht unbedingt disjunkte Ausgänge (Ereignisse) A und B dieses Experiments. Eine Ja-Nein Aussage über die Realisation des einen Ereignisses braucht nicht eine Veränderung der Wahrscheinlichkeit des anderen Ereignisses mit sich zu bringen. So hat beim zweimaligen Würfeln, zumindestens im idealen Fall, der Ausgang des ersten Wurfes (Ereignis A) keinen Einfluß auf die Wahrscheinlichkeit eines bestimmten Ausganges beim zweiten Wurf (Ereignis B). Wir sagen in diesem Fall, daß die Ereignisse A und B unabhängig sind. Dagegen folgt beim einmaligen Würfeln aus der Aussage "Das Ereignis A, daß die Drei gewürfelt wird, tritt ein" eine Veränderung der Wahrscheinlichkeit P(B) des Ereignisses B "Eine gerade Zahl wird gewürfelt". Die Wahrscheinlichkeit P(B), die, solange keine Bedingung (Aussage) über A gemacht wurde, 1/2 war, wird als Folge der obigen Bedingung offenbar 0. Man sagt, daß die Ereignisse A und B abhängig sind.

Aus der Einführung einer Bedingung über ein Ereignis A folgt also eine Veränderung der Wahrscheinlichkeiten der abhängigen Ereignissen B, C, ... Die "revidierte" Wahrscheinlichkeit von B heißt (bedingte) Wahrscheinlichkeit von B unter der Bedingung A (bzw. unter der Hypothese A, bzw. gegeben A) und wird mit P(B/A) bezeichnet. Die Erwartungswerte bezüglich einer bedingten Wahrscheinlichkeit heißen bedingte Erwartungswerte.

Leider ist der Begriff der durch ein Ereignis bedingten Wahrscheinlichkeit nicht präzis genug, wenn der zugrundegelegte Stichprobenraum überabzählbar ist. Maßtheoretische Anforderungen zwingen dazu, mit dem allgemeineren, jedoch weniger anschaulichen Begriff der durch eine σ-Algebra bedingten Wahrscheinlichkeit zu arbeiten. Zwar entsprechen die intuitiven Implikationen der

Bedingung durch eine σ-Algebra weitgehend denen der Bedingung durch ein Ereignis: Kurz gesagt, die Annahme der Realisation von einer σ-Unteralgebra $\mathcal{G}$ im Ereignisraum gibt die Möglichkeit, die Betrachtung auf einen "reduzierten" W-Raum $(\Omega,\mathcal{A},P_{\mathcal{G}})$, an Stelle des ursprünglichen W-Raumes $(\Omega,\mathcal{A},P)$, zu beschränken, wobei $P_{\mathcal{G}}$ ein "revidiertes" W-Maß auf $\mathcal{A}$ ist. Jedoch werden durch eine σ-Algebra bedingte Erwartungen und Wahrscheinlichkeiten notwendigerweise recht abstrakt eingeführt, und es steht uns weder das mathematische Instrumentarium noch der Platz zur Verfügung, von Sinn und Notwendigkeit der folgenden Definitionen zu überzeugen. Nur der mathematisch sehr gebildete Leser wird Interesse finden, in dieser Sache etwa BAUER [1968], S. 242-252 oder ASH [1972], S. 206-268 nachzuschlagen. Man bemerke, daß im folgenden bedingte Wahrscheinlichkeit und bedingte Erwartung als Zufallsvariable definiert sind, und daß der Begriff der bedingten Wahrscheinlichkeit aus dem Begriff der bedingten Erwartung abgeleitet wird. Wir benötigen zuerst:

2: 3.2.1. <u>Satz</u>: Sei X eine numerische Zufallsvariable auf einem W-Raum $(\Omega,\mathcal{A},P)$. Falls X nicht-negativ bzw. (P-)integrierbar ist, existiert zu jeder σ-Unteralgebra $\mathcal{G}$ von $\mathcal{A}$ fast sicher genau eine nicht-negative bzw. integrierbare numerische Zufallsvariable X_o auf Ω, welche $\mathcal{G}$-meßbar ist und der Bedingung

(2: 53) $\int_G X_o dP = \int_G X dP$ für alle $G\in\mathcal{G}$ genügt.

Der Beweis kann z.B. in BAUER [1968], S. 244 f, gefunden werden.

Wir können jetzt einführen:

2: 3.2.2. <u>Definition</u>: Unter den Gegebenheiten von Satz 2: 3.2.1. heißt die Zufallsvariable X_o <u>die bedingte Erwartung von X unter der Hypothese $\mathcal{G}$</u>, wofür wir

(2: 54) $E_{\mathcal{G}}(X) = E(X/\mathcal{G}) = X_o$

schreiben. Somit ist $E_{\mathcal{G}}(X)$ eine $\mathcal{G}$-meßbare, numerische Zufallsvariable derart, daß

(2: 55) $\int_G E_{\mathcal{G}}(X) dP = \int_G X dP$ P-f.s. für alle $G\in\mathcal{G}$.

2: 3.2.3. <u>Definition:</u> Sei $(\Omega,\mathcal{A},P)$ ein W-Raum, $\mathcal{G}$ eine σ-Unteralgebra von $\mathcal{A}$ und A ein Element von $\mathcal{A}$. Dann heißt

(2: 56) $P_{\mathcal{G}}(A) = P(A/\mathcal{G}) = E_{\mathcal{G}}(I_A)$ P-f.s.

die (bedingte) Wahrscheinlichkeit von A unter der Hypothese $\mathcal{G}$ (bzw. gegeben $\mathcal{G}$). Falls $P_{\mathcal{G}}(A) = P(A)$, sagt man, daß A unabhängig von $\mathcal{G}$ ist.

Der Begriff der bedingten Wahrscheinlichkeit erscheint also in dieser Definition als Spezialfall des Begriffes der bedingten Erwartung: Die bedingte Wahrscheinlichkeit von A unter der Hypothese $\mathcal{G}$ ist definiert als die bedingte Erwartung der Zufallsvariable I_A unter der gleichen Hypothese.

Von großer Bedeutung für uns ist die Feststellung, daß $E_{\mathcal{G}}(X)$ nur P-fast sicher eindeutig definiert wurde. Man spricht daher von den verschiedenen, P-fast sicher gleichen Versionen einer bedingten Erwartung. Entsprechend gelten Aussagen über bedingte Erwartungen bzw. bedingte Wahrscheinlichkeiten nur P-f.s. Dies hat recht problematische Folgen. Betrachten wir z.B. die Funktionen $P_{\mathcal{G}}(A)(\omega)$, definiert durch

(2: 57) $$P_{\mathcal{G}}(A)(\omega) = \begin{cases} P(A/G) \text{ für } \omega \in G,\ A \in \mathcal{A} \text{ und für alle } G \in \mathcal{G} \\ P(A) \text{ für } \omega \notin \mathcal{G} \end{cases} .$$

$P_{\mathcal{G}}(A)(\omega)$ kann interpretiert werden als die bedingte Wahrscheinlichkeit von A unter der Bedingung ω. Jetzt weiß man (BAUER [1968], Beziehung (54.25)), daß für $A_1, A_2, A_n, \ldots$ disjunkte Mengen in $\mathcal{A}$ gilt

(2: 58) $$P\left(\bigcup_{n=1}^{\infty} A_n/\mathcal{G}\right) = \sum_{n=1}^{\infty} P(A_n/\mathcal{G}) \qquad \text{P-f.s.} \quad .$$

Dies bedeutet aber nicht, daß man in der Lage ist, $P(A/\mathcal{G})(\omega)$, $A \in \mathcal{A}$, $\omega \in \Omega$, so zu wählen, daß diese Funktion bei gegebenem A ein Maß für alle (oder fast alle: d.h., mit Ausnahme abzählbar vieler) $\omega \in \Omega$ ist. Der Überschaubarkeit halber nehmen wir an, daß wir für jedes $A \in \mathcal{A}$ eine bestimmte Version der bedingten Wahrscheinlichkeit $P(A/\mathcal{G})(\omega)$, $\omega \in \Omega$, auswählen. Wir haben jetzt eine Zahl $P(A/\mathcal{G})(\omega)$ für jedes $A \in \mathcal{A}$ und $\omega \in \Omega$. Die Schwierigkeit liegt daran, daß für ein festes ω $P(\cdot/\mathcal{G})(\omega)$ nicht unbedingt abzählbar additiv über A ist. Um dies zu sehen, nehmen wir an, daß $A_1, A_2, \ldots$ disjunkte Mengen in $\mathcal{A}$ sind. Dann gilt entsprechend (2: 58)

(2: 59) $$P\left(\bigcup_{n=1}^{\infty} A_n/\mathcal{G}\right) = \sum_{n=1}^{\infty} P(A_n/\mathcal{G})$$

ausser für solche ω, die zu einer Nullmenge $N(A_1, A_2, \ldots)$ gehören. Entsprechend ist die Menge der ω, für die endliche Additivität nicht gesichert ist, von der Form

(2: 60) $M = \{N(A_1, A_2, \ldots);\ A_1, A_2, \ldots$ disjunkte Mengen in $\mathscr{A}\}$

Im allgemeinen ist M eine überabzählbare Vereinigung von Nullmengen, und ist keine Nullmenge mehr; sie kann sogar zu $\mathscr{A}$ gehören. Es ist also nicht sicher, daß $P(A/\mathscr{G})$ abzählbar additiv für ein gegebenes A ist. Um die damit auftretenden Schwierigkeiten zu vermeiden, wird es notwendig zu verlangen, daß die $P(A/\mathscr{G})(\omega)$ W-Maße über $\mathscr{A}$ für jedes $\omega \in \Omega$ sind, oder zumindestens, daß sie W-Maße für jedes $\omega \in \Omega$ ausser für ω aus einer bestimmten Nullmenge sind. Funktionen $P(A/\mathscr{G})(\omega)$, die innerhalb ihrer Äquivalenzklasse in einer solchen Weise gewählt sind, bilden eine <u>reguläre Version der bedingten Wahrscheinlichkeiten</u> $P_{\mathscr{G}}(A)$.

Es stellt sich also die Frage, unter welchen Annahmen über den Raum $(\Omega, \mathscr{A}, P)$ und über die σ-Unteralgebra $\mathscr{G}$ von $\mathscr{A}$ es eine reguläre Version der bedingten Wahrscheinlichkeit $P_{\mathscr{G}}(A)$ gibt. Im dritten Kapitel dieser Arbeit wird einfach vorausgesetzt, daß die bedingten Wahrscheinlichkeiten, mit denen wir arbeiten werden, regulär sind, und zwar werden sie in der Form von sogenannten Markoffschen Kernen definiert:

2: 3.2.4. <u>Definition</u>: Gegeben seien zwei Meßräume $(\Omega, \mathscr{A})$ und $(\Omega', \mathscr{A}')$. <u>Markoffscher Kern</u> von $(\Omega, \mathscr{A})$ nach $(\Omega', \mathscr{A}')$ oder kurz von Ω nach Ω' heißt jede numerische Funktion K auf $(\Omega \times \mathscr{A}')$ mit den beiden folgenden Eigenschaften:

(i) $A' \rightarrow K(\omega; A')$ ist ein W-Maß auf $\mathscr{A}'$ für alle $\omega \in \Omega$

(ii) $\omega \rightarrow K(\omega; A')$ ist $\mathscr{A}$-meßbar für jedes $A' \in \mathscr{A}'$.

Ein Markoffscher Kern K von $(\Omega, \mathscr{G})$ nach $(\Omega, \mathscr{A})$, $\mathscr{G} \subset \mathscr{A}$, ist entsprechend dieser Definition eine reguläre Version der bedingten Wahrscheinlichkeit $P_{\mathscr{G}}$. $K(\omega; A')$ heißt dann eine reguläre Version der bedingten Wahrscheinlichkeit von A' gegeben ω. Ein Beispiel, das den Begriff des Markoffschen Kernes intuitiv etwas näher legen soll, wird im Rahmen der Darstellung der endlichen Markoff-Ketten gegeben.

2: 4. STOCHASTISCHE PROZESSE

Die Theorie der stochastischen Prozesse findet ihren Ursprung in der Untersuchung von physischen Systemen, deren Entwicklung in der Zeit nicht-deterministischen Gesetzen unterliegt. Erste grundlegende Arbeiten in dieser Richtung waren am Anfang dieses Jahrhunderts die Untersuchungen über die sogenannte Brownsche Bewegung, vor allem die Arbeiten von A. Einstein, M. Schmoluchowsky und L. Bachelier. Von grosser historischer Bedeutung sind auch die Untersuchungen von A.K. Erlang über Warteschlangenphänomene im Fernsprechverkehr, und die Arbeit von W. Schottky über das Schrotrauschen von Elektronenröhren. Die mathematische Theorie der stochastischen Prozesse wurde Anfang der dreissiger Jahre von A.N. Kolmogoroff in der heute üblichen Form festgelegt (KOLMOGOROFF [1931]).

2: 4.1. Allgemeine Begriffe

Die Definition eines stochastischen Prozesses, die in der modernen Wahrscheinlichkeitstheorie zugrundegelegt wird, wurde möglichst allgemein gewählt. Sie läßt sich dafür aber intuitiv nur schwer begründen. Man bezeichnet als stochastischen Prozess jede unendliche Familie von Zufallsvariablen, die auf einem gemeinsamen W-Raum definiert sind und Wert in einem gemeinsamen Meßraum nehmen. Formal wird definiert:

2: 4.1.1. Definition: Stochastischer Prozess heißt jedes Quadrupel $(\Omega,\mathscr{A},P,(X_t)_{t\in T})$, wobei $(\Omega,\mathscr{A},P)$ ein W-Raum ist (der sogenannte Stichprobenraum), und $(X_t)_{t\in T}$ eine durch eine parametermenge T indizierte unendliche Familie von Zufallsvariablen auf $(\Omega,\mathscr{A},P)$ mit Werten in einem gemeinsamen Meßraum $(\underline{D},\mathscr{D})$ ist. $(\underline{D},\mathscr{D})$ heißt der Zustandsraum des Prozesses $(\Omega,\mathscr{A},P,(X_t)_{t\ T})$.

Man interessiert sich grundsätzlich für die Familie (X_t) der Zufallsvariablen X_t. Kennt man die Verteilung der Variablen X_t, ist es möglich (vgl. unter 2: 3. 1.) und oft zweckmässig, vom Stichprobenraum $(\Omega,\mathscr{A},P)$ zu abstrahieren. Man spricht dann einfach vom stochastischen Prozess $(X_t)_{t\in T}$ bzw. (X_t). Hat man umgekehrt eine beliebige Familie (X_t) von Zufallsvariablen, stellt sich die Frage, ob mindestens ein W-Raum existiert, der Stichprobenraum für (X_t) ist. Diese Frage wird im Rahmen unserer Ausführungen über die Konstruktion stochastischer Prozesse weiterbehandelt.

Der Vollständigkeit halber sei noch bemerkt, daß der Begriff eines Zufallsprozesses auf den Fall erweitert werden kann, in dem die Zufallsvariablen X_t Wert nicht in einem gemeinsamen W-Raum ($\underline{D}$,$\mathscr{D}$), sondern in einer Familie von W-Räumen, die von t abhängen, nehmen. Die Bedeutung dieser Verallgemeinerung ist äußerst gering.

Wird eine formale Aussage in Begriffen eines Zufallsprozesses ausgedrückt, so spricht man von einer wahrscheinlichkeitstheoretischen Interpretation dieser Aussage.

Der Begriff eines stochastischen Prozesses wird sehr viel einleuchtender, sobald man eine Ordnungsbeziehung über die Parametermenge T voraussetzt. (Die meisten Untersuchungen überhaupt, und die Ausführungen dieser Arbeit insbesondere, beschränken sich auf stochastische Prozesse mit geordneter Parametermenge). Sei T als Zeitmenge interpretiert, d.h., bezeichne eine Indizierung mit t, $t \epsilon T$, eine Zugehörigkeit zu einem Zeitpunkt t.[1] Ein stochastischer Prozess kann dann als Ausdruck für ein System, das sich in der Zeit entwickelt, angesehen werden, wenn: a) der Zustand des Systems in t, $t \epsilon T$, nicht eindeutig bestimmt ist; b) eine Wahrscheinlichkeitsverteilung $P\{X_t \epsilon \cdot\}$ über die möglichen Zustände des Systems in t angegeben werden kann. Jeder Zustand in t erscheint also als Realisation $X_t(\omega)$ einer Zufallsvariable X_t. Da in jedem Zeitpunkt verschiedene potentielle Zustände für das System definiert sind, kann das System sich in verschiedener Weise entwickeln. Diesen verschiedenen Entwicklungsmöglichkeiten entsprechen die verschiedenen Pfade des Prozesses als geordnete Mengen von sukzessiven Zuständen:

2: 4.1.2. Definition: Sei $(\Omega, \mathscr{A}, P, (X_t)_{t \epsilon T})$ ein stochastischer Prozess mit Zustandsraum ($\underline{D}$,$\mathscr{D}$). Für jedes $\omega \epsilon \Omega$ heißt die durch $t \to X_t(\omega)$ definierte Abbildung von T in $\underline{D}$ ein Pfad oder eine Realisation des Prozesses. Für einen festen $t \epsilon T$ heißt $d_t = X_t(\omega)$, $d_t \epsilon \underline{D}$, ein Zustand (in t) des Prozesses.

---

1) Die durch die Ordnungsrelation auf die Parametermenge T ausgedrückte Reihenfolge braucht nicht zeitlicher Natur zu sein. Es kann sich um eine räumliche oder um eine rein logische Reihenfolge handeln. Vgl. auch unsere Ausführungen unter 3: 1.7.11.

Die obige anschauliche Vorstellung eines stochastischen Prozesses kann am Beispiel der schon erwähnten Brownschen Bewegung illustriert werden. Wir betrachten ein sogenanntes zufallgesteuertes Partikel. (Man denkt dabei an ein kolloidales Partikel in Suspension in einer Flüssigkeit, das infolge von Stößen auf der molokularen Ebene einer unvorhersehbaren Bewegung unterliegt). Der Ort, in dem sich ein solches Partikel zu einem Zeitpunkt t, $t \in T$, aufhält, kann als Realisation einer Zufallsvariable X_t mit Werten in R^3 beschrieben werden. Das stochastische Bewegungsgesetz des Partikels ist dann durch die Familie $(X_t)_{t \in T}$ gegeben, wobei angenommen wird, daß die X_t auf einem gemeinsamen W-Raum definiert sind. Die Verteilungen $P\{X_t \in \cdot\}$ geben die Wahrscheinlichkeiten an, daß das Partikel sich in den verschiedenen Teilvolumen von R^3 zu den Zeitpunkten t aufhält. Pfad des Prozesses ist hier jede Bahn, die das Partikel durchlaufen kann. Zustand in t ist jede Lage, die das Partikel in t annehmen kann.

Es liegt nahe, den Prozess (X_t) in seiner Gesamtheit als eine "dynamische Zufallsvariable" auf $(\Omega, \mathcal{A}, P)$ zu interpretieren. Den Realisationen dieser Zufallsvariable entsprechen die Pfade des Prozesses. Im allgemeinen Fall (d.h., wenn Ω überabzählbar ist) wird die Wahrscheinlichkeit der Realisation eines gegebenen Pfades Null sein. Man wird sich daher in der Regel darauf beschränken müssen, etwa mit der Wahrscheinlichkeit zu arbeiten, daß der realisierte Pfad zu einer gegebenen überabzählbaren Menge von Pfaden gehört. Wir werden in diesem Sinne vom Verhalten des Prozesses sprechen. Aus dieser Wahrscheinlichkeit läßt sich dann insbesondere die Wahrscheinlichkeit ableiten, daß der Zustand d_t des Prozesses in t in einer Menge von Zuständen $D \in \mathcal{D}$ liegt.

Die stochastischen Prozesse werden nicht aus mathematischer Notwendigkeit als unendliche Familien von Zufallsvariablen definiert - man könnte genauso gut "endliche" Prozesse definieren - sondern der Allgemeinheit der Definition halber. Der letzte Teil dieser Behauptung kann paradox erscheinen. Betrachten wir z.B. den Fall einer diskreten Parametermenge T, die als Zeitmenge interpretiert wird. Der Forderung "T unendlich" entspricht dann eine unendliche Dauer der beschriebenen zufallsgesteuerten Entwicklung. Es wäre aber gerade eine sehr weitgehende Einschränkung, wenn wir nur Phänomene unendlicher Dauer mit Hilfe von stochastischen Prozessen beschreiben könnten. "Prozesse endlicher Dauer" lassen sich jedoch leicht durch stochastische Prozesse im Sinne von Definition 2: 4.1.1. beschreiben. (Der umgekehrte Satz gilt nicht).

Man braucht nur einen sogenannten Endzustand Δ einzuführen, dessen Erreichen (d.h., dessen Realisation) das Ende der Betrachtung bedeutet. Der Zustand Δ wird nicht mehr verlassen, nachdem er einmal erreicht worden ist, d.h., es gilt

(2: 61) $X_t(\omega) = \Delta$, $X_s(\omega) = \Delta$, für alle $s \geq t$, $s,t \epsilon T$.

Sei Δ in t erreicht worden. Δ kann in jedem $s \geq t$ als Realisation einer degenerierten Zufallsvariable X_s angesehen werden. Die Einführung eines Endzustandes sichert also formal die Erfüllung von Definition 2: 4.1.1. in Hinblick auf die Unendlichkeit von (X_t).

Die Einführung eines Endzustandes ist nur dann nicht redundant, wenn dieser Endzustand überhaupt erreichbar ist. Es wird daher gefordert:

(2: 62) $P\{X_t(\omega) = \Delta\} > 0$ für mindestens alle $t > \hat{t}$, $t, \hat{t} \epsilon T$.

Der Endzustand Δ wird hier aufgrund der entsprechenden Realisation eine der Variablen X_t, also "prozessintern", erreicht. Wir sagen, daß der Endzustand im Laufe des normalen Verlaufes des Prozesses erreicht wird.

Gegebenenfalls wird verlangt, daß

(2: 63) $P\{X_t(\omega) = \Delta\} = 1$ für $t = \tilde{t}$, $t, \tilde{t} \epsilon T$, gilt.

(2: 63) sichert durch spezielle Definition von $X_{\tilde{t}}$, daß alle Pfade den Endzustand Δ spätestens für $t = \tilde{t}$ erreichen. Dabei können $\hat{t}$ und $\tilde{t}$ vorgegebene Konstanten sein. Sie können sich aber auch als Realisation einer zusätzlichen Zufallsvariablen mit Werten in T ergeben. Sowohl $\hat{t}$ als auch $\tilde{t}$ können den Wert ∞ annehmen.

Durch die Einführung eines Endzustandes mit den obigen Eigenschaften eröffnet sich insbesondere die Möglichkeit, den sehr wichtigen Fall zu berücksichtigen, wo der "Zeitraum" vor Erreichen des Endzustandes im voraus nicht festgelegt ist und beliebig groß werden kann.

Die Begriffe des Pfades und des Endzustandes eines stochastischen Prozesses seien noch an Hand eines einfachen Beispiels veranschaulicht. Wir betrachten die möglichen Entwicklungen in der Zeit des Vermögens d einer Firma als die Pfade eines Zufallsprozesses (X_t). Das Vermögen d_t der Firma in t erscheine also als Realisation einer Zufallsvariable X_t mit Werten in R. Sobald dieses Vermögen unter den Wert $\hat{d}$ fällt, spätestens jedoch im Zeitpunkt $\tilde{t}$, wird die Firma aufgelöst. Das Vermögen in t_o am Anfang des Prozesses, d_o, sei vorgegeben. Abbildung 2: 2 zeigt zwei mögliche Realisationen des Zufallsprozesses "Firmenvermögen". Der Pfad 1 führt zum Endzustand "Firma aufgelöst" im Rahmen der normalen Entwicklung des Prozesses, also aufgrund von Gleichung (2: 62). Bei dem Pfad 2 wird dieser Endzustand durch Erreichen des Zeitpunktes $\tilde{t}$ hervorgerufen (also aufgrund von Gleichung (2: 63)).

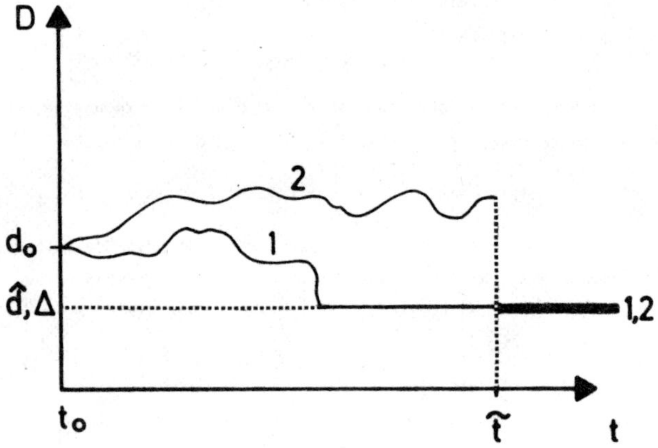

Abbildung 2: 2.

2: 4.2. Markoff-Prozesse

Von allen stochastischen Prozessen sind die Markoff-Prozesse aufgrund ihrer relativ einfachen, leicht zu handhabenden Struktur am eingehendsten untersucht und am häufigsten angewandt worden. Ihre Beliebtheit in den Sozial- und Wirtschaftswissenschaften ist nicht zuletzt darauf zurückzuführen, daß man mit ihrer Hilfe dynamische Vorgänge leicht darstellen kann und daß ihre statistische Identifikation aus empirischen Daten besonders einfach ist. Der aktuelle Stand der Theorie der Markoff-Prozessen ist in DYNKIN [1965] weitgehend wiedergegeben. Für eine sehr anschauliche Einführung mit großer Gewichtslegung auf Anwendungen siehe DYNKIN und JUSCHKEWITSCH [1969]. Die hier gegebene Definition eines Markoff-Prozesses folgt MEYER [1967].

Markoff-Prozesse werden oft als stochastische Prozesse mit geordneter Parametermenge beschrieben, bei denen der "weitere Verlauf" des Prozesses jeweils nur vom erreichten Zustand abhängt, und nicht von der Weise, wie dieser Zustand erreicht wurde. Diese "Unabhängigkeit von Zukunft und Vergangenheit bei gegebener Gegenwart" wird mathematisch durch die anschaulich leicht verständliche elementare Markoff-Eigenschaft beschrieben, welche für einen Prozess $(X_t)_{t\in T}$ mit Zustandsraum $(\underline{D},\mathscr{D})$ lautet:

(2: 64) $$P\{X_t \in D / X_{s_1},\dots,X_{s_n}\} = P\{X_t \in D / X_{s_n}\} \qquad \text{P-f.s.}$$

für jedes $D\in\mathscr{D}$, und mit $s_1,\dots,s_n$ eine endliche Anzahl von Punkten aus T mit $s_1<\dots<s_n<t$.

Die elementare Markoff-Eigenschaft gilt insbesondere für jeden Markoff-Prozess.[1] Wie bereits ausgeführt, ist jedoch im überabzählbaren Fall eine Bedingung durch Ereignisse nicht immer spezifisch genug. Die Forderung der Unabhängigkeit von Zukunft und Vergangenheit wird daher in Begriffen einer Bedingung durch eine σ-Algebra, nämlich in der Form

(2: 65) $$E(X_t/\mathscr{A}_s) = E(X_t/X_s) \qquad \text{f.s für alle } s,t\in T \text{ mit } s\leq t$$

ausgedrückt. $\mathscr{A}_s = \sigma(X_i; i\leq s)$ ist die von $\{X_i; i\leq s\}$ erzeugte σ-Unteralgebra in $\mathscr{A}$, also die σ-Algebra, die durch die Zustände des Prozesses $(X_t)_{t\in T}$ vor s erzeugt wurde. Sie wird anschaulich die σ-Algebra der s-Vergangenheit des Prozesses genannt. (2: 65) wird als Beziehung zwischen bedingten Erwartungen und nicht bedingten Wahrscheinlichkeiten angegeben, weil sich dadurch Regularitätsuntersuchungen erübrigen.

(2: 65) heißt die schwache Markoff-Eigenschaft. Auf die Definition der sogenannten starken Markoff-Eigenschaft, sowie auf weitere einschränkende Bedingungen, welche man oft mit dem Begriff eines Markoff-Prozesses verbindet, soll hier nicht eingegangen werden. Wichtig ist die Feststellung, daß im abzählbaren Fall die schwache Markoff-Eigenschaft mit der elementaren Markoff-Eigenschaft äquivalent ist.

---

1) Für eine Erweiterung des Begriffes eines Markoff-Prozesses auf den Fall einer Abhängigkeit der Zukunft nach s von der Vergangenheit zwischen s-k und s siehe jedoch unter 3: 1.4.3.

Betrachten wir jetzt ein System, von dem angenommen werden soll, daß seine Entwicklung durch einen stochastischen Prozess X mit der schwachen Markoff-Eigenschaft beschrieben werden kann. Ist d der Zustand des Systems in s, so erscheint es sinnvoll, die weitere Entwicklung des Systems für $t \geq s$ durch einen stochastischen Prozess X(d,s) zu beschreiben, das aus X unter Auswertung der Information "Der in s realisierte Zustand von X war d" abgeleitet wird. Der Prozess X(d,s) erscheint also als eine Restriktion von X und man kann erwarten, daß er selbst die elementare Markoff-Eigenschaft besitzt, weil diese punktuell definiert wurde.

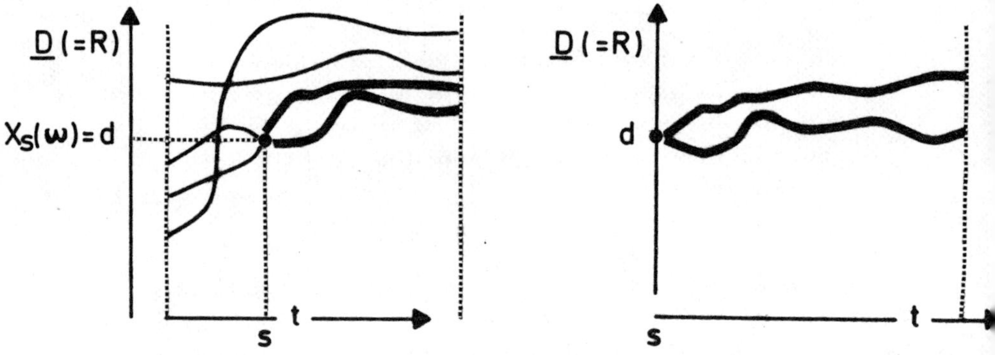

Der Prozess X als Menge seiner Pfade

Der Prozess X(d,s) als Menge seiner Pfade

Abbildung 2: 3.

Der obige Gedanke soll jetzt formal ausgebaut werden. Es sei $X = (\Omega, \mathscr{A}, P, (X_t)_{t \in T})$ ein stochastischer Prozess mit Zustandsraum $(\underline{D}, \mathscr{D})$. Nehmen wir an, daß in $s \in T$ ein oder mehrere Pfade dieses Prozesses durch einen Punkt d laufen (Formal: es gäbe ein oder mehrere $\omega \in \Omega$ derart, daß $X_s(\omega) = d$ ist). Erfüllt X die schwache Markoff-Eigenschaft, dann ist der weitere Verlauf für $t \geq s$ dieser Pfade unabhängig von der Weise, wie sie d in s erreicht haben. Es gilt also:

(2: 66) $\quad E\{X_t / \mathscr{A}_s\} = E\{X_t / X_s = d\}$ $\quad$ f.s. für alle $d \in \underline{D}$, $D \in \mathscr{D}$, $s, t \in T$ mit $s \leq t$

Die Vorschrift P_d^s, definiert durch

(2: 67) $\quad P_d^s(\cdot) = E_d^s(I_{\cdot})$

mit

(2: 68) $\quad E_d^s(X_t) = E(X_t / X_s = d)$ $\quad$ f.s. für alle $d \in \underline{D}$, $s, t \in T$ mit $s \leq t$, ist dann ein W-Maß auf $(\Omega,\mathscr{A})$, und $(X_t)_{t\geq s}$ mit $X_s=d$ kann als ein Zufallsprozess $X(s,d) = (\Omega,\mathscr{A},P_d^s,(X_t)_{t\geq s})$ mit Zustandsraum $(\underline{D},\mathscr{D})$ erkannt werden. Es gilt

(2: 69) $$E_d^s(X_t/\mathscr{A}_u) = E(X_t/\,\sigma(X_s = d,\mathscr{A}_u)) = E(X_t/X_u) = E_d^s(X_t/X_u) \quad \text{f.s.}$$

für alle $D\in\mathscr{D}$, $d\in\underline{D}$, $s,t,u\in T$ mit $s\leq u\leq t$. Der Prozess $X(s,d)$ besitzt also selbst die schwache Markoff-Eigenschaft. Alle seine Pfade haben ihren Ursprung in d, d.h., es gilt $X_s(\omega) = d$ P_d^s-f.s.

Es liegt somit nahe, jeden Prozess X, der die schwache Markoff-Eigenschaft besitzt, in eine Familie $(X(s,d))_{s\in T,d\in\underline{D}}$ von stochastischen Prozessen - einen für jedes Paar (s,d) - zu zerlegen.[1] Dabei haben die Einzelprozesse X(s,d) selbst die elementare Markoff-Eigenschaft
verbunden.

Soll man jetzt mit den Wahrscheinlichkeiten P_d^s arbeiten, so ist es sinnvoll, zu verlangen, daß man die Menge der Punkte d bestimmen kann, für die $P_d^s\{X_t\in D\}$, $D\in\mathscr{D}$, einen bestimmten Wert hat. Es wird also gefordert, daß die Abbildung $d \to P_d^s\{X_t\in D\}$ für alle $D\in\mathscr{D}$ meßbar ist. Entsprechend könnte man von $s \to P_d^s$ (bzw. von $s\times d \to P_d^s$) Meßbarkeit fordern. Diese letzte Eigenschaft ist jedoch von geringer praktischer Bedeutung, sodaß sie meistens nicht gefordert wird. Der Einfachheit halber wollen wir uns hier diesem Usus anschliessen.[2]

Zusammenfassend definieren wir:

2: 4.2.1. <u>Definition</u>: Sei $X = (\Omega,\mathscr{A},P,(X_t)_{t\in T})$ ein stochastischer Prozess mit Zustandsraum $(\underline{D},\mathscr{D})$, wobei T eine geordnete Parametermenge ist. X heißt <u>Markoff-Prozess</u> (Markoffscher Prozess) mit Zustandsraum $(\underline{D},\mathscr{D})$, wenn ein Quadrupel $(\Omega,\mathscr{A},(P_d^s)_{d\in\underline{D},s\in T},(X_t)_{t\geq s})$ mit folgenden Eigenschaften existiert

(2: 70) Für jedes $d\in\underline{D}$ und $s\in T$ ist $(\Omega,\mathscr{A},P_d^s,(X_t)_{t\in T})$ ein stochas-

---

1) Wir werden eine entsprechende Dualität zwischen Familien von Prozessen und einzelnen Prozessen bei der Behandlung der Systeme mit vollkommenen Verbindungen im dritten Kapitel dieser Arbeit wiederfinden.

2) Wie wir schon wissen, ist die Meßbarkeit von $s\to P_d^s$ in dem wichtigen Fall gesichert, wo T abzählbar ist. Ist dann $d\to P_d^s$ meßbar, so ist auch $s\times d\to P_d^s$ meßbar.

tischer Prozess mit Zustandsraum ($\underline{D}$,$\mathcal{D}$); d wird der <u>Ursprung</u>, s die <u>Startzeit</u> des Prozesses genannt. Dabei ist P_d^s durch (2: 68) in Verbindung mit (2: 69) definiert.

(2: 71) Für jedes $A \in \mathcal{A}$ und $s \in T$ ist $d \to P_d^s(A)$ $\mathcal{D}$-meßbar.

Man sagt, daß $(P_d^s)_{d \in \underline{D}}$ eine <u>Diffusion</u> von ($\underline{D}$,$\mathcal{D}$) in (Ω,$\mathcal{A}$) ist.

(2: 72) Es gilt

$$E_d^s(X_u/\mathcal{A}_t) = E_d^s(X_u/X_t) \quad P_d^s\text{-f.s.} \quad \text{für alle } d \in \underline{D}, \; u,t,s \in T \text{ mit } s \le t \le u.$$

Für uns wichtig ist:

2: 4.2.2. <u>Satz</u>: Die Forderung (2: 72) in Definition 2: 4.2.1. ist genau äquivalent zu der Forderung, daß für jede reelle, $\mathcal{D}$-meßbare Funktion ϕ auf $\underline{D}$ gilt:

(2: 73) $$E_d^s(\phi \circ X_u/\mathcal{A}_t) = E_d^s(\phi \circ X_u/X_t) \quad P_d^s\text{-f.s.}$$

für alle $d \in \underline{D}$, $u,t,s \in T$, $s \le t \le u$.

Der Beweis kann z.B. in MEYER [1967], XII, gefunden werden.

Der Gebrauch der weniger anschaulichen Beziehung (2: 73) anstatt von (2: 72) wird uns einige Beweise des dritten Kapitels dieser Arbeit erheblich vereinfachen.

Aus Obigem folgt unmittelbar, daß jeder Prozess $(\Omega,\mathcal{A},P_d^s,(X_t)_{t \ge s})$ selbst ein Markoff-Prozess im Sinne von Definition 2: 4.2.1. ist.

Ein Markoff-Prozess, dessen stochastische Eigenschaften "zeitunabhängig" sind, ist homogen im Sinne folgender Definition:

2: 4.2.3. <u>Definition</u>: Ein Markoff-Prozess $(\Omega,\mathcal{A},(P_d^s)_{d \in \underline{D}, s \in T},(X_t)_{t \in T})$, bei dem die Familie (P_d^s) von s unabhängig ist, also für den

(2: 74) $$P_d^s = P_d \quad \text{für alle } s \in T,\ d \in \underline{D},$$

gilt, heißt <u>homogen</u>. Ein homogener Markoff-Prozess wird mit $(\Omega,\mathcal{A},(P_d)_{d \in \underline{D}},(X_t)_{t \in T})$ bezeichnet.

Jeder Prozess $(\Omega,\mathcal{A},P_d,(X_t)_{t \in T})$ ist dann offensichtlich selbst homogen.

Wichtig sind ferner die Definitionen:

2: 4.2.4. Definition: Ein Markoff-Prozess mit Zustandsraum $(\underline{D},\mathcal{D})$ heißt abzählbar (endlich), wenn $\underline{D}$ eine abzählbare (endliche) Menge ist.

2: 4.2.5. Definition: Ein Markoff-Prozess mit Parametermetermenge T heißt Markoff-Kette, wenn T abzählbar ist.

In vielen Fällen wird man daran interessiert sein, das System zu untersuchen, das entsteht, wenn nicht ein fester Ursprung bei gegebener Startzeit, sondern lediglich eine Wahrscheinlichkeitsverteilung über die Ursprünge und/oder Startzeiten eines Markoff-Prozesses angegeben wird. Um dies zu veranschaulichen, kehren wir zu unserem Beispiel des vorherigen Unterabschnitts zurück, wobei jetzt angenommen wird, daß die Vermögensentwicklung einer Firma speziell als Markoff-Prozess $(\Omega,\mathcal{A},(P_d^s)_{d\in\underline{D},s\in T},(X_t)_{t\in T})$ beschrieben werden kann.

Die Entwicklung der Firma nach einem beliebigen Zeitpunkt s, in dem das Firmenvermögen d ist, sei also durch den Prozess $(\Omega,\mathcal{A},P_d^s,(X_t)_{t\geq s})$ charakterisiert. Nehmen wir jetzt an, daß wir uns für die Vermögensentwicklung der Firma nach ihrer Gründung in s interessieren, das Gründungsvermögen aber nicht kennen, weil z.B. über diese Größe noch verhandelt wird. Eine Aussage über die Zukunft der Firma ist jedoch möglich, wenn wir eine Wahrscheinlichkeitsverteilung μ über $\mathcal{D}$, also über die möglichen Ausgänge der Verhandlung, angeben können. Die Wahrscheinlichkeit, daß ein bestimmtes Anfangsvermögen d bei der Gründung in s gewählt wird, ist $\mu(d)$. Das ist die Wahrscheinlichkeit, daß die Entwicklung der Firma nach dem Zeitpunkt s durch den Prozess $(\Omega,\mathcal{A},P_d^s,(X_t)_{t\geq s})$ beschrieben wird. Die Wahrscheinlichkeit, daß das Anfangsvermögen d ist, und daß $X_t\in D$, $t\geq s$, gilt, ist damit $\mu(d)P_d^s\{X_t\in D\}$ für alle $D\in\mathcal{D}$. Die Wahrscheinlichkeit, daß $X_t\in D$, $t\in s$, überhaupt gilt, ergibt sich als das Integral über alle d der Wahrscheinlichkeiten $\mu(d)P_d^s\{X_t\in D\}$. Es gilt also $P\{X_t\in D\} = \int_{\underline{D}} \mu(d)P_d^s\{X_t\in D\}$ für alle $D\in\mathcal{D}$ und $t\in T$ mit $t\geq s$. Man erkennt leicht, daß $(\Omega,\mathcal{A},P_\mu^s,(X_t)_{t\geq s})$ mit $P_\mu^s = \int_{\underline{D}} \mu(d)P_d^s$ einen Markoff-Prozess definiert. Dieser Prozess beschreibt die Entwicklung des Firmenvermögens nach s, wenn das Vermögen in s nur probabilistisch über die Vorschrift μ bekannt ist.

Die Verteilung μ wird Startwahrscheinlichkeit des Prozesses genannt. Eine Startwahrscheinlichkeit kann auch über die Startzeiten s bzw. über die Paare (s,d) definiert werden. In Rahmen unseres Beispiels wäre ein solches Vorgehen notwendig, wenn etwa auch das Gründungsdatum Gegenstand der Verhandlungen ist. Man muß dann allerdings aus mathematischen Gründen verlangen, daß s bzw. $(s,d) \to P_d^s(D)$ meßbar ist. Eine Startwahrscheinlichkeit über die Startzeiten ist selbstverständlich bei homogenen Prozessen redundant, da für solche Prozesse $\int_T \mu(t)P_d^s = P_d$ für jedes beliebige W-Maß μ auf T ist. Der Angabe eines bestimmten Paares (s,d) entspricht eine in einem Punkt konzentrierte Startwahrscheinlichkeit. Wir werden uns meistens auf diesen letzten Fall beschränken.

In der einschlägigen Literatur wird häufig die Angabe einer Startwahrscheinlichkeit als notwendige Voraussetzung für die Definition eines Markoff-Prozesses gemacht. Dieser Irrtum - man erkennt, daß der Prozess (X_t) in Definition 2: 4.2.1. keine Startwahrscheinlichkeit zu besitzen braucht - erklärt sich durch die Tatsache, daß faktisch nur mit Markoff-Prozessen bei gegebenen Startwahrscheinlichkeiten gearbeitet wird. Einerseits ist die Angabe einer Startwahrscheinlichkeit meistens unerläßlich bei der Konstruktion Markoffscher Prozesse. Andererseits wird eine solche Angabe im Rahmen der Untersuchung Markoffscher Prozesse oft benötigt. Betrachten wir z.B. eine Markoff-Kette (X_t). In der Regel ist $P\{X_t/X_{t-1} = d\} \neq P\{X_t/X_{t-1} = d'\}$. Damit sind zur Bestimmung der Verteilung von X_t sowohl die Werte $P\{X_t/X_{t-1}\}$ als auch die Verteilung von X_{t-1} notwendig. Die Verteilung von X_{t-1} hängt aber selbst von der Veteilung von X_{t-2} ab, sodaß im Endeffekt die Verteilung von X_t von den Verteilungen aller Variablen X_s, $s<t$, abhängt. Es ist damit notwendig, eine Startwahrscheinlichkeit vor t oder spätestens in t exogen anzugeben, falls man die Verteilungen in t bzw. nach t untersuchen will. Die Wahl einer Startwahrscheinlichkeit in $-\infty$ würde allerdings einige formale Schwierigkeiten mit sich bringen. Um diesen Fall von vornherein auszuschliessen, wollen wir im Folgenden nur links-abgeschlossene Parametermengen betrachten. Der Begriff einer Startwahrscheinlichkeit ist offensichtlich auch bei anderen stochastischen Prozessen als Markoff-Prozessen sinnvoll.

Ein wichtiges Instrument zur Untersuchung eines Markoff-Prozesses ist die sogenannte Übergangsfunktion dieses Prozesses. Wir führen zuerst ein:

2: 4.2.6. <u>Definition</u>: Es sei T eine geordnete Parametermenge und $(K_{s,t})_{s,t\in T, s\leq t}$, eine in T doppeltindizierte Familie von Markoffschen Kernen $K_{s,t}$ auf einen Meßraum $(\underline{D},\mathscr{D})$ (d.h., jeder $K_{s,t}$ ist ein Kern von $(\underline{D},\mathscr{D})$ nach $(\underline{D},\mathscr{D})$). Gilt dann:

(2: 75) $$K_{s,u}(d;D) = \int_{y\in\underline{D}} K_{s,t}(d;dy)K_{t,u}(y;D)$$

für alle $d\in\underline{D}$, $D\in\mathscr{D}$, $s,t,u\in T$ mit $s\leq t\leq u$, so heißt $(\Pi_{s,t})_{s,t\in T}$ eine

Markoffsche Übergangsfunktion auf $(\underline{D},\mathscr{D})$. Die Beziehungen (2: 75) heissen Chapman-Kolmogoroff-Gleichungen.

$K_{s,u}(d;D)$ wird als eine reguläre Version der bedingten Wahrscheinlichkeit der Realisation von D in u gegeben d in s interpretiert. Motiviert durch das anschauliche Beispiel des zufallgesteuerten Partikels sagt man, daß $K_{s,u}(d;D)$ die Wahrscheinlichkeit eines Überganges von d in s nach D in t angibt. Die Chapman-Kolmogoroff-Gleichungen besagen, daß jede solche Übergangswahrscheinlichkeit über ein Intervall $[s,u]$ als das Integral über alle y der Produkte der Übergangswahrscheinlichkeiten nach und von allen Zuständen y, die zu einer "Zwischenzeit" t erreicht werden können, zerlegt werden kann. Diese Zerlegung kann für jeden beliebigen "Zeitpunkt" t innerhalb des betrachteten Intervalls erfolgen.

Nehmen wir jetzt der Einfachheit halber an, T sei R. Falls $K_{s,u} = K_{s+t,u+t}$ für alle $s,u,t \in R$ gilt, sagen wir, daß die Übergangsfunktion $(\Pi_{s,u})_{s,u \in R}$ homogen ist. Die Wahrscheinlichkeit eines bestimmten Überganges über ein Intervall $[s,u]$ hängt im homogenen Fall nur noch von der Länge des Intervalls, nicht aber vom Zeitpunkt s des Ursprungs des Intervalls ab. Die Doppelindizierung ist hier überflüssig, und man wird $\Pi_{s,u} = \Pi_t$ mit $t = u-s$ für alle s und u setzen. Man sagt, daß die Familie $(\Pi_t)_{t \in T}$ eine Markoffsche Halbgruppe bildet. Die Interpretation der Chapman-Kolmogoroff-Gleichungen im homogenen Fall leitet sich unmittelbar aus ihrer Interpretation im nicht-homogenen Fall ab.

Wir können jetzt definieren:

2: 4.2.7. Definition: Sei $(X_t) = (\Omega,\mathscr{A},(P_d^s)_{d\in\underline{D},s\in T},(X_t)_{t\in T})$ ein Markoff-Prozess mit Zustandsraum $(\underline{D},\mathscr{D})$. Sei ferner $(K_{s,u})_{s,u\in T}$ eine Markoffsche Übergangsfunktion über $(\underline{D},\mathscr{D})$. Wir sagen, daß $(K_{s,u})_{s,u\in T}$ die Übergangsfunktion des Prozesses (X_t) ist, wenn gilt

(2: 76) $\quad K_{s,u}(d;D) = P_d^s\{X_u \in D\} \quad$ für alle $s,u\in T$, $s \leq u$, $d \in \underline{D}$, $D \in \mathscr{D}$.[1]

Beziehung (2: 76) läßt einen engen Zusammenhang zwischen einem Markoffschen Prozess und seiner Übergangsfunktion erkennen. Man kann in der Tat beweisen,

1) Diese Definition ist üblich und für unsere Zwecke hinreichend. Für eine strengere Definition, die in Hinblick auf einige Grenzfälle von Vorteil sein kann, vergleiche jedoch MEYER [1967].

daß beide als dasselbe mathematische Objekt angesehen werden können und daß die Chapman-Kolmogoroff-Gleichungen und Markoff-Eigenschaft äquivalent Ausdrücke für die Unabhängigkeit von Zukunft und Vergangenheit bei gegebener Gegenwart sind. Dieser Gedanke wurde am Beispiel des zufallgesteuerten Partikels in BAUER [1968], S. 302 veranschaulicht. $K_{s,u}(d;D)$ kann als die Wahrscheinlichkeit dafür angesehen werden, daß ein in $\underline{D}$ zufallgesteuertes Partikel, welches im Zeitpunkt s in d startete, sich zum späteren Zeitpunkt u in dem Teilvolumen D aufhält. Das Partikel besitze kein "Gedächtnis", d.h., sein zufälliges Weiterwandern sei in jedem Moment von den "Erlebnissen" in der Zeit vor u unabhängig. Befindet sich das in d startende Partikel zum Zeitpunkt t, $s \leq t \leq u$, im "Volumelement" dy, so berechnet sich die Wahrscheinlichkeit, mit der wir es zum Zeitpunkt u in einem Teilvolumen D finden, gemäß

$$K_{s,u}(d;D) = \int_{\underline{D}} K_{s,t}(d;dy)K_{t,u}(y;D) \quad .$$

Das ist die Chapman-Kolmogoroff-Gleichung. Sofern das zufallgesteuerte Partikel kein Gedächtnis besitzt, stoßen wir also mittels der obigen Interpretation automatisch auf eine Übergangsfunktion.

2: 4.3. Konstruktion von stochastischen Prozessen

Wir wenden uns Fragestellungen zu, die für den Beweis von Satz 3: 1.5.3. zentral sind. Im Rahmen dieser Einführung wird es uns unmöglich sein, die aufgeworfenen Punkte vollständig zu behandeln. Wir können nur versuchen, einen Einblick in die relevante Problematik zu geben.

Wir haben bereits gesehen, daß man bei einem gegebenen stochastischen Prozess $(\Omega,\mathcal{A},P,(X_t)_{t\in T})$ vom zugrundegelegten Stichprobenraum $(\Omega,\mathcal{A},P)$ abstrahieren kann. Zur Charakterisierung des Prozesses genügt die Kenntnis der Folge (X_t) und der entsprechenden Verteilungen. Jede Folge (X_t) von Zufallsvariablen in einen gemeinsamen Meßraum braucht aber nicht ein stochastischer Prozess zu sein. Es stellt sich die Frage, ob zumindestens ein W-Raum existiert, der als Stichprobenraum für (X_t) erkannt werden kann. Das hier gegebene Problem wird in zwei Teilfragen zerlegt.

Wir fragen uns zuerst nach der Konstruktion eines geeigneten Meßraums $(\Omega,\mathcal{A})$, der, entsprechend "probalisiert" durch ein geeignetes W-Maß P, Stichprobenraum für (X_t) sein könnte. Anschliessend wird nach der Möglichkeit der eindeutigen

Ableitung des Maßes P aus einer Menge von Verteilungen gefragt, wobei diese Verteilungen in einem noch zu präzisierenden Zusammenhang mit den Verteilungen von den Zufallsvariablen X_t stehen sollen.

Der Anschaulichkeit halber wollen wir eine recht einschränkende Voraussetzung machen, die für einen Teil unserer Ausführungen formal unnötig ist: Wir werden nur diskrete, links-abgeschlossenen Parametermengen T betrachten. Es ist dann kein Verlust der Allgemeinheit mehr, T=N zu setzen.

Die erste Teilfrage ist relativ einfach zu beantworten. Nehmen wir an, $X = (X_t)_{t\in T}$ sei ein stochastischer Prozess mit Zustandsraum $(\underline{D},\mathscr{D})$. Um den "Zustandsraum in s" von dem "Zustandsraum in t", $s,t\in T$, unterscheiden zu können, wollen wir nun den Raum $(\underline{D},\mathscr{D})$ durch T indizieren. (Man bemerke, daß es sich hier um eine rein zweckmässige Indizierung der Räume $(\underline{D}_t,\mathscr{D}_t)$ handelt, da diese eigentlich von t unabhängig sind.) Eine entsprechende Abbildung von T in $\{d\}$ war schon bei der Definition der Zustände eines Prozesses ausgeführt worden. Wir setzen $\underline{D}_t = \{d_t\} = \{X_t(\omega);t\in T,\ \omega\in\Omega\}$, d.h., wir identifizieren $\underline{D}_t$ mit der Menge der Zustände in t. Es gilt $t \to X_t(\omega) = (d_t)_{t\in T}$ und man erkennt, daß jedem Pfad von X bzw. jedem $\omega\in\Omega$ ein Element von $\underline{D}^T = \{(d_t)_{t\in T}\}$ zugeordnet werden kann. Dabei steht entsprechend unserer Bezeichnungskonventionen $\underline{D}^T$ für $\prod_{t\in T} \underline{D}_t$.

Haben wir nun eine Familie $(X_t)_{t\in T}$ von Zufallsvariablen, die wir als stochastischen Prozess erkennen möchten, so erscheint es sinnvoll, jede mögliche Sequenz $(d_t)_{t\in T}$, also jeden potentiellen Pfad, a priori als Pfad zu definieren. Dies bedeutet, daß wir den Raum groß genug auswählen müssen, um jedem $(d_t)\in\underline{D}^T$ mindestens ein ω zuordnen zu können. Anderseits genügt es, wenn Ω genau so groß ist, um eine eineindeutige Abbildung $\omega \to (d_t)$ zu erlauben. In diesem letzten Fall liegt es nahe, $\underline{D}^T$ für Ω zu wählen. Aufgrund eines ähnlichen Arguments wird man $\mathscr{D}^T$ für $\mathscr{A}$ setzen.

Auf diese Weise ist es möglich, für jede Familie $(X_t)_{t\in T}$ von Zufallsvariablen mit Werten in einem Meßraum $(\underline{D},\mathscr{D})$ einen Meßraum $(\Omega,\mathscr{A}) = (\underline{D}^T,\mathscr{D}^T)$ als "potentiellen Stichprobenraum" zu konstruieren. Man sagt, daß der so konstruierte Raum <u>kanonisch</u> für die Familie (X_t) ist.

Die Abbildung $\omega \to d_S$ von $\Omega = \underline{D}^T$ in $\underline{D}_S$, die in dem für Vektorräume üblichen Sprachgebrauch die s-te Koordinate von ω heißt, stellt durch Konstruktion den

Zustand $X_s(\omega)$ dar. Da jedes ω jetzt als ein Pfad identifiziert wird, kann man sinnvollerweise $X_s(\omega)$ als den Zustand in s des Pfades ω bezeichnen.

Sei jetzt $(X_t)_{t\in T}$ ein stochastischer Prozess mit Zustandsraum $(\underline{D},\mathscr{D})$ und Stichprobenraum $(\Omega,\mathscr{A},P)$, wobei $(\Omega,\mathscr{A}) = (\underline{D}^T,\mathscr{D}^T)$ kanonisch ist. Jeder W-Raum $(\Omega',\mathscr{A}',P)$, der aus $(\Omega,\mathscr{A},P)$ durch Vereinigung von Ω mit abzählbar vielen P-Nullmengen abgeleitet wurde, ist offenbar auch Stichprobenraum für $(X_t)_{t\in T}$. Wir werden daher sagen, daß der Prozess (X_t) P-f.s. (bzw. eindeutig bis auf Äquivalenz) auf $(\underline{D}^T,\mathscr{D}^T)$ definiert ist.

Man bemerke, daß die Annahme, alle (d_t) seien Pfade von (X_t), keine Einschränkung in Hinblick auf das Maß P bedeutet, da beliebige Teilmengen von $\Omega = \{(d_t)\}$ P-Nullmengen sein können.

Wir wenden uns jetzt der zweiten Teilfrage zu, und wollen zuerst einen Überblick über die bei der Konstruktion von P in Frage kommenden Verteilungen geben. Wir betrachten einen stochastischen Prozess $X = (\Omega,\mathscr{A},P,(X_t)_{t\in N})$ mit Zustandsraum $(\underline{D},\mathscr{D})$. Es gelte $(\Omega,\mathscr{A}) = (\underline{D}^N,\mathscr{D}^N)$ (kanonischer Stichprobenraum). Es sei ferner I eine beliebige, nicht-leere Teilmenge von N. Mit $\bigotimes_{i\in I} X_i$ bezeichnen wir dann die Produktabbildung $\bigotimes_{i\in I} X_i : \Omega \to \bigotimes_{i\in I} \underline{D}_i$, definiert durch:

(2: 77) $\bigotimes_{i\in I} X_i(\omega) = (X_{i_1}(\omega),\dots,X_{i_j}(\omega))$, mit $I = \{i_1,\dots,i_j\}$ für jedes $\omega\in\Omega$.

Man prüft leicht nach, daß $\bigotimes_{i\in I} X_i$ eine $(\prod_{i\in I} \underline{D}_i, \bigotimes_{i\in I} \mathscr{D}_i)$-Zufallsvariable ist. $\bigotimes_{i\in I} X_i$ kann anschaulich als "Teilstück" über das Intervall I des Prozesses $(X_t)_{t\in T}$ bezeichnet werden. Die Verteilung P_I von $\bigotimes_{i\in I} X_i$ wird die gemeinsame Verteilung der Zufallsvariablen $X_{i_1},\dots,X_{i_j}$ genannt. Sie ist offenbar ein W-Maß auf $(\prod_{i\in I} \underline{D}_i, \bigotimes_{i\in I} \mathscr{D}_i)$.

Seien jetzt I und H nicht-leere Teilmengen von N mit $I\subset H$. Zwischen den beiden W-Räumen $W_I = (\prod_{i\in I} \underline{D}_i, \bigotimes_{i\in I} \mathscr{D}_i, P_I)$ und $W_H = (\prod_{i\in H} \underline{D}_i, \bigotimes_{i\in H} \mathscr{D}_i, P_H)$ bestehen einfache Beziehungen. Insbesondere ist P_H eine Fortsetzung von P_I auf $(\prod_{i\in H} \underline{D}_i, \bigotimes_{i\in H} \mathscr{D}_i)$. Beide P_H und P_I wurden andererseits durch Restriktion von P definiert, d.h., P erscheint auf Grund der Konstruktion von P_H bzw. P_I als Fortsetzung von P_H bzw. P_I auf $(\underline{D}^N,\mathscr{D}^N)$. Diese Beziehungen finden ihren Ausdruck in

(2: 78) $P_I(D_1 \times \ldots \times D_n) = P((\bigotimes_{i \in I} X_i)^{-1}(D_1 \times \ldots \times D_n)) = P\{X_{t_1} \in D_1, \ldots, X_{t_n} \in D_n\}$

für je n Mengen $D_1, \ldots, D_n \in \mathscr{D}$ und für $I \subset N$, I nicht leer. Dabei ist $\{X_{t_1} \in D_1, \ldots, X_{t_n} \in D_n\} = \{X_{t_1} \in D_1\} \cap \ldots \cap \{X_{t_n} \in D_n\}$.

"Deuten wir also den Prozess $(X_t)_{t \in N}$ als zufällige Bewegung eines Teilchens in $\underline{D}$, so ist P_I das einzige W-Maß auf $\bigotimes_{i \in I} \mathscr{D}_i$ derart, daß für je n Mengen $D_1, \ldots, D_n \in \mathscr{D}$ die Zahl $P_I(D_1 \times \ldots \times D_n)$ gleich der Wahrscheinlichkeit dafür ist, daß sich das Teilchen zum Zeitpunkt t_1 in D_1, zum Zeitpunkt t_2 in $D_2, \ldots$, zum Zeitpunkt t_n in D_n aufhält. Bezeichnet $\mathscr{H} = \mathscr{H}(N)$ die Menge aller nicht-leeren, endlichen Teilmengen von N_1, so wird klar, warum $(P_I)_{I \in \mathscr{H}(N)}$ die Familie der endlich-dimensionalen Verteilungen des Prozesses genannt wird."[1] In Hinblick auf die "Verschachtelung" der W-Räumen W_I ist diese Familie projektiv. P heißt der projektive Limes auf $(\underline{D}^N, \mathscr{D}^N)$ der Familie $(P_I)_{I \in \mathscr{H}(N)}$.

Wenn wir anderseits eine Familie $(X_t)_{t \in N}$ von Zufallsvariablen mit Werten in $(\underline{D}, \mathscr{D})$ haben, ist es immer möglich, auf der Basis ihrer Verteilungen eine projektive Familie $(P_I)_{I \in \mathscr{H}(N)}$ von endlich-dimensionalen Verteilungen zu definieren. Es ist aber nicht allgemein gesichert, daß diese Familie einen projektiven Limes besitzt, also sich in eindeutiger Weise auf $(\underline{D}^N, \mathscr{D}^N)$ fortsetzen lässt. (Man bemerke: In den obigen Ausführungen war diese Fortsetzung durch Konstruktion gesichert, weil die P_I durch Reduktion eines auf $(\underline{D}^N, \mathscr{D}^N)$ definierten W-Maßes gewonnen wurden. Jetzt aber betrachten wir eine beliebige Familie (X_t) bzw. (P_I) !) Die Existenz dieses Limes ist aber offenbar notwendig und hinreichend, um (X_t) als stochastischen Prozess erkennen zu können. Die zweite Teilfrage kann also präzisiert werden: Sei $(\prod_{i \in I} \underline{D}_i, \bigotimes_{i \in I} \mathscr{D}_i, P_I)_{I \in \mathscr{H}(N)}$ eine projektive Familie von W-Maßen. Ist dann diese Familie die Familie der endlich-dimensionalen Verteilungen eines sotchastischen Prozesses, d.h., läßt sich in eindeutiger Weise auf $(\underline{D}^N, \mathscr{D}^N)$ fortsetzen? Man zeigt, daß es, um diese Frage zu beantworten, nicht notwendig ist, alle endlichen Teilmengen I von N zu betrachten. Man kann sich bei der Beweisführung auf Teilmengen I,H,... von N beschränken, bei welchen H genau ein Element mehr als I besitzt. Das sind die Mengen {1} , {1,2} , ... usw. Die entsprechenden Verteilungen bilden einen Erzeuger der Familie der endlich-dimensionalen Verteilungen und werden selbst als Familie der endlich-dimensionalen Verteilungen des Prozesses bezeichnet.

---

1) BAUER [1968], S. 289. Wir benutzen unsere eigenen Symbole.

Im Rahmen von Satz 3: 1.5.3. werden wir mit einer Konstruktion folgender Art konfrontiert: Angegeben werden Markoff-Kerne $K_1, K_2, \ldots$ auf $(\underline{D}_1, \mathscr{D}_1)$, $(\underline{D}_2, \mathscr{D}_2), \ldots$ usw. Mit Hilfe dieser Kerne werden für alle $n \in N$ W-Maße auf $(\prod_{i=1}^{n} \underline{D}_i, \bigotimes_{i=1}^{n} \mathscr{D}_i)$, definiert, und zwar indem gesetzt wird

$$(2:\ 79) \qquad \int_{D_1} K_1(x_o;dx_1) \int_{D_2} K_2(x_1;dx_2) \ldots \int_{D_n} K_n(x_{n-1};dx_n)$$

für alle $D_i \in \mathscr{D}_i$, $i=1,\ldots,n$.

Die Ausdrücke (2: 79) mit $n=1,2,\ldots$ definieren eine projektive Familie $(P_{\{1,\ldots,n\}})$ von W-Maßen $P_{\{1\}}$, $P_{\{1,2\}}$, ... Es wird gezeigt, daß die unter den Voraussetzungen von Satz 3: 1.5.3. definierte Familie $(P_{\{1,\ldots,n\}})$ die Familie der endlich-dimensionalen Verteilungen eines stochastischen Prozesses mit kanonischem Ereignisraum ist. Die Wahl von Markoffschen Kernen bei dieser Konstruktion erklärt sich aus Regularitätsbetrachtungen.

2: 4.4. Endliche Markoff-Ketten

Die Theorie der endlichen Markoff-Ketten ist viel allgemeiner bekannt, und sehr viel einfacher, als die allgemeine Theorie der Markoff-Prozesse. Solange man mit endlichen Räumen arbeitet, entfallen eine Reihe von Überlegungen, die in einem maßtheoretischen Rahmen notwendig sind. So erübrigt sich z.B. die Unterscheidung zwischen meßbaren und nicht-meßbaren Funktionen, weil im endlichen Fall alle Funktionen meßbar sind. Damit erscheint der Begriff der meßbaren Funktion nicht in der "endlichen" Wahrscheinlichkeitstheorie. Entsprechend kennt die Theorie der endlichen Markoff-Ketten keine Markoff-Kerne, weil in diesem Fall, wie wir noch ausführen werden, Kerne unmittelbare Begriffe sind. Das Problem der Konstruktion endlicher Markoff-Ketten erscheint auch beinahe als trivial.

Im Rahmen dieses Überblicks in die Grundlagen der endlichen Markoff-Ketten werden wir versuchen, die in den zwei letzten Abschnitten verwendeten Begriffe in den endlichen Strukturen wiederzufinden. Damit sollen diese Begriffe sowie das obengenannte Prinzip der Konstruktion von Markoff-Prozessen weiter veranschaulicht werden. Die folgenden Ausführungen werden uns aber vor allem erlauben, die Präsentation der endlichen Systeme mit vollkommenen Verbindungen im dritten Kapitel dieser Arbeit wesentlich zu beschleunigen.

Es sei $(X_t)_{t\in N}$ ein stochastischer Prozess mit Zustandsraum $(\underline{D},\mathscr{D})$, wobei $\underline{D}$ endlich ist. Der Einfachheit halber und ohne Verlust der Allgemeinheit kann man annehmen, daß $\underline{D}$ alle seine Teilmengen enthält und daß $\mathscr{D} = \underline{D}$ ist. Wir werden also einfach vom Zustandsraum $\underline{D}$ sprechen. $\underline{D}$ enthalte r Elemente Es ist üblich, diese Elemente mit den r ersten natürlichen Zahlen zu identifizieren, d.h., $\underline{D} = \{1,2,\dots,r\}$ zu setzen.

Besitzt der Prozess (X_t) die schwache Markoff-Eigenschaft (bzw. hier äquivalent: die elementare Markoff-Eigenschaft), so gilt durch Definition

(2: 80) $$P\{X_{m+n} = j/X_m = i, X_{m-1}, X_{m-2}, \dots\} = P\{X_{m+n} = j/X_m = i\}$$

für alle $m,n\in N$, $i,j\in\underline{D}$.

Damit ist die Wahrscheinlichkeit eines Überganges von einem Zustand i in m nach einen Zustand j in m+n unabhängig von der Weise, in der der Zustand i erreicht wurde. Wir können dann mit den einfacheren Beziehungen $P\{X_{m+n} = j/X_m = i\}$ anstatt von $P\{X_{m+n} = j/X_m = i, X_{m-1},\dots\}$ arbeiten. Wir definieren zur Vereinfachung der Schreibweise

(2: 81) $${}_m p_{ij}^{(n)} = P\{X_{m+n} = j/X_m = i\}$$

für jedes $m,n\in N$, $i,j\in\underline{D}$.

${}_m p_{ij}^{(n)}$ wird anschaulich die <u>n-stufige Übergangswahrscheinlichkeit in m</u> (eines Überganges von i in m nach j in m+n) genannt. Anstelle von ${}_m p_{ij}^{(1)}$ schreibt man auch ${}_m p_{ij}$. Für ein festes m und ein festes n können die Übergangswahrscheinlichkeiten ${}_m p_{ij}^{(n)}$ in einer r×r Matrix $\Pi_m^{(n)}$ zusammengefasst werden:

$$\Pi_m^{(n)} = \begin{pmatrix} {}_m p_{11} & {}_m p_{12} & \cdots & {}_m p_{1r} \\ {}_m p_{21} & & & \vdots \\ \vdots & & & \vdots \\ {}_m p_{r1} & \cdots & \cdots & {}_m p_{rr} \end{pmatrix}$$

$\Pi_m^{(n)}$ heißt die <u>Matrix der n - stufigen Übergangswahrscheinlichkeiten in m</u>. $\Pi_m^{(1)}$ wird mit Π_m bezeichnet.

Durch Konstruktion sind die Übergangsmatrizen Π stochastisch im Sinne folgender Definition:

2: 4.4.1. Definition: Eine $r \times r$ reelle Matrix $[a_{ij}]$ wird stochastisch oder Markoffsch genannt, wenn sie die Bedingungen

(2: 83) $$a_{ij} \geq 0 \quad , \qquad i,j = 1,\ldots,r \quad ,$$

(2: 84) $$\sum_{j=1}^{r} a_{ij} = 1 \qquad i = 1,\ldots,r \quad ,$$

erfüllt.

Es gilt im übrigen der Satz

2: 4.4.2. Satz: Das Produkt aus zwei stochastischen Matrizen ist wieder eine stochastische Matrix. Man sagt, daß die $r \times r$ quadratischen Matrizen eine Halbgruppe bilden.

Der Beweis kann z.B. durch einfaches Nachrechnen erfolgen.

Geben wir uns jetzt eine Verteilung μ für X_m. Es gelte also $P\{X_m = i\} = \mu(i)$. Setzen wir

(2: 85) $$P_\mu^{m,n}\{X_m=i_1, X_{m+1}=i_2, \ldots, X_{m+n}=i_n\} = \mu(i_1)\cdot {}_m p_{i_1 i_2} \cdot {}_{m+1}p_{i_2 i_3} \cdot \ldots \cdot {}_{m+n}p_{i_{n-1} i_n}$$

für alle $i_1, i_2, \ldots \in \underline{D}$.

(2: 85) definiert ein W-Maß auf $\prod_{i=m}^{m+n} \underline{D}_i$. (Man erinnere sich an die im letzten Abschnitt eingeführte Indizierung des Raumes $\underline{D}$). Die Maße $(P_\mu^{m,n})_{n \in N}$ bilden offenbar ein projektives System von W-Maßen auf $(\prod_{i=m}^{m+n} \underline{D}_i)_{n \in N}$, dessen Limes P_μ^m für $n \to \infty$ existiert. Es ist dann leicht, nachzuprüfen, daß für jedes $m \in N$ $(\underline{D}^N, P_\mu^m, (X_t)_{t \geq m})$ eine Markoff-Kette mit Startwahrscheinlichkeit μ ist. $\underline{D}^N$ ist kanonisch für den Prozess, und jedes Element $d^N \in \underline{D}^N$ ist ein Pfad des Prozesses. Es ist nämlich $d^N = (i_1, i_2, \ldots)$ mit $i_1, i_2, \ldots \in \underline{D}$. Ist speziell μ in j konzentriert (d.h., gilt $\mu(i) = 0$ für $i \neq j$, $\mu(j) = 1$), so handelt es sich um einen Prozess $(\underline{D}^N, P_j^m, (X_t)_{t \geq m})$ mit festem Ursprung j in m. Man erkennt hier besonders leicht, daß ein Prozess mit festem Ursprung einem Spezialfall eines Prozesses mit beliebiger Startwahrscheinlichkeit entspricht.

Aus dem oben Gesagten folgt, daß jede Familie $(\Pi_m)_{m \in N}$ von $r \times r$ stochastischen

Matrizen, zusammen mit einem Vektor von Startwahrscheinlichkeiten $\underline{\mu}$, dazu benutzt werden kann, eine endliche Markoff Kette zu konstruieren. Dabei ist $\underline{\mu} = (\mu(1),\mu(2),\ldots,\mu(r))$ mit $\sum_{i=1}^{r} \mu(i) = 1$, $\mu(i) \geq 0$, $i=1,\ldots,r$.

Die Wahrscheinlichkeit $P^m(X_{m+n} = j)$, daß der Zustand in m+n des Prozesses $(\underline{D}^N, P^m_\mu, (X_t)_{t\geq m})$ j ist, ist offenbar durch

(2: 86) $$\sum_{i=1}^{r} \mu(i)\,{}_mp_{ij}^{(n)}$$

gegeben.

Es soll jetzt eine grundlegende Beziehung zwischen der n-stufigen Übergangswahrscheinlichkeit in m, ${}_mp_{ij}^{(n)}$, und den einstufigen Übergangswahrscheinlichkeiten zwischen m und n, ${}_mp_{ij}$, ${}_{m+1}p_{ij},\ldots,{}_{m+n}p_{ij}$, wiedergegeben werden. Man beweist nämlich, daß

(2: 87) $${}_mp_{ij} = \sum_{k\in\underline{D}} {}_mp_{ik}^{(h)} \cdot {}_{m+h}p_{kj}^{(n-h)} ,$$

für $m+n>h>m$, $n\geq r$, $i,j\in\underline{D}$, gilt.

Der einfache Beweis ist besonders klar in DRAKE [1967], S. 165 f., durchgeführt.

Aus (2: 87) leitet man unmittelbar ab

(2: 88) $$P\{X_{m+n}\in B/X_m = i\} = \sum_{j\in B}\sum_{k\in\underline{D}} {}_mp_{ik}^{(h)} \cdot {}_{m+h}p_{kj}^{(n-h)}$$

für alle $B\subset\underline{D}$, $h,m,n\in N$, $i\in\underline{D}$.

Das ist die Chapman-Kolmogoroff-Gleichung für endliche Markoff-Ketten. Diese Beziehung wird oft als Definition für eine endliche Markoff-Kette benutzt.

Wir hatten aber im allgemeinen Fall Übergangswahrscheinlichkeiten und Chapman-Kolmogoroff-Gleichungen in Bezug auf eine Übergangsfunktion als Familie von Markoff-Kernen definiert. Es bleibt uns also, die Markoffschen Kerne in den hier benutzten Begriffen wiederzufinden. Dies ist denkbar einfach. Setzen wir

(2: 89) $$K_{m,m+n}(i;B) = \sum_{j\in B} {}_mp_{ij}$$

für alle $i\in\underline{D}$, $B\subset\underline{D}$, $m,n\in N$. Dabei kann B auch nur ein Element aus $\underline{D}$ enthalten. $K_{m,m+n}$ ist offenbar ein Kern auf $\underline{D}$ (bzw. anschaulich : von $\underline{D}_m$ nach $\underline{D}_{m+n}$). (2: 89) definiert sogar eine eineindeutige Abbildung von den $r\times r$ stochastischen Matrizen in den Markoffschen Kernen auf $\{1,2,\ldots,r\}$ bzw. auf jede

Menge von r Elementen. In dieser Abbildung entspricht die Familie $(\Pi_m^{(n)})_{m,n\in N}$ genau der Übergangsfunktion der Markoff-Kette $(X_t) = (\underline{D}^N, (P_j^m)_{j\in\underline{D},m\in N}, (X_t)_{t\in N})$.

(2: 87) wird in Begriffen der Übergangsmatrizen durch

(2: 90) $$\Pi_m^{(n)} = \Pi_m^{(h)} \; \Pi_{m+1}^{(n-h)} , \quad m+n>h>m ,$$

äquivalent ausgedrückt. Durch weitere Zerlegung kann man $\Pi_m^{(n)}$ in der Form:

(2: 91) $$\Pi_m^{(n)} = \Pi_m \; \Pi_{m+1} \cdots \Pi_{m+n} .$$

Dieser letzte Ausdruck hat eine besondere praktische Bedeutung im Falle einer homogenen Markoff-Kette. Bei homogenen Markoff-Ketten hängen die Übergangswahrscheinlichkeiten nicht von m ab, d.h., es gilt

(2: 92) $${}_m p_{ij}^{(n)} = p_{ij}^{(n)} \quad \text{bzw.} \quad \Pi_m^{(n)} = \Pi^{(n)}$$

für alle $m,n\in N$, $i,j\in\underline{D}$.

Unter Berücksichtigung von (2: 91) erscheint dann $\Pi^{(n)}$ als die n-te Potenz der Matrix Π der einstufigen Übergangswahrscheinlichkeiten. Überhaupt alle Beziehungen dieser Unterabschnitts können leicht auf den homogenen Fall übertragen werden, indem die Indizierung durch m vernachlässigt wird. Dies wird dem Leser überlassen.

Abschliessend sei noch erwähnt, daß man matrixtheoretische Methoden auch bei der Untersuchung abzählbaren Markoff-Ketten erfolgreich anwenden kann. Man trifft dann unendliche Reihen anstelle endlicher Summen (CHUNG [1960]). Der Übergang von abzählbaren Markoff-Ketten zu Markoff-Prozessen mit überabzählbarem Zustandsraum und/oder kontinuierlicher Parametermenge T ist in DOOB [1963] besonders elegant dargelegt.

3. STOCHASTISCHE SYSTEME MIT VOLLKOMMENEN VERBINDUNGEN

Der Begriff einer Kette mit vollkommenen Verbindungen wurde in ONICESCU und MIHOC [1935] eingeführt. Onicescu und Mihoc versuchten dabei, eine Klasse von stochastischen Prozessen zu definieren, bei denen die Abhängigkeitsrelation zwischen Vergangenheit und Zukunft sehr allgemein ausgedrückt ist. Diese Klasse von Prozessen schließt als Spezialfall Markoff-Prozesse ein.

Die stochastischen Systeme mit vollkommenen Verbindungen, mit denen sich dieses Kapitel befasst, wurden in IOSIFESCU [1963] definiert. Sie bilden eine Verallgemeinerung der Ketten mit vollkommenen Verbindungen und eine Erweiterung des Begriffes der Markoffschen Kette.

Die stochastischen Systeme mit vollkommenen Verbindungen wurden in erster Linie durch rumänische, in zweiter Linie durch französische Mathematiker untersucht. Die Ergebnisse dieser Forscher sind meistens in der Revue Roumaine de Mathématiques Pures et Appliquées veröffentlicht worden. Über die stochastischen Systeme mit vollkommenen Verbindungen und ihre Anwendung in der Lerntheorie ist ferner eine grundlegende Monographie erschienen (IOSIFESCU und THEODORESCU [1969]). Eine Reihe von (besonders für die Anwendung) wesentlichen Ergebnissen, auf die wir zum Teil noch zurückkommen werden, finden sich bei NORMAN [1972].

3: 1. STOCHASTISCHE SYSTEME MIT VOLLKOMMENEN VERBINDUNGEN

3: 1.1. Grundlegende Definitionen

Iosifescu folgend definieren wir ein System mit vollkommenen Verbindungen:

3: 1.1.1. Definition: Ein stochastisches System mit vollkommenen Verbindungen (kurz: ein SVV) $\beta = \{(\underline{W},\mathscr{W}),(\underline{X},\mathscr{X}),(u_t)_{t\in T},(\Pi_t)_{t\in T}\}$ ist definiert durch die Angabe von:

(i) einer abzählbaren, geordneten Parametermenge T. Der Einfachheit halber wird angenommen, daß T entweder Z oder N^* ist;

(ii) zwei Meßräumen $(\underline{W},\mathscr{W})$ und $(\underline{X},\mathscr{X})$. $(\underline{W},\mathscr{W})$ wird der Zustandsraum des SVV β, $(\underline{X},\mathscr{X})$ sein Phasenraum genannt. Die Punkte $w\in\underline{W}$ bzw. $x\in\underline{X}$ werden (in Abweichung vom wahrscheinlichkeitstheoretischen Sprachgebrauch) Zustände bzw. Ereignisse genannt.

(iii) einer Familie $(\Pi_t)_{t\in T}$ von durch T indizierten Markoffschen Kernen $\Pi_t(\cdot;\cdot) = \{\Pi_t(w;X)\}$ von $(\underline{W},\mathscr{W})$ nach $(\underline{X},\mathscr{X})$.

(iv) einer Familie $(u_t)_{t\in T}$ von durch T indizierten meßbaren Abbildungen $u_t(\cdot;\cdot) = \{u_t(w;x)\}$ von $(\underline{W}\times\underline{X},\mathscr{W}\otimes\mathscr{X})$ in $(\underline{W},\mathscr{W})$. Die Funktionen u_t werden Verbindungsfunktionen erster Ordnung genannt.

3: 1.1.2. Definition: Ein stochastisches System mit vollkommenen Verbindungen $\{(\underline{W},\mathscr{W}),(\underline{X},\mathscr{X}),(u_t)_{t\in T},(\Pi_t)_{t\in T}\}$ heißt homogen, wenn die Abbildungen u_t und die Markoffschen Kerne Π_t unabhängig von t sind, d.h., wenn eine Abbildung u und ein Markoffscher Kern Π existieren, mit:

$$u_t(\cdot;\cdot) = u(\cdot;\cdot) \quad , \quad \Pi_t(\cdot;\cdot) = \Pi(\cdot;\cdot) \quad \text{für alle } t\in T. \tag{3: 1}$$

Ein homogenes System mit vollkommenen Verbindungen wird mit $\{(\underline{W},\mathscr{W}),(\underline{X},\mathscr{X}),u,\Pi\}$ bezeichnet.

Entsprechend kann man u-homogene ($u_t = u$ für alle t) bzw. Π-homogene ($\Pi_t = \Pi$ für alle t) SVV definieren, die mit $\{(\underline{W},\mathscr{W}),(\underline{X},\mathscr{X}),u,(\Pi_t)_{t\in T}\}$ bzw. $\{(\underline{W},\mathscr{W}),(\underline{X},\mathscr{X}),(u_t)_{t\in T},\Pi\}$ bezeichnet werden.

3: 1.1.3. Definition: Sei $\beta = \{(\underline{W},\mathscr{W}),(\underline{X},\mathscr{X}),(u_t)_{t\in T},(\Pi_t)_{t\in T}\}$ ein SVV. Das System mit vollkommenen Verbindungen $\beta_s = \{(\underline{W},\mathscr{W}),(\underline{X},\mathscr{X}),(u_{t+s})_{t,s\in T},(\Pi_{t+s})_{t,s\in T}\}$ wird das s-te Transponierte des SVV β genannt.

Ein homogenes SVV stimmt mit allen seinen Transponierten überein.

3: 1.1.4. Definition: Ein SVV heißt endlich, wenn $\underline{W}$ und $\underline{X}$ endlichen Mengen sind und alle ihre Teilmengen enthalten. Ein endliches SVV wird mit $\{\underline{W},\underline{X},(u_t)_{t\in T},(\pi_t)_{t\in T}\}$ bezeichnet.

Entsprechend kann man SVV mit endlichem Zustandsraum bzw. mit endlichem Ereignisraum definieren. In diesen Fällen wird auch angenommen, daß die endlichen Mengen $\underline{W}$ bzw. $\underline{X}$ alle ihre Teilmengen enthalten. Wie im zweiten Kapitel bereits erwähnt, stellt diese vereinfachende Annahme keinen Verlust der Allgemeinheit dar.

3: 1.1.5. Bezeichnungen: Es sei an einigen der getroffenen Bezeichnungskonventionen, die bei der Untersuchung eines SVV ständig benutzt werden, erinnert: Sei $(\underline{X}_i,\mathscr{X}_i)$ eine Folge von zu einem Meßraum $(\underline{X},\mathscr{X})$ isomorphen Meßräumen. Der Produktraum $(\prod_{i=1}^{n} \underline{X}_i, \bigotimes_{i=1}^{n} \mathscr{X}_i)$, n endlich, wird mit $(\underline{X}^{(n)},\mathscr{X}^{(n)})$ bezeichnet.

Dann bezeichnet $x^{(n)} = (x_1, \dots, x_n)$ ein Element von $\underline{X}^{(n)}$ und $X^{(n)} = (X_1,\dots,X_n)$ ein Element von $\mathscr{X}^{(n)}$. Wenn in einem Ausdruck $x^{(n)}$ (bzw. $X^{(n)}$) und x_i (bzw. X_i) vorkommen, ist x_i (bzw. X_i) die i-te Komponente von $x^{(n)}$ (bzw. von $X^{(n)}$). Entsprechend sind die Komponenten von $x^{(k)}$ (bzw. $X^{(k)}$) die k ersten Komponenten von $x^{(n)}$ (bzw. von $X^{(n)}$), $k \geq n$, wenn $x^{(k)}$ (bzw. $X^{(k)}$) und $x^{(n)}$ (bzw. $X^{(n)}$) in dem gleichen Ausdruck vorkommen. Die Schreibweise $(\underline{X}^T,\mathscr{X}^T)$ wird für das Produkt von unendlich vielen durch T indizierten isomorphen Meßräumen $(\underline{X}_t,\mathscr{X}_t)_{t\in T}$ verwendet.

3: 1.2. Mehrstufige Beziehungen in einem stochastischen System mit vollkommenen Verbindungen: homogener Fall

Durch die Angabe eines stochastischen Systems mit vollkommenen Verbindungen werden verschiedene Familien von Zufallsprozesse definiert. Durch die zusätzliche Angabe einer Startwahrscheinlichkeit wird in jeder dieser Familien ein Zufallsprozess festgelegt. Ähnlich wie bei Markoff Prozessen werden wir unter einem System mit vollkommenen Verbindungen entweder diese Familien von Prozessen als Ganzes, oder die einzelnen Prozesse verstehen, die sich aus der Angabe einer Startwahrscheinlichkeit ableiten. Bevor wir auf die Frage der Existenz und der Bedeutung dieser Prozesse eingehen, wollen wir hier die Wechselwirkungen und Vorschriften, die für diese Prozesse grundlegend sind - wir werden anschaulich sagen: die das Verhalten des SVV bestimmen - einzeln darlegen.

Der Anschaulichkeit halber sei zuerst der homogene Fall behandelt. Im Folgenden bezeichne β ein homogenes SVV $\{(\underline{W},\mathscr{W}),(\underline{X},\mathscr{X}), u, \pi)\}$. Die weiteren Bezeichnungen entsprechen den obengenannten Schreibkonventionen.

Für jedes $x \in \underline{X}$ ist $u(\cdot;x)$ eine Abbildung von $(\underline{W},\mathcal{W})$ in sich selbst: Jedem Punkt $w \in \underline{W}$ wird durch $u(\cdot;x)$ ein Punkt $w' \in \underline{W}$ zugeordnet. Ein solcher "Übergang" $w \xrightarrow{u(\cdot;x)} w'$ wird Schritt mit Anfangszustand w und Endzustand w' genannt. Man sagt, daß der Schritt $w \rightarrow u(w;x)$ durch das Ereignis x bedingt ist.

Ein Schritt kann gedanklich in: a) die Angabe eines Anfangszustandes w; b) die Angabe eines Ereignisses x; c) die eindeutige Bestimmung eines Endzustandes $w' = u(w;x)$ zerlegt werden. Eine anschauliche Interpretation eines Schrittvorganges ist nicht schwierig. Jede Abbildung $u(\cdot;\cdot)$ kann etwa als ein Ausdruck für das Gesetz verstanden werden, das den Übergang des (durch einen Punkt $w \in \underline{W}$ dargestellten) Zustandes eines (physischen) Systems (W) in einem neuen Zustand w' bei Auftreten eines Bündels exogener Einflüße (dargestellt durch den endlich oder unendlich dimensionalen Punkt x aus dem Ereignisraumes $\underline{X}$) deterministisch bestimmt.[1)]

Jede Folge $w,x_1,w_1,x_2,w_2,\ldots,w_i,x_{i+1},w_{i+1},\ldots$ mit $w_{i+1} = u(w_i;x_{i+1})$ wird Pfad des (homogenen) SVV β genannt. Ein Pfad wird durch eine Folge von Schritten erzeugt, wenn der Anfangszustand w_i des (i+1)-ten Schrittes $w_i \rightarrow w_{i+1}$, $i \in N$, jeweils der Endzustand w_i des i-ten Schrittes ist. Der Anfangszustand w beim ersten Schritt eines Pfades heißt Anfangszustand oder Ursprung des Pfades. Die Abbildung $u(w_i;x_{i+1})$ wird gelegentlich Abbildung des (i+1)-ten Schrittes genannt.

Wird die Parametermenge $\{i\} = N$ als Zeitmenge interpretiert (d.h., wird ein Pfad als das Ergebnis einer Folge von in der Zeit aufeinanderfolgenden Schritten angesehen) charakterisiert w_i im Rahmen der vorherigen anschaulichen Interpretation den Zustand des betrachteten Systems nach Einwirkung von n sukzessiven exogenen (Elementar)-Ereignissen $x_1,\ldots,x_n$ an. Dabei ist die Vorschrift u, die die Zustandsveränderungen bestimmt, zeitinvariant (u-Homogeneität des SVV), d.h., der Zustand am Ende eines beliebigen Schrittes des Pfades hängt nur vom jeweiligen Anfangszustand und vom jeweiligen Elementarereignis, nicht aber von der relativen Stelle (Zeitpunkt) des Schrittes innerhalb des Pfades, ab.

---

1) Wir können entsprechend vom System (X) sprechen. (W) und (X) können als Teilsysteme des Gesamtsystems "SVV" angesehen werden.

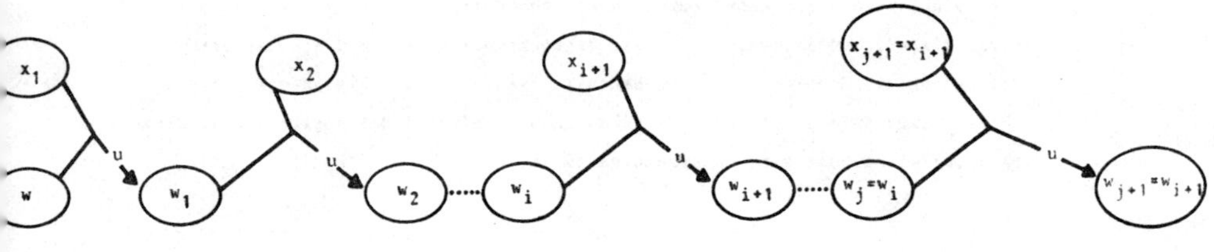

Wegen der Homogeneität des Systems ist $w_{j+1}=w_{i+1}$ für $w_j=w_i$ und $x_{j+1}=x_{i+1}$.

Abbildung 3: 1.: Die deterministischen Einwirkungen in einem SVV

Die oben dargelegten Wechselwirkungen seien noch in einem sehr vereinfachten konsumtheoretischen Rahmen veranschaulicht: Ein Konsument setze einen neuen Konsumplan w_i jedesmal fest, wenn er mit einer Veränderung x_i der Preisstruktur und/oder seines Einkommens konfrontiert wird. Der neue Konsumplan sei nicht allein durch die neuen Gegebenheiten determiniert, sondern hänge auch aufgrund von Trägheiten vom letzten Konsumplan x_{i-1} ab. Die Darstellung einer Folge solcher Anpassungsvorgänge als Pfad im obigen Sinne ist trivial. Die Homogeneität des Prozesses bedeutet, daß die Nutzenvorstellungen des Konsumenten bzw. seine Reaktionsfunktion auf Preisveränderungen in der Zeit konstant bleibt.

Die Rückkopplung zwischen den Systemen (W) und (X), d.h., die Beeinflussung des Geschehens in (X) durch das Geschehene in (W), und die Einführung stochastischer Momente in das Gesamtsystem erfolgt über die Markoffschen Kerne $\Pi(\cdot;\cdot)$. Für jedes $w \in \underline{W}$ stellt $\Pi(w;\cdot)$ ein W-Maß dar, das jedem Ereignis $X \in \mathcal{X}$ seine Wahrscheinlichkeit zuordnet. Grob audgedrückt, die Analyse eines SVV beschäftigt sich primär mit den "stochastischen Eigenschaften" der verschiedenen Pfade bzw. von Pfadmengen, wenn das Ereignis x, das einen Schritt mit Ursprung w bedingt, jeweils als das Ergebnis eines durch $\Pi(w;\cdot)$ gesteuertes Zufallsexperiments angesehen wird.

Gedanklich kann die "stochastische Erzeugung" eines Pfades folgendermaßen dargestellt werden: a) Die Angabe eines Ursprungs w definiert einen Wahrscheinlichkeitsmaß $\Pi(w;\cdot)$ über $(\underline{X},\mathscr{X})$; b) Aufgrund dieses Wahrscheinlichkeitsmaßes wird ein Ereignis (im wahrscheinlichkeitstheoretischen Sinne) $X_1 \in \mathscr{X}_1$ in der Version $x_1 \in \underline{X}_1$ realisiert. D.h., die Wahrscheinlichkeit, mit welcher der realisierte x_1 Element einer gegebenen Teilmenge X_1 ist, ist $\Pi(w;X_1)$ f.s.; c) Ein neuer Anfangszustand w_1 wird durch $w_1 = u(w;x_1)$ definiert; d) der Prozess a);b);c) wiederholt sich entsprechend ad infinitum.

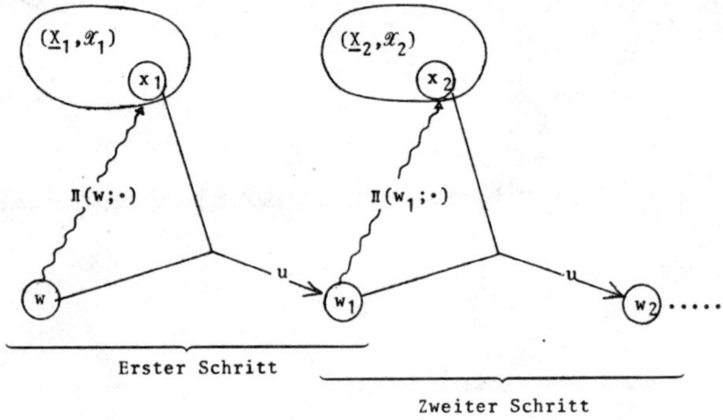

Abbildung 3: 2.: <u>Die Wechselwirkungen in einem SVV</u>

$\Pi(u^{(i-1)}(w;x^{(i-1)});X_i) = \Pi(w_{i-1};X_i)$ wird die <u>Übergangswahrscheinlichkeit (eines Überganges von</u> $u^{(i-1)}(w;x^{(i-1)}) = w_{i-1}$ <u>nach</u> X_i) <u>des i-ten Schrittes</u> genannt.

Es soll ein weiteres sehr vereinfachtes ökonomisches Beispiel gegeben werden, das die oben eingeführten stochastischen Momente berücksichtigt. Ein Unternehmer biete ein Produkt zu einem Preis w auf den Markt an. Der Umsatz $x = x(w;\cdot)$ dieses Produktes in einer Periode sei eine Funktion von w und von anderen, unbekannten Faktoren, so daß er im voraus nicht genau prognostizierbar ist. Es sei $\Pi(w;X)$ die Wahrscheinlichkeit, daß der realisierte Umsatz in der "Spanne" X liegt, für alle X der Form $X = \{x;\ \bar{x} \leq x < \bar{\bar{x}},\ \bar{x},\ \bar{\bar{x}}$ konstante reelle Zahlen$\}$. Der Unternehmer verfolge ausserdem eine bestimmte Preispolitik, d.h., er revidiere am Ende jeder Periode den Verkaufspreis nach festen Regeln je nach realisiertem Umsatz . Der neue Preis w' richte sich nach dem alten Preis, so daß man formal schreiben könne: $w' = u(w;x)$ für alle $w,x \in R$. Ein "befriedigender"

Umsatz x^* kann definiert werden als ein Umsatz, für den $u(w;x^*) = w$ gilt, d.h., als ein Umsatz, der keinen Anlaß zu Preisveränderungen gibt. Durch Wiederholung des Vorganges Preisfixierung-Umsatzfestellung-Preisneufixierung wird schrittweise ein Pfad erzeugt. Die Homogeneität der Funktionen $\Pi(\cdot;X)$ bedeutet hier, daß die Wahrscheinlichkeit, daß der realisierte Absatz in einer "Spanne" X liegt, nur vom Preis w und nicht vom Zeitpunkt des Angebotes abhängt. Im Absatzmarkt gibt es also weder saisonale Schwankungen noch Trends. Die Homogeneität von u bedeutet, daß die (Preis-)Politik des Unternehmers sich in der Zeit nicht verändert, also insbesondere, daß der Unternehmer nicht "lernt". Das Beispiel kann unmittelbar auf den n-Produkt-Fall erweitert werden. Dann sind w ein n-Preisvektor und x ein n-Mengenvektor; die X sind Borelsche Mengen des R^n.

Die anschaulichen Überlegungen, die oben angestellt wurden, sollen ein erstes Verständnis für die untersuchte Struktur vermitteln. Es werden jetzt Ausdrücke entwickelt, die für die Analyse und für eine wahrscheinlichkeitstheoretische Interpretation eines homogenen SVV notwendig sind.

Zur Vereinfachung der Schreibweise werden zuerst die Funktionen $u^{(n)}$ eingeführt.

3: 1.2.1. Definition: Unter der (dem homogenen SVV β) assoziierten Verbindungsfunktion n-ter Ordnung versteht man jene meßbare Abbildung $u^{(n)}$ von $(\underline{W}\times\underline{X}^{(n)}, \mathscr{W}\times\mathscr{X}^{(n)})$ in $(\underline{W},\mathscr{W})$, die für alle $x^{(n)}$ aus $\underline{X}^{(n)}$, $n\in N$, folgende Rekursionsbeziehungen über n erfüllt:

(3: 2) $$u^{(1)}(\cdot;x_1) = u(\cdot;x_1)$$

(3: 3) $$u^{(n)}(\cdot;x^{(n)}) = u(u^{(n-1)}(\cdot;x^{(n-1)});x_n) = u(\cdot;x_n) \circ \ldots \circ u(\cdot;x_1)$$

3: 1.2.2. Bemerkungen: Die Definition der Funktionen $u^{(n)}$ hat einen Sinn, weil $u(\cdot;x_i) \in \underline{W}$ für alle $x_i \in \underline{X}_i$ und $i\in N$ gilt. Für jedes feste $x^{(n)}$ aus $\underline{X}^{(n)}$ ist $u^{(n)}(\cdot;x^{(n)})$ eine Abbildung von $(\underline{W},\mathscr{W})$ in sich selbst, die jedem Urbild $w\in\underline{W}$ das gleiche Bild w_n als die Kette von Abbildungen $u(\cdot;x_i)$, $i=1,\ldots,n$, zuordnet, wenn jeweils die i-te Abbildung $u(\cdot;x_i)$ das Bild der (i-1)-ten Abbildung als Urbild besitzt, und $u(\cdot;x_1) = u(w;x_1)$ ist:

$$w \xrightarrow{\quad u^{(n)}(\cdot;x_1,\ldots,x_n) \quad} w_n$$

$$w \xrightarrow{u(\cdot;x_1)} w_1 \xrightarrow{u(w_1;x_2)} w_2 \longrightarrow \ldots \longrightarrow w_{n-1} \xrightarrow{u(w_{n-1};x_n)} w_n$$

$u^{(n)}(w;x^{(n)})$ bietet also die Möglichkeit, den Zustand am Ende des n-ten Schrittes eines Pfades von Ursprung w unmittelbar auszudrücken, wenn die n ersten Urbilder x durch $x_1,\ldots,x_n$ gegeben sind.

Die Teilmengen X_i bzw. die Ereignisse x_i werden jeweils in einem Raum $(\underline{X}_i,\mathcal{X}_i)$ aus einer Folge von zu $(\underline{X},\mathcal{X})$ isomorphen Räumen - und nicht in $(\underline{X},\mathcal{X})$ - definiert. Es handelt sich nur um eine Konvention, die nicht verwirren sollte. Wie noch ausgeführt wird, kann jeder Punkt x_i mit der Realisation einer Zufallsvariable ξ_i identifiziert werden, wobei die Familie $(\xi_i)_{i\in N}$ einen Zufallsprozess bildet. In diesem Zusammenhang ist es zweckmässig bzw. der Überschaulichkeit halber praktisch notwendig, jede Zufallsvariable ξ_i als definiert in einem gleichindizierten Zustandsraum anzusehen (vgl. die Überlegungen, die unter (2: 4.3.) bezüglich der Konstruktion von Zufallsprozessen ausgeführt wurden). Dagegen ist es meistens und insbesonders an dieser Stelle unnötig, mit einer Familie von zu $(\underline{W},\mathcal{W})$ isomorphen Räumen zu arbeiten, da w_i als $u(w_{i-1};x_i)$ bzw. $u^{(i)}(w;x^{(i)}$ immer eindeutig bezeichnet werden kann. Gelegentlich werden wir jedoch im Folgenden aus Gründen der Überschaulichkeit gezwungen, eine solche Indizierung von $(\underline{W},\mathcal{W})$ vorzunehmen.

Wir wenden uns jetzt den Vorschriften zu, die für die Realisation von Folgen (x_i) maßgeblich sind.

3: 1.2.3. <u>Definition</u>: (die Funktionen $\pi^{(k)}$). Die (dem homogenen SVV β assoziierten) Funktionen $\pi^{(k)}$ werden durch folgende Rekursionsformel über k definiert:

(3: 4) $$\pi^{(1)}(w;X^{(1)}) = \pi(w;X_1) \quad ,$$

(3: 5) $$\pi^{(k)}(w;X^{(k)}) =$$

$$= \int_{X_1} \pi(w;dx_1) \int_{X_2} \pi(u(w;x_1);dx_2) \;\ldots\; \int_{X_k} \pi(u^{(k-1)}(w;x^{(k-1)});dx_k) =$$

$$= \int_{\underline{X}_1} \pi(w;dx_1) \;\ldots\; \int_{\underline{X}_2} \pi(u(w;x_1);dx_2) \int_{\underline{X}_k} \pi(u^{(k-1)}(w;x^{(k-1)});dx_k)\cdot I_{X^{(k)}}(x^{(k)})$$

für alle $w\in\underline{W}$, $X^{(k)}\in\mathcal{X}^{(k)}$ und $k\in N$.

Es erweist sich als sinnvoll, die Definition des $\pi^{(k)}$ um den Fall k=o zu erweitern. $\pi^{(o)}$ bezeichnet dann den Identitätsoperator, d.h., es gilt $A\pi^{(o)} = A\int\pi^{(o)} = A$ für alle A.

Der rechte Teil der Gleichung (3: 5) und ähnlicher Gleichungen, mit denen im Folgenden gearbeitet wird, muß von rechts nach links gelesen werden; man integriert also zuerst über die x_k, dann über die x_{k-1}, usw.

Um eine wahrscheinlichkeitstheoretisch begründete Interpretation der Funktionen $\pi^{(k)}$ geben zu können, brauchen wir folgenden Satz:

3: 1.2.4. <u>Satz</u>: Die Funktionen $\pi^{(k)}$ sind Markoffsche Kerne von $(\underline{W},\mathscr{W})$ nach $(\underline{X}^{(k)},\mathscr{X}^{(k)})$ für alle $k\in N$.

<u>Beweis</u>: Der Beweis wird unter 3: 1.3.3. für den allgemeinen, nicht-homogenen Fall gegeben. Die Rückführung auf den homogenen Fall ist trivial.

3: 1.2.5. <u>Interpretation</u>: Die Markoffschen Kerne π stellen für jeden $w\in\underline{W}$ und $X\in\mathscr{X}$ eine reguläre Version der bedingten Wahrscheinlichkeit der Realisation von X gegeben w dar. Entsprechend sind die Markoffschen Kerne $\pi^{(k)}$ für jedes $w\in\underline{W}$ und $X^{(k)}\in\mathscr{X}^{(k)}$ eine reguläre Version der Wahrscheinlichkeit der Realisation von X_1 bei dem ersten Schritt, von X_2 bei dem zweiten Schritt, ..., von X_k bei dem k-ten Schritt, gegeben w als Ursprung bei dem ersten Schritt. Das ist die Wahrscheinlichkeit, daß die Realisationen $x_1,\ldots,x_k$ jeweils in $X_1,\ldots,X_k$ liegen.

$\pi^{(k)}(w;X^{(k)})$ wird <u>mehrstufige Übergangswahrscheinlichkeit</u> (eines Überganges von w nach $X^{(k)}$) genannt.

Es erweist sich als zweckmässig, weitere Beziehungen zu definieren: die Funktionen $\pi^{(k,n)}$.

3: 1.2.6. <u>Definition</u>: Seien die Funktionen $\pi^{(k)}$ wie unter 3: 1.2.3. definiert. Die (dem homogenen SVV β assoziierten) Funktionen $\pi^{(k,n)}$ werden definiert durch folgende Rekursionsformel über n:

(3: 6) $$\pi^{(k,1)}(w;X^{(k,1)}) = \pi^{(k)}(w;X^{(k)}) \quad ;$$

(3: 7) $\Pi^{(k,n)}(w;X^{(k,n)}) =$

$$= \int_{\underline{X}_1} \Pi(w;dx_1)\Pi^{(k,n-1)}(u(w;x_1);X^{(k,n-1)}) =$$

$$= \int_{\underline{X}_1} \Pi(w;dx_1) \;\ldots\; \int_{\underline{X}_{n-1}} \Pi(u^{(n-2)}(w;x^{(n-2)});dx_{n-1})\cdot\Pi^{(k)}(u^{(n-1)}(w;x^{(n-1)});X^{(k)})$$

für alle $X^{(k,n)} = (X_n,\ldots,X_{n+k-1}) \in \prod_{i=n}^{n+k-1} \mathscr{X}_i$, $w \in \underline{W}$, $n,k \in N$, $t \in T$.

Nach Definition ist das kartesische Produkt $(\underline{X}^{(n)} \times A^{(k)})$ die Menge aller (n+k)-Tupel der Form $(x_1,\ldots,x_n,a_1,\ldots,a_n)$ für alle Mengen $A^{(k)} = \prod_{i=1}^{k} A_i$, $A_i = \{a_i\}$. Ein Vergleich des untersten Ausdruck von (3: 7) mit dem mittleren Ausdruck von (3: 5) zeigt, daß gilt:

(3: 8) $\Pi^{(k,n)}(w;X^{(k,n)}) = \Pi^{(k+n-1)}(w;\underline{X}^{(n-1)} \times X^{(k,n)})$

mit der Konvention $(\underline{X}^{(o)} \times X^{(k,n)}) = X^{(k)}$.

In Verbindung mit Satz 3: 1.2.4. folgern wir daraus unmittelbar, daß die $\Pi^{(k,n)}$ Markoffsche Kerne von $(\underline{W},\mathscr{W})$ nach $(\underline{X}^{(n+k)},\mathscr{X}^{(n+k)})$ sind. Man kann sie dann folgendermaßen interpretieren:

3: 1.2.7. Interpretation: Die Funktionen $\Pi^{(k,n)}$ stellen für jedes $w \in \underline{W}$ und $X^{(k,n)} \in \prod_{i=n}^{n+k} \mathscr{X}_i$ eine reguläre Version der Wahrscheinlichkeit von $\underline{X}_1$ bei dem ersten Schritt, von $\underline{X}_2$ bei dem zweiten Schritt, ... ,..., von $\underline{X}_{n-1}$ bei dem (n-1)-ten Schritt, von X_n bei dem n-ten Schritt ,..., von X_{n+k-1} bei dem (n+k-1)-ten Schritt, gegeben w am Anfang des Prozesses, dar. Da $\underline{X}_i$ allerdings das "sichere Ereignis" für den i-ten Schritt ist, kann man äquivalent sagen - und hier wird die praktische Bedeutung der Definition der Funktionen $\Pi^{(k,n)}$ offenbar - : Die Funktionen $\Pi^{(k,n)}$ sind für jedes $w \in \underline{W}$ und $X^{(k,n)} \in \mathscr{X}^{(k+n)}$ eine reguläre Version der Wahrscheinlichkeit der Realisation von X_n im n-ten Schritt,..., X_{n+k-1} im (n+k-1) Schritt, für beliebige Realisationen über die n-1 ersten Schritte, gegeben w als Ursprung bei dem ersten Schritt.

Die Funktionen $\Pi^{(k,n)}$ erlauben also eine vereinfachte Schreibweise im Rahmen einer Betrachtung des Verhaltens des SVV in den n-ten bis (n+k)-ten Schritte bei beliebigen Verlauf in den ersten (n-1)-ten Schritten.

3: 1.2.8. Eine Chapman-Kolmogoroff-Gleichung für homogene SVV: Aus (3: 5) und (3: 7) leitet man unmittelbar ab, für $1 \le r \le n$:

(3: 9) $$\Pi^{(k,n)}(w;X^{(k,n)}) =$$

$$= \int_{\underline{X}_1} \Pi(w;dx_1) \int_{\underline{X}_2} \Pi(u(w;x_1);dx_2) \;\ldots\; \int_{\underline{X}_r} \Pi(u^{(r-1)}(w;x^{(r-1)});dx_r)\cdot\Pi^{(k,n-r)}(u^{(r)});X^{(k,n-r)}) =$$

$$= \int_{\underline{X}^{(r)}} \Pi^{(r)}(w;dx^{(r)})\Pi^{(k,n-r)}(u(w;x^{(r)});X^{(k,n-r)})$$

für alle $n,k \in N$, $X^{(k,n)} \in \prod_{i=n}^{n+k} \mathscr{X}_i$, $w \in \underline{W}$.

Diese Gleichung besagt, daß die Wahrscheinlichkeit der Realisation von $X^{(k,n)}$ über die n-ten bis (n+k-1)-ten Schritte ausgedrückt werden kann als das Integral über alle $x^{(r)}$ der Produkte der Wahrscheinlichkeit, daß der Pfad des SVV in den r ersten Schritten $x^{(r)}$ folgt, mit der Wahrscheinlichkeit einer Realisation von $X^{(k,n)}$ im Laufe der n-ten bis (n+k-1)-ten Schritten, wenn der realisierte Zustand am Anfang des r-ten Schrittes $u^{(r)}(w;x^{(r)})$ ist. Ungenau, aber verständlicher ausgedrückt: die Wahrscheinlichkeit der Realisation von $X^{(k,n)}$ im Laufe der n-ten bis (n+k-1)-ten Schritte kann zerlegt werden als die Summe (Integral) der Produkte der mehrstufigen Übergangswahrscheinlichkeiten nach und von allen Zuständen, die bei einem Zwischenschritt r erreicht werden können. Diese Zerlegung kann für jeden Zwischenschritt (d.h., $r \le n$) erfolgen.

3: 1.3. Mehrstufige Beziehungen in einem stochastischen System mit vollkommenen Verbindungen: allgemeiner Fall

Im allgemeinen Fall wird eine Familie $(u_t)_{t \in T}$ von Abbildungen und eine Familie $(\Pi_t)_{t \in T}$ von Markoffschen Kernen zugrunde gelegt, wobei T = Z oder N ist. (Im homogenen Fall gab es eine feste Abbildung u und einen festen Markoffschen Kern Π). Die Vorschriften, mit denen jetzt gearbeitet wird, unterscheiden sich von ihren Homologen im homogenen Fall nur durch ihre Abhängigkeit des Parameters t. Wir werden anschaulich sagen, daß sie zeitabhängig sind.

Folgende Konventionen, die keinen Verlust an Allgemeinheit bedeuten, werden getroffen: Abbildung und Übergangswahrscheinlichkeit des i-ten Schrittes werden jeweils durch den gleichen $t \in T$ indiziert; wir sagen, daß sie in t bzw. zum Zeitpunkt t stattfinden. Die Abbildung und der Markoffsche Kern des (i+j)-ten Schrittes wird dann durch (t+j) indiziert.

Unter Berücksichtigung dieser Indizierungsvorschriften wird ein Pfad wie im homogenen Fall erzeugt:

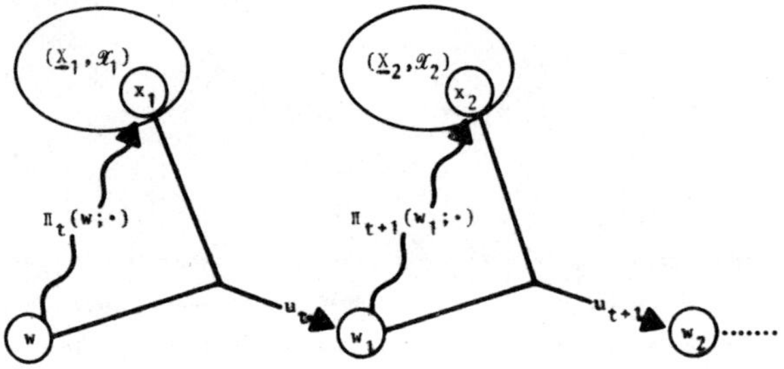

Abbildung 3: 3.

Verbindungsfunktionen n-ter Ordnung bzw. mehrstufige Übergangswahrscheinlichkeiten werden entsprechend dem homogenen Fall definiert. Sei im folgenden β ein SVV $\{(\underline{W},\mathscr{W}),(\underline{X},\mathscr{X}),(u_t)_{t\in T},(\Pi_t)_{t\in T}\}$.

3: 1.3.1. <u>Definition</u>: Unter der (dem SVV β) assoziierten <u>Verbindungsfunktion n-ter Ordnung</u> versteht man jene meßbare Abbildung $u_t^{(n)}$ von $(\underline{W}\times\underline{X}^{(n)},\mathscr{W}\times\mathscr{X}^{(n)})$ in $(\underline{W},\mathscr{W})$, die für alle $x^{(n)}\in\underline{X}^{(n)}$, $n\in N$, $t\in T$, folgende Rekursionsbeziehungen über n erfüllt:

$$u_t^{(1)}(\cdot;x_1) = u_t(\cdot;x_1) \quad ; \tag{3: 10}$$

$$u_t^{(n)}(\cdot;x^{(n)}) = u_{t+n-1}(u_{t+n-2}^{(n-1)}(\cdot;x^{(n-1)});x_n) = \tag{3: 11}$$

$$= u_{t+n-1}(\cdot;x_n)\circ\dots\circ u_t(\cdot;x_1) \quad .$$

$u_t^{(n)}(w;x^{(n)})$ gibt unmittelbar einen Ausdruck für den Zustand am Ende des n-ten Schrittes eines Pfades, der seinen Ursprung in einem Punkt w zum Zeitpunkt t hat, wenn die n ersten Urbilder durch $x_1,\dots,x_n$ gegeben sind.

3: 1.3.2. Definition: Die (dem SVV β assoziierten) Funktionen $\Pi_t^{(k)}$ werden durch folgende Rekursionsbeziehungen über k definiert:

(3: 12) $$\Pi_t^{(1)}(w;X^{(1)}) = \Pi_t(w;X_1)$$

(3: 13) $$\Pi_t^{(k)}(w;X^{(k)}) =$$

$$= \int_{X_1} \Pi_t(w;dx_1) \int_{X_2} \Pi_{t+1}(u_t(w;x_1);dx_2) \dots \int_{X_k} \Pi_{t+k-1}(u_t^{(k-1)}(w;x^{(k-1)});dx_k) =$$

$$= \int_{\underline{X}_1} \Pi_t(w;dx_1) \int_{\underline{X}_2} \Pi_{t+1}(u_t(w;x_1);dx_2) \dots \int_{\underline{X}_k} \Pi_{t+k-1}(u_t^{(k-1)}(w;x^{(k-1)});dx_k) \cdot$$

$$\cdot I_{X^{(k)}}(x^{(k)})$$

für alle $w \in \underline{W}$, $X^{(k)} \in \mathcal{X}^{(k)}$, $k \in N$ und $t \in T$.

3: 1.3.3. Satz: Die Funktionen $\Pi_t^{(k)}$ bilden eine Familie von Markoffschen Kernen von $(\underline{W},\mathcal{W})$ nach $(\underline{X}^{(k)},\mathcal{X}^{(k)})$.

Beweis: □ Jedes $\Pi_t^{(k)}(w;\cdot)$ ist ein Maß auf $\mathcal{X}^{(k)}$. Um es zu erkennen, hat man nur eine Folge $X_j^{(k)}$, j=1,2,.... paarweise fremder Mengen aus $\mathcal{X}^{(k)}$ zu betrachten und die Gleichung $I_{X^{(k)}} = \sum_{j=1}^{\infty} I_{X_j^{(k)}}$ fortlaufend zu integrieren. $\Pi_t(w;\cdot)$ ist ein W-Maß, weil $\Pi_t(w;\underline{X}^{(k)}) = 1$ ist.

□ Es bleibt zu zeigen, daß $w \to \Pi_t^{(k)}(w;X^{(k)})$ $\mathcal{W}$-meßbar ist. Da die Π_t Markoffsche Kerne sind, ist die Abbildung $w \to \int_{\underline{X}_r} \Pi_{t+r}(w;dx_r)\cdot I_{X_r}(x_r)$ bzw. $w \to \int_{\underline{X}_r} \Pi_{t+r}(w;dx_r)$, $r = 0,\dots,k-1$, $\mathcal{W}$-meßbar. Wegen der Meßbarkeit der

$u_t^{(r)}$ ist die Abbildung

$$(w;dx^{(r)}) \to \int_{\underline{X}_{r+1}} \Pi_{t+r}(u_t^{(r)}(w;x^{(r)});dx_{r+1}) I_{X_{r+1}}(x_{r+1})$$

bzw.

$$(w;dx^{(r)}) \to \int_{X_{r+1}} \Pi_{t+r}(u_t^{(r)}(w;x^{(r)});dx_{r+1}) \quad ,$$

$$r=0,\ldots,k-1 \quad , \quad (\mathscr{W}\times\mathscr{X}^{(r)})\text{-meßbar.}$$

Aus (3: 13) erkennt man dann, wenn man durch vollständige Induktion über k vorgeht, daß $w \to \Pi_t^{(k)}(w;X^{(k)})$ $\mathscr{W}$-meßbar ist für jedes $X^{(k)}$ der Form $X^{(k)} = (X_1\times X_2\times\ldots\times X_k)$. Die $\mathscr{W}$-Meßbarkeit dieser Abbildung für jedes $X^{(k)}\in\mathscr{X}^{(k)}$ folgt dann aus einem klassischen Prinzip der Maßfortsetzung (vgl. BAUER [1968], Satz 5.5). Q.E.D.

3: 1.3.4. Interpretation: Die Markoffschen Kerne $\Pi_t^{(k)}(w;X^{(k)})$ geben für jedes $x\in\underline{X}$ und $X^{(k)}\in\mathscr{X}^{(k)}$ eine reguläre Version der Realisation des Ereignisses X_1 bei dem ersten Schritt (also "zum Zeitpunkt t"),..., von X_k bei dem k-ten Schritt ("zum Zeitpunkt t+k-1"), gegeben w als Ursprung in t.

3: 1.3.5. Definition: Seien die Funktionen $\Pi_t^{(k)}$ wie unter 3: 1.3.2. definiert. Die (dem SVV β assoziierten) Funktionen $\Pi_t^{(k,n)}$ werden definiert durch Rekursion über n durch die Beziehungen:

(3: 14) $$\Pi_t^{(k,1)}(w;X^{(k,1)}) = \Pi_t^{(k)}(w;X^{(k)})$$

(3: 15) $$\Pi_t^{(k,n)}(w;X^{(k,n)}) =$$

$$= \int_{\underline{X}_1} \Pi_t(w;dx_1)\Pi_{t+1}^{(k,n-1)}(u_t(w;x_1);X^{(k,n)}) =$$

$$= \int_{\underline{X}_1} \Pi_t(w;dx_1)\ldots\int_{\underline{X}_{n-1}} \Pi_{t+n-2}(u_t^{(n-2)}(w;x^{(n-2)});dx_{n-1})\cdot\Pi_{t+n-1}^{(k)}(u_t^{(n-1)}(w;x^{(n-1)});X^{(k,n)})$$

für alle $X^{(k,n)} = (X_n,\ldots,X_{n+k-1})\in \prod_{i=n}^{n+k-1} \mathscr{X}_i \; , \; w\in\underline{W} \; , \; n,k\in N \; , \; t\in T$.

Ähnlich wie im homogenen Fall gilt

(3: 16) $\Pi_t^{(k,n)}(w;X^{(k,n)}) = \Pi_t^{(k+n-1)}(w;\underline{X}^{(n-1)}\times X^{(k,n)})$

mit der Konvention $(\underline{X}^{(o)}\times X^{(k,n)}) = X^{(k)}$.

3: 1.3.6. <u>Eine Chapman-Kolmogoroff Gleichung für nicht-homogene SVV</u>:

Wie im homogenen Fall leitet man ab, für $1 \le r \le n$:

17) $\Pi_t^{(k,n)}(w;X^{(k,n)}) =$

$$= \int_{\underline{X}_1} \Pi_t(w;dx_1) \int_{\underline{X}_2} \Pi_{t+1}(u_t(w;x,);dx_2) \ldots \int_{\underline{X}_r} \Pi_{t+r-1}(u_t^{(r-1)}(w;x^{(r-1)});dx_r) \cdot \Pi_{t+r}^{(k,n-r)}(u_t^{(r)}(w;x^{(r)});X^{(k)})$$

für alle $t \in T$, $n,k \in N$, $w \in \underline{W}$, $X^{(k,n)} \in \prod_{i=n}^{k+n-1} \mathscr{X}_i$.

3: 1.3.7. <u>Bemerkungen:</u> Wie schon erwähnt, unterscheiden sich die Funktionen $u_t^{(n)}$, $\Pi_t^{(k)}$ und $\Pi_t^{(k,n)}$ von den Funktionen $u^{(n)}$, $\Pi^{(k)}$ und $\Pi^{(k,n)}$ nur durch ihre Abhängigkeit von einem Parameter t. Der Einfluß dieser Abhängigkeit auf die Wechselwirkungen im Ablauf eines SVV wirkt sich bei jedem Schritt über die Spezifikation der jeweils wirksamen Verbindungsfunktion $u_t \in (U_t)$ bzw. Markoffschen Kern $\Pi_t \in (\Pi_t)$ aus. So sind bei nicht-homogenen SVV der Zeitpunkt eines Schrittes für seinen Ergebnis, und der Zeitpunkt des ersten Schrittes für den Verlauf eines Pfades, mitbestimmend.

Die Bestimmung individueller Zufallsprozesse aus den durch einen nicht-homogenen SVV definierten Familien von Prozessen verlangt also die Angabe einer Startwahrscheinlichkeit über $\underline{W}$ und T (d.h. praktisch die Angabe eines $w \in \underline{W}$ und $t \in T$).

Die anschauliche Interpretation eines nicht-homogenen SVV ähnelt unter Berücksichtigung der Zeitabhängigkeit der für den homogenen Fall gegebenen Interpretation. Mit Hilfe dieser Abhängigkeit können Veränderungen in den die Wechselwirkungen zwischen Phasenraum und Zustandsraum bestimmenden funktionalen Zusammenhängen zum Ausdruck gebracht werden, die sich aus dieser Wechselwirkungen nicht ableiten lassen. In einem ökonomischen Kontext denkt man an exogene Einflüße, und insbesondere an zeitabhängige, modellexogene "Strukturveränderungen".

Die Nicht-Homogeneität erschwert die Behandlung von SVV nicht, solange die Untersuchung sich auf mehrstufige Übergangswahrscheinlichkeiten bei Kenntnis der Familien (Π_t) und (u_t) beschränkt. Allerdings kann man in der Regel, aufgrund der "Störungen", die die Veränderungen von u_t und Π_t immer wieder mit sich bringen, wenig über das "durchschnittliche" bzw. "langfristige" Verhalten eines nicht-homogenen SVV sagen. Vor allem ist es sehr schwierig bzw. unmöglich, ein solches System aufgrund empirischer Daten zu identifizieren.

Aus diesen Gründen wird man sich praktisch auf die Anwendung von homogenen Systemen bzw. von Systemen, bei denen die Zeitabhängigkeit eine gewisse Regelmäßigkeit zeigt, beschränken müssen. Die einfachsten Systeme dieser zweiten Art sind die zyklischen Systeme: ein SVV heißt <u>zyklisch mit Periode s</u>, wenn es mit seinem s-ten Transponierten für alle t übereinstimmt. Das Verhalten eines solchen SVV ist also unabhängig davon, ob er in einem Zeitpunkt t, $t \in T$, oder in einem der Zeitpunkte $t \pm s$, $t \pm 2s, \ldots$, für alle $t \in T$, seinen Ursprung hat. Die zyklischen Systeme erlauben offenbar bei ökonomischen Anwendungen die Einbeziehung saisonaler Schwankungen. Zeitabhängigkeiten, die einem Trend entsprechen, sind in dem einzelnen Fall auch leicht zu berücksichtigen.

3: 1.4. <u>Beispiele von stochastischen Systemen mit vollkommenen Verbindungen</u>

Die zwei ersten Beispiele haben intuitiven Charakter. Sie dienen zur weiteren Veranschaulichung der dynamischen Beziehungen in einem SVV und der Anwendungsmöglichkeiten dieser Systeme. Das letzte, strenger behandelte Beispiel dient zur Rechtfertigung der Behauptung, Markoff-Ketten seien Spezialfälle von SVV.

3: 1.4.1. <u>Die endlichen Lernmodelle</u>: Ein typisches Lernexperiment kann folgenderweise beschrieben werden: Ein Subjekt wird wiederholt in eine bestimmte experimentelle Lage versetzt, d.h. einem Stimulus unterworfen. Sein Zustand w_n beim n-ten Versuch wird als das Wahrscheinlichkeitsmaß $P_n(\cdot)$ auf der Menge $\underline{A}$ seiner möglichen Antworten (Reaktionen) definiert, das die Wahrscheinlichkeit der Antwort A bei diesem Versuch für alle $A \in \underline{A}$ angibt. Die Menge $\underline{A}$ sei endlich und enthalte alle ihre Teilmengen. Auf jede Antwort A folgt ein verstärkendes Ereignis E aus einer Menge $\underline{E}$, d.h., eine Strafe oder eine Belohnung. Es gilt also $E = E(A)$. Jede Kombination (A,E) wird als Ereignis bezeichnet. Es wird angenommen, daß der Zustand w_n am Ende des n-ten Versuches eine Funktion des

Zustandes w_{n-1} am Anfang des Versuches und des eingetretenen Ereignisses $(A_n, E(A_n))$ ist: $w_n = u(w_{n-1}; (A_n, E(A_n)))$, und daß die Lernvorgänge unabhängig von dem Zeitpunkt sind, in dem sie stattfinden. Man interessiert sich grundsätzlich für die Zustandsfolge $(w_i)_{i \in N^*}$, wobei w_o den Zustand des Subjekts vor Anfang der Versuchsreihe darstellt.

Die Darstellung als homogenes SVV ist unmittelbar. Man wählt $\underline{X} = \underline{A} \times \{E(A)\}$, d.h., $\underline{X}$ ist die Menge der Paare der Form A, E(A). $\underline{W}$ ist die Menge der Wahrscheinlichkeiten auf $\underline{X}$ bzw., da jeweils ein E dem realisierten A deterministisch zugeordnet wird, auf $\underline{A}$. $\mathcal{W}$ wird der Einfachheit halber gleich $\underline{W}$ gesetzt, was immer zulässig ist, wenn $\underline{W}$ endlich ist und alle seine Teilmengen enthält. $\Pi(w_o;\cdot)$ ist gegeben durch $P_o(\cdot)$.

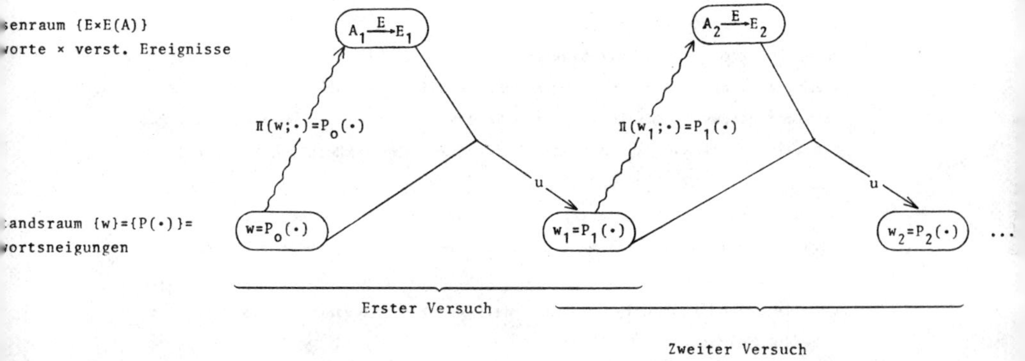

Abbildung 3: 4.: Schematischer Ablauf eines Lernexperiments

Die Darstellung komplizierter Lernmodelle (mehrere Stimuli, verstärkende Ereignisse als Zufallsvariable, usw.) mit Hilfe eines SVV kann leicht auf der Basis dieser Grundidee erfolgen.

3: 1.4.2. Die Bayesschen Entscheidungsprozesse (vgl. RAIFFA und SCHLAIFER [1961])

Die Bayessche Entscheidungstheorie ist eine formale mathematische Struktur, die ihre Anwendung bei Entscheidungsproblemen findet, wenn: a) Der Nutzen, den ein Entscheidungsträger als Folge eines bestimmten Verhaltens erzielen kann, von einem unbekannten Umweltzustand B, $B \in \underline{B}$, abhängt. b) Es dem Entscheidungsträger möglich ist, Experimente M, $M \in \underline{M}$, durchzuführen, um seine Kenntnis des Umweltzustandes zu verbessern. Die Menge aller potentiellen Ausgänge Z aller möglichen Experimente wird mit $\underline{Z}$ bezeichnet.

Neben den Mengen $\underline{B}$, $\underline{M}$ und $\underline{Z}$, wird jedem Bayesschen Entscheidungsmodell eine Menge $\underline{A}$ von möglichen Entscheidungen A, die der Entscheidungsträger in jeder Entscheidungsperiode auswählen kann, zugrundegelegt. Der Einfachheit halber seien hier $\underline{A}$, $\underline{M}$, $\underline{Z}$ und $\underline{B}$ als endliche Mengen, die alle ihren Teilmengen enthalten, definiert.

Es wird angenommen, daß der Entscheidungsträger eine kohärente Nutzenfunktion $U(\cdot,\cdot,\cdot,\cdot)$ auf $\underline{M}\times\underline{Z}\times\underline{A}\times\underline{B}$ hat. Der realisierte Nutzen wird in der Regel eine Funktion der Kosten (monetären oder nicht) des gewählten Experiments M und der Folgen (monetären oder nicht) der getroffenen Entscheidung A sein. Diese Kosten und Folgen sind selbst eine Funktion von B. Die Definition von U läßt unter anderem zu, den Fall einer Abhängigkeit der Kosten eines Experiments von seinem Ausgang zu berücksichtigen. Die realisierte Kombination (M,Z,A,B) bestimmt eindeutig das Ergebnis der Entscheidungsperiode. Man bemerke, daß die realisierte Entscheidung A keinen Einfluß auf die zukünftigen Entscheidungen hat.

Die Bayessche Entscheidungstheorie erlaubt dann dem Entscheidungsträger, Verhaltensweisen zu bestimmen, die mit seiner Präferenzordnung und seinen Vorstellungen über den Umweltzustand konsistent sind. Bayessche Entscheidungsmodelle werden häufig in der Wirtschaftstheorie angewandt (mehrstufige Entscheidungen unter Ungewissheit).

Ein Bayesscher Entscheidungsprozess kann schematisch folgenderweise dargestellt werden. Der Entscheidungsträger habe eine erste Vorstellung über die "Wahrscheinlichkeitsverhältnisse" in seiner Umwelt in der Form von Wahrscheinlichkeitsmaßen $P^1_{B,Z}(\cdot,\cdot/M)$ auf $\underline{B}\times\underline{Z}$ für jedes $M \in \underline{M}$. Aus den $P^1_{B,Z}$ lassen sich insbesondere die Wahrscheinlichkeitsmaße $P^1_B(\cdot)$ auf $\underline{B}$ und $P^1_Z(\cdot/M)$ auf $\underline{Z}$ (die sogenannten a priori Verteilungen) eindeutig ableiten. Der Entscheidungsträger wählt das Experiment M^1, für das $E_{B,Z/M}(U)$ am größten ist ($E_{B,Z/M}$ bezeichnet die Erwartungswertbildung bezüglich $P^1_{B,Z}(\cdot,\cdot/M)$). Es gilt also $M^1 = M(P^1_{B,Z})$. Das Ergebnis des Experiments wird als eine Zufallsvariable mit Verteilung $P^1_Z(\cdot)$ angesehen. Findet das Ergebnis Z^1 als Folge des Experiments M^1 statt, kann der Entscheidungsträger, aufgrund der Interpretation von Z^1

als Realisation einer Zufallsvariable mit bekannter Verteilung und unter Anwendung des Bayesschen Theorems die a priori Verteilungen $P^1_{B,Z}$, P^1_B und P^1_Z revidieren. Das heißt, $P^1_{B,Z}$, P^1_B und P^1_Z werden nach festen, deterministischen Regeln A_Z (Bayessche Formel), die hier nicht ausgeschrieben werden, als Funktion von Z^1 in neue, "realistischere" Wahrscheinlichkeitsmaße $P^2_{B,Z}$, P^2_B und P^2_Z (die sogenannten a posteriori Verteilungen) abgebildet. Die Meßbarkeit von B_Z für alle Z wird aus mathematischen Gründen vorausgesetzt. (E^2_B bezeichnet die Erwartungswertbildung bezüglich P^2_B). Es gilt also $A^2 = A^2(P^2_B)$. Die Entscheidungsperiode ist damit abgeschlossen. Die errechneten a posteriori Verteilungen werden als a priori Verteilungen für eine neue Periode angesetzt.

Diese Begriffe können an einem praktischen Beispiel verdeutlicht werden. Eine Fabrik produziere 1000 Produkteinheiten pro Woche. Der Kunde (Entscheidungsträger) könne jeweils die gesamte Wochenproduktion kaufen oder nicht kaufen, d.h. in unseren Terminologie, es stehen ihm die zwei Entscheidungen "alles kaufen" oder "nichts kaufen" zur Auswahl. Der Nutzen (hier etwa Gewinn), den er aus einem Kauf erzielen kann, hänge von der unbekannten Zahl B von mangelhaft bearbeiteten Stücke in der Wochenproduktion ab. Experimente können darin bestehen, Stichproben durchzuführen. Das Ergebnis des Experiments ist dann die Anzahl von mangelhaften Werkstücken in der Stichprobe. Die mit der Stichprobe verbundenen Kosten werden in der Regel eine Funktion des Umfangs der Stichprobe sein, und gehen daher in die Nutzenfunktion des Entscheidungsträger ein. Der Entscheidungsträger wird den Umfang der Stichprobe so wählen, daß seine Nutzenerwartung bezüglich seiner a priori Vorstellungen über die wahrscheinliche Anzahl von fehlhaften Stücken maximiert wird. Das Ergebnis der Stichprobe führt zu einer Revision dieser Vorstellungen nach Bayes, und es wird eine im Hinblick auf die revidierten Vorstellungen optimale Entscheidung getroffen.
Der Nutzen, der sich für den Kunden ergibt, ist selbstverständlich auch eine Funktion des tatsächlichen B.

Um eine Folge solcher Entscheidungen mit Hilfe eines u-homogenen SVV darzustellen, setzen wir $\underline{X} = \underline{Z}$ und $\underline{W} = \underline{P}_{B,Z} \times \underline{P}_B \times \underline{P}_Z \times \{M(P_{B,Z})\} \times \{A(P_B)\}$, wobei $\underline{P}_*$ die Menge der Wahrscheinlichkeiten P_* ist. $\mathcal{W}$ sei hier wieder gleich $\underline{W}$ gesetzt. B braucht nicht explizit berücksichtigt zu werden, da die entsprechende Information in den Verteilungen P enthalten ist.

u ist gegeben durch: $u(P^n_{B,Z}, P^n_B, P^n_Z, M^n, A^n; Z^n) = u(P^n_{B,Z}, P^n_B, P^n_Z; Z^n) =$ $= (R_Z(P^n_{B,Z}), R_Z(P^n_B), R_Z(P^n_Z), M^{n+1}(R_Z(P^n_{B,Z})), A^{n+1}(R_Z(P^n_B)))$ und π_n durch: $\pi_n(P^n_{B,Z}, P^n_B, P^n_Z, M^n, A^n; Z^n) = \pi_n(M^n; Z^n) = P^n_Z(Z^n/M^n)$, wobei $n \in N$ die Zugehörigkeit zum n-ten Entscheidungsschritt bezeichnet. Der Ursprung des Prozesses ist gegeben durch $w = (P^1_{B,Z}, P^1_B, P^1_Z, M^1)$.

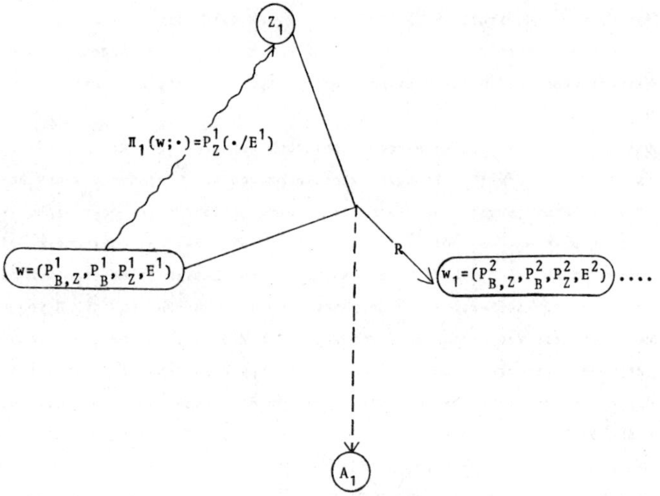

Abbildung 3: 5.: Erzeugung eines Bayesschen Entscheidungsprozesses als SVV

Die hier ausgeführte Identifikation der Bayeschen Entscheidungssystemen mit SVV mag künstlich erscheinen. Man zeigt aber, daß einige der für die Theorie der Bayeschen Entscheidungsprozesse wichtigen Theoreme sich auf besonders einfache Weise im Rahmen der allgemeinen Theorie der SVV ableiten lassen

Man bemerke hier, daß SVV sich offenbar zur Darstellung zahlreicher mehrstufiger Entscheidungsprozesse eignen, d.h. von Entscheidungssituationen, in deren Rahmen Einzelentscheidungen in zeitlich aufeinanderfolgenden Perioden unabhängig voneinander getroffen werden, wobei das Ergebnis einer Entscheidung zugleich die Ausgangssituation für die folgende Entscheidung bildet.

3: 1.4.3. Die Markoff-Ketten k-ter Ordnung: Grob ausgedrückt sind die Markoff-Ketten k-ter Ordnung Markoff-Ketten, bei denen die Zukunft nicht nur vom jeweiligen Zustand x_{n+k}, sondern von den k letzten realisierten Zuständen $x_{n+k},\dots,x_{n+1}$ abhängt. Es gilt also insbesondere für eine Markoff-Kette k-ter Ordnung $\zeta = (\zeta_i)_{i\in N}$ mit Zustandsraum $(\underline{X},\mathcal{X})$

(3: 18) $$P\{\zeta_{n+k+1}\epsilon X/\zeta_{n+k},\dots,\zeta_o\}=$$

$$= P\{\zeta_{n+k+1}\epsilon X/\zeta_{n+k},\dots,\zeta_{n+1}\} \qquad \text{P-f.s.} \quad .$$

Die Verallgemeinerung ist von geringer Bedeutung, weil der Prozess $(\hat{\zeta}_n)$, $\hat{\zeta}_n = (\zeta_n,\dots,\zeta_{n+k-1})$, selbst die Markoff-Eigenschaft besitzt. Markoff-Ketten höherer Ordnung können also durch entsprechende Definition der Zufallsvariablen zu einfachen Markoff-Ketten zurückgeführt werden.

Sei $\zeta = (\Omega,\mathcal{A},P,(\zeta_n)_{n\epsilon N})$ eine homogene Markoff-Kette k-ter Ordnung mit Zustandsraum $(\underline{X},\mathcal{X})$ und Übergangswahrscheinlichkeiten gegeben durch die Markoffschen Kerne $Q(x^{(k)};X)$:

(3: 19) $$Q(x_{n-k},\dots,x_{n-1};X) =$$

$$= P\{\zeta_n\epsilon X/\zeta_{n-1} = x_{n-1},\dots,\zeta_{n-k} = x_{n-k}\}$$

für alle $n\epsilon N$, $X\epsilon\mathcal{X}$.

Man wähle für $\underline{W}$ die Menge der Wahrscheinlichkeiten $Q(x_{n-k},\dots,x_{n-1};\cdot)$, $n\epsilon N$, und für $\mathcal{W}$ die Menge von Teilmengen von $\underline{W}$:

(3: 20) $$\mathcal{W} = \{Q(x_{n-k},\dots,x_{n-1});(x_{n-k},\dots,x_{n-1})\epsilon X^{(k)}, X^{(k)}\epsilon \bigotimes_{i=n-k}^{n-1}\mathcal{X}_i\} \quad .$$

Setzt man, für w' gegeben durch $w' = Q(x_{n-k},\dots,x_{n-1};\cdot)$

(3: 21) $$u(w';x_n) = Q(x_{n-k+1},\dots,x_n;\cdot)$$

und

(3: 21a) $$\Pi(w';X) = Q(x_{n-k+1},\dots,x_n;X) \quad ,$$

so erkennt man, daß die homogene Markoff-Kette ζ "identisch" mit dem SVV $\{(\underline{W},\mathcal{W}),(\underline{X},\mathcal{X}),\Pi,u\}$ ist. Eine entsprechende Identifikation kann ohne Schwierigkeiten in dem nicht-homogenen Fall gemacht werden.

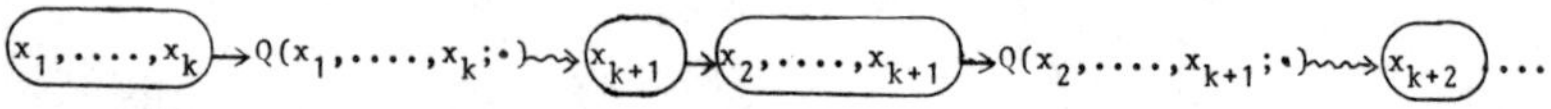

Erzeugung der Markoff Kette ζ , $\zeta(w)=x$.

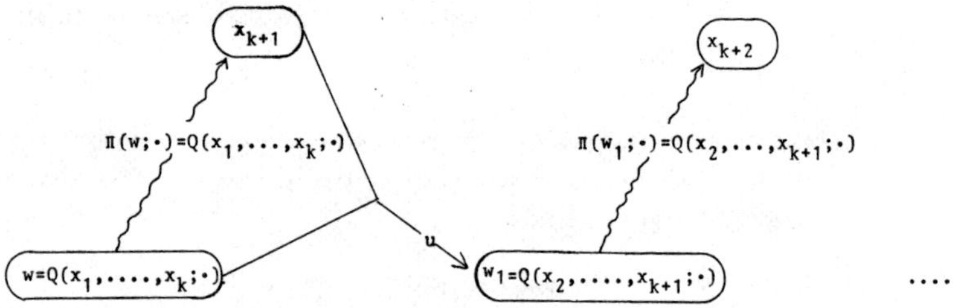

Erzeugung von ζ durch das entsprechende SVV.

Abbildung 3: 6.

3: 1.5. Assoziierte Prozesse

Wir werden im Folgenden unsere Untersuchung auf SVV mit Parametermenge $T = N$ beschränken. Die Verallgemeinerung $T = Z$ ist nicht sehr weitgehend, und dürfte für Anwendungen in den Sozialwissenschaften kaum Relevanz haben. Sie bringt keine wirklich grundlegenden mathematischen Schwierigkeiten mit sich, erschwert jedoch die Diskussion der Beweise, da die assoziierten Prozesse "zweiseitig" für $t \to \infty$ und $t \to -\infty$ unendlich sind. Ferner wird ohne Verlust der Allgemeinheit und zum Zwecke einer erhöhten Überschaubarkeit der Beweise der Ursprung der assoziierten Prozesse zuerst "im Zeitpunkt o" festgesetzt.

3: 1.5.1. Definition: Sei $\xi = (\Omega,\mathscr{A},P_w,(\xi_n)_{n\in N})$ ein auf einem W-Raum $(\Omega,\mathscr{A},P_w)$ definierter stochastischer Prozess mit $(\underline{X},\mathscr{X})$ als Zustandsraum. Wir sagen, daß ξ der dem SVV $\beta = \{(\underline{W},\mathscr{W}),(\underline{X},\mathscr{X}),(u_t)_{t\in N},(\Pi_t)_{t\in N}\}$ beim Ursprung w in t = o assoziierte kanonische Prozess ist, wenn gilt:

(3: 22) $\qquad P_w\{\xi_1\in X\} = \Pi_o(w;X) \qquad$ für jedes $X\in\mathscr{X}$

(3: 23) $\qquad P_w\{\xi_{n+1}\in X/\xi^{(n)}\} = \Pi_n(u^{(n)}(w;\xi^{(n)});X)$

3: 1.5.2. Lemma: Ein Zufallsprozess ξ ist dann und nur dann dem SVV β = $= \{(\underline{W},\mathscr{W}),(\underline{X},\mathscr{X}),(u_t)_{t\in N},(\Pi_t)_{t\in N}\}$ assoziiert, wenn das System der endlichen gemeinsamen Verteilungen von ξ mit dem projektiven System $(\Pi_o^{(n)}(w;\cdot))_{n\in N}$ übereinstimmt.

Beweis:

□ Wenn der stochastische Prozess ξ dem SVV β assoziiert ist, so drückt (3: 23) aus, daß $\Pi_n(u_o^{(n)}(w;\xi^{(n)});X_{n+1})$ eine reguläre Version der bedingten Wahrscheinlichkeit $P_w\{\xi_{n+1}\in X_{n+1}/\xi^{(n)}\}$ ist. Man folgert daraus mit Rücksicht auf (3: 11) und (3: 13), daß die gemeinsame Verteilung $P_w^{(n)}$ der Zufallsvariablen $\xi_1,\ldots\xi_n$,

(3: 24) $$P_w^{(n)} = P_w\{\xi_1\in\cdot,\ldots,\xi_n\in\cdot\} ,$$

die für jedes $(X_1,\ldots,X_n)\in X^{(n)}$ die Wahrscheinlichkeit $P_w\{\xi_1\in X_1,\ldots,\xi_n\in X_n\}$ ausdrückt, durch $\Pi_t^{(n)}(w;\cdot)$ mit t = o gegeben ist.

□ Umgekehrt nehmen wir an, daß:

(3: 25) $$P_w^{(n)} = \Pi_o^{(n)}(w;\cdot) \qquad \text{für jedes } n\in N \text{ ist.}$$

Dann gilt:

(3: 26) $$P_w\{\xi_1\in X_1,\ldots,\xi_n\in X_n\} =$$
$$= \int_{X_1} \Pi_o(w;dx_1)\ldots\int_{X_n} \Pi_{n-1}(u_o^{(n-1)}(w;x^{(n-1)});dx_n) ,$$

d.h.,

(3: 27) $$P_w\{\xi_1\in X_1,\ldots,\xi_n\in X_n\} =$$
$$= \int_{\prod_{i=1}^{n-1} X_i} P_w^{(n-1)}(dx_1\times\ldots\times dx_{n-1})\cdot\Pi_{n-1}(u_o^{(n-1)}(w;x^{(n-1)});X_n)$$

für jedes $(X_1\times\ldots\times X_n)\in\mathscr{X}^{(n)}$.

Diese Beziehung drückt aber gerade aus, daß gilt:

(3: 28) $$P_w\{\xi_n\in X_n/\xi^{(n-1)}\} =$$
$$= \Pi_{n-1}(u_o^{(n-1)}(w;\xi^{(n-1)});X_n) \qquad P_w\text{-f.s.}$$

also (3: 23). Dies gilt entsprechend für (3: 22), das aus (3: 23) für n = 1 folgt. Q.E.D.

3: 1.5.3. Satz: Sei $\beta = \{(\underline{W},\mathscr{W}),(\underline{X},\mathscr{X}),(u_t)_{t\in N},(\Pi_t)_{t\in N}\}$ ein SVV. Es existiert für jedes $w\in\underline{W}$ ein bis auf Äquivalenz eindeutig definierter stochastischer Prozess $\xi = (\Omega,\mathscr{A},P_w,(\xi_n)_{n\in N})$, der dem SVV β beim Anfangszustand w in t=o in der durch 3: 1.5.1. definierten Weise assoziiert ist. Die Pfade des Prozesses ξ werden Ereignissequenzen genannt.

Beweis: □ Wir wählen

(3: 29) $$(\Omega,\mathscr{A}) = (\underline{X}^N,\mathscr{X}^N)$$

und setzen

(3: 30) $$\xi_n(\omega) = x_n \quad , \qquad n\in N \quad ,$$

für

(3: 31) $$\omega = (x_1,\dots,x_n,\dots) \quad , \omega\in\Omega \ , \quad x_n\in\underline{X}_n \quad .$$

ξ_n ist offenbar eine $(\mathscr{A}$-$\mathscr{X})$-meßbare Abbildung, also eine Zufallsvariable mit Werten in $\underline{X}$. $(\Omega,\mathscr{A})$ ist der kanonische Meßraum für die Familie (ξ_n). Wegen $\xi_n(\omega) = x_n$ ist $\underline{X}^N$ die Menge aller Pfade des Prozesses ξ. In diesem Sinne heißt $\underline{X}^N$ wesentlich bezüglich der Familie $(\Pi_o^{(n)}(w;\cdot))_{n\in N}$.

□ Im Lemma 3: 1.5.2. wurde festgestellt, daß die Familie der endlich dimensionalen Verteilungen von (ξ_n) durch die Familie $(\Pi_o^{(n)}(w;\cdot))_{n\in N}$ bzw. $(\prod_{i=1}^{n}\underline{X}_i,\ \bigotimes_{i=1}^{n}\mathscr{X}_i,\ \Pi_o^{(n)}(w;\cdot))_{n\in N}$ gegeben ist. Um zu beweisen, daß (ξ_n) ein stochastischer Prozess mit Stichprobenraum $(\underline{X}^N,\mathscr{X}^N)$ ist, bleibt also nur noch zu zeigen, daß der projektive Limes der Familie $(\Pi_o^{(n)}(w;\cdot))$ existiert, d.h. daß ein Wahrscheinlichkeitsmaß P_w über $(\underline{X}^N,\mathscr{X}^N)$ eindeutig definiert ist, das (3: 23) für alle $n\in N$ erfüllt. Die Existenz und die Eindeutigkeit des gewünschten Maßes P_w folgt unmittelbar aus einem Theorem von Ionescu Tulcea (IONESCU TULCEA [1949]; vgl. auch NEUVEU [1970], V.1., der den recht komplizierten Beweis besonders klar darlegt). Q.E.D.

Die Ergebnisse von Ionescu Tulcea sind zur Zeit immer noch die allgemeinsten, die die Konstruktion einer Wahrscheinlichkeit auf unendliche Produkte von Meßräumen ohne topologische Hypothesen über diese Räume erlauben. Sie hängen allerdings wesentlich von der hier gegebenen speziellen Form der Familie $(\Pi_t^{(n)}(w;\cdot))$ ab.

Die Beweisführung von Theorem 3: 1.5.3. ist offenbar unabhängig davon, daß der Ursprung des SVV in t=o festgelegt wurde. Es ist entsprechend möglich, assoziierte Prozesse bei beliebigen Anfangszeitpunkten zu definieren:

3: 1.5.4. Definition: Der stochastische Prozess $\xi^k = (\prod_{i=k}^{\infty} \underline{X}_i, \bigotimes_{i=k}^{\infty} \mathscr{X}_i, P_w^k,$ $(\xi_n^k)_{n=k,k+1,\ldots,}), n,k\in N$, sei durch die Beziehungen (3: 22) und (3: 23) in Verbindung mit (3: 29) bis (3: 31)definiert wird, wenn man in diesen Beziehungen o durch k-1 ersetzt. Dann wird ξ^k der k-te beim Anfangszustand w assoziierte kanonische Prozess genannt. Es gilt $\xi^1 = \xi$.

Die Definition des Prozesses ξ gibt die Möglichkeit, eine wahrscheinlichkeitstheoretische Interpretation (d.h. eine Interpretation in Begriffen eines Zufallsprozesses) der Funktionen $\Pi_t^{(k,n)}$ zu geben. Aus Satz 3: 1.3.3. folgt unmittelbar:

(3: 32) $\Pi_o^{(k,n)}(w;X^{(k,n)}) = P_w\{(\xi_n,\ldots,\xi_{n+k-1})\in X^{(k,n)}\}$

Für t $\geq$1 gilt ferner

(3: 33) $\Pi_k^{(k,n)}(w;X^{(k,n)}) = P_{w'}\{(\xi_{t+n},\ldots,\xi_{t+n+k-1})\in X^{(k,n)}/\xi_t,\ldots,\xi_{t+n-1}\}$

mit $\xi_i(w) = x_i$, $t\leq i\leq t+n-1$, wobei der Zusammenhang zwischen w, w' und $x^{(t)}$

durch die Beziehung $w = u_o^{(t)}(w';x^{(t)})$ gegeben ist.

Wir wenden uns jetzt weiteren assoziierten Prozessen zu.

3: 1.5.6. Satz: Sei $\beta = \{(\underline{W},\mathscr{W}),(\underline{X},\mathscr{X}),(u_t)_{t\in N},(\Pi_t)_{t\in N}\}$ ein SVV und $\xi = (\Omega,\mathscr{A},P_w,(\xi_n)_{n\in N})$ der dem SVV β beim Ursprung w in t = o assoziierte kanonische Prozess. Es existiert dann für jedes $w\in\underline{W}$ eine über $(\Omega,\mathscr{A},P_w)$ definierte Markoff-Kette $\zeta = (\zeta_n)_{n\in N}$ mit Werten in $(\underline{W},\mathscr{W})$ und mit der Eigenschaft:

(3: 34) $\zeta_n = u_o^{(n)}(w;\xi_1,\ldots,\xi_n)$ P_w-f.s.

für jedes $n\in N$.

Der Prozess ζ wird die dem SVV beim Ursprung w in t = o assoziierte Markoff-Kette genannt. Ihre Pfade werden Zustandssequenzen genannt.

Beweis: □ Für jedes $w\in W$ ist die Abbildung $u_o^{(n)}(w;\cdot)$ $(\mathscr{X}^N$-$\mathscr{W}$-)-bzw. $(\mathscr{A}$-$\mathscr{W}$-)-meßbar. Also ist die Folge $(\zeta_n)_{n\in N}$ ein stochastischer Prozess über $(\Omega,\mathscr{A},P_w)$ mit Werten in $(\underline{W},\mathscr{W})$.

□ Es bleibt die Markoff Eigenschaft zu beweisen. Einige Schwierigkeiten entstehen dadurch, daß die Prozesse ξ und ζ ihre Werte in zwei verschiedenen Räumen haben. Zur Erleichterung des Beweises wird daher eine Konstruktion durchgeführt, die erlaubt, ζ und ξ als zwei Prozesse mit Werten in einem gemeinsamen Raum anzusehen.

Wir setzen also:

(3: 35) $(\tilde{\Omega},\tilde{\mathcal{A}}) = (\Omega\times\underline{W},\mathcal{A}\otimes\mathcal{W})$.

(3: 36) $\tilde{\zeta}_n(\tilde{\omega}) = u_o^{(n)}(w;\xi^{(n)}(\omega))$
für jedes $\tilde{\omega} = (\omega,w)\in\tilde{\Omega}$, $n\in N$.

(3: 37) $\tilde{P}_w = P_w \otimes I_w$ für jedes $w\in\underline{W}$.

(3: 38) $\tilde{\xi}_n(\omega,w) = \tilde{\xi}_n(\omega)$.

(3: 39) $\tilde{\mathcal{A}}_n := (\xi_i,\zeta_i;1\leq i\leq n)$,
d.h. $\tilde{\mathcal{A}}_n$ ist die von $\xi_1,\ldots,\xi_n,\zeta_1,\ldots,\zeta_n$ erzeugte σ-Unteralgebra in $\tilde{\mathcal{A}}$.

Die Formeln (3: 35) bis (3: 38) definieren offenbar für jedes $w\in\underline{W}$ zwei stochastische Prozesse $\tilde{\xi} = (\tilde{\Omega},\tilde{\mathcal{A}},\tilde{P}_w,(\tilde{\xi}_n)_{n\in N})$ und $\tilde{\zeta} = (\tilde{\Omega},\tilde{\mathcal{A}},\tilde{P}_w,(\tilde{\zeta}_n)_{n\in N})$, die (3: 34) aufgrund von (3: 36), (3: 37) und (3: 38) erfüllen. Die Prozesse $\tilde{\xi}$ bzw. $\tilde{\zeta}$ sind also "identisch" mit den Prozessen ξ und ζ ($\tilde{\zeta} = (\tilde{\zeta}_n)_{n\in N}$ wird ab jetzt mit $\zeta = (\zeta_n)_{n\in N}$ bezeichnet), und wir brauchen nur zu beweisen, daß $\tilde{\zeta}$ Markoffsch ist.

□ Wir zeigen zuerst, daß für jedes $w\in\underline{W}$ $\tilde{P}_w$ eine Diffusion von $(\underline{W},\mathcal{W})$ in $(\tilde{\Omega},\tilde{\mathcal{A}})$ ist.

Für jedes $\tilde{A} = A\times W$ mit $A\in\mathcal{A}$ und $W\in\mathcal{W}$ gilt nach (3: 37)

(3: 40) $\tilde{P}_n(\tilde{A}) = P_n(A)\ I_W(\omega)$.

Daher folgt unter Berücksichtigung von 3: 1.3.3., daß die Abbildung $w \to \tilde{P}_w$ $(\mathcal{A}\times\mathcal{W})$-meßbar für jedes $A\in\mathcal{A}$ und $W\in\mathcal{W}$ ist . Aus dem in dem Beweis von Satz 3: 1.3.3. bereits erwähnte Fortsetzungsprinzip folgt dann, daß $w \to \tilde{P}_w$ $(\tilde{A})$-meßbar ist für jedes $\tilde{A}\in\mathcal{A}\otimes\mathcal{W}$.

□ Um zu beweisen, daß $\tilde{\zeta}$ ein Markoff Prozess ist, zeigen wir dann, daß für jedes $w\in\underline{W}$, $n\in N$, und für jede reele $\mathcal{W}$-meßbare Funktion ϕ auf $\underline{W}$,

(3: 41) $E_w(\phi\circ\zeta_{n+1}/\tilde{\mathcal{A}}_n) = E_w(\phi\circ\zeta_{n+1}/\zeta_n)$

gilt, was offenbar äquivalent zu

(3: 42) $E_w(\phi\circ\zeta_{n+1}/\tilde{\mathcal{A}}_n) = E^n_{\zeta_n}(\phi\circ\zeta^n_1)$

ist. Dabei bezeichnet E_w den Erwartungswert bezüglich $\tilde{P}_w$, $E^n_{\zeta_n}$ den Erwartungswert bezüglich $\tilde{P}^n_{\zeta_n(\omega)}$.

□ Für jedes $X^{(n)} = (X_1,\dots,X_n)$ und $W\epsilon\mathscr{W}$ gilt $[\xi_1\epsilon X_1,\dots,\xi_n\epsilon X_n]\times W \epsilon \tilde{\mathscr{A}}_n$. Ferner ist $\tilde{P}_w$ ein W-Maß auf $(\Omega\times\underline{W},\mathscr{A}\otimes\mathscr{W})$. Man kann also unter Berücksichtigung von (3: 36) schreiben:

(3: 43)
$$\int_{[\xi_1\epsilon X_1,\dots,\xi_n\epsilon X_n]\times W} \phi\circ\zeta_{n+1}\,d\tilde{P}_w =$$

$$= \int_{[\xi_1\epsilon X_1,\dots,\xi_n\epsilon X_n]} \phi\circ u_o^{(n+1)}(w;\xi^{(n+1)})\,dP_w\cdot I_W(w) =$$

$$= \int_{X^{(n)}} \phi\circ u_o^{(n+1)}(w;x^{(n+1)})\,\Pi_o^{(n+1)}(w;dx_1\times\dots\times dx_{n+1})\cdot I_W(w).$$

□ Wegen der Definition des projektiven Systems $(\Pi_o^{(n)}(w;\cdot))_{n\epsilon N}$ gilt für jede reele, $\mathscr{X}^{(n+1)}$ -meßbare Funktion ϕ auf $\underline{X}^{(n+1)}$:

(3: 44)
$$\int_{X^{(n+1)}} \phi(x^{(n+1)})\,\Pi_o^{(n+1)}(w;\, dx_1\times\dots\times dx_{n+1}) =$$

$$= \int_{X^{(n)}} \Pi_o^{(n)}(w;dx_1\times\dots\times dx_n) \int_{X_{n+1}} \Pi_n(u_o^{(n)}(w;x^{(n)});dx_{n+1})\,\phi(x^{(n+1)})$$

für jedes $X^{(n+1)} = X_1,\dots,X_{n+1}$.

(3: 43) kann entsprechend geschrieben werden als

(3: 45)
$$\int_{[\xi_1\epsilon X_1,\dots,\xi_n\epsilon X_n]\times W} \phi\circ\zeta_{n+1}\,d\tilde{P}_w =$$

$$= \int_{X^{(n)}} \Pi_o^{(n)}(w;dx_1\times\dots\times dx_n) \int_{X_{n+1}} \Pi_n(u_o^{(n)}(w;x^{(n)});dx_{n+1})\,\phi\circ u_o^{(n+1)}(w;x^{(n+1)})\cdot I_W(w) .$$

Aus (3: 36), (3: 37) und aus der Definition der $\Pi_o^{(k)}$ leitet man unmittelbar ab:

(3: 46) $$E^n_{w'}(\phi\circ\zeta_{n+1}) = \int_{\underline{X}_{n+1}} \Pi_n(w';dx_{n+1})\phi\circ u_n(w';x_{n+1}) \quad .$$

Setzt man dann

(3: 47) $$\Psi(w;x^{(n)}) =$$

$$= \int_{X_{n+1}} \Pi_n(u_o^{(n)}(w;x^{(n)});dx_{n+1})\phi\circ u_o^{(n+1)}(w;x^{(n+1)}) =$$

$$= \int_{X_{n+1}} \Pi_n(u_o^{(n)}(w;x^{(n)});dx_{n+1})\phi\circ u_n(u_o^{(n)}(w;x^{(n)});x_{n+1}) \quad ,$$

erhält man unter Berücksichtigung von (3: 45)

(3: 48) $$\Psi(w;x^{(n)}) = E^n_{u_o^{(n)}(w;x^{(n)})}(\phi\circ\zeta_1^n) \quad ,$$

das ist

(3: 49) $$\int_{[\xi_1\in X_1,\ldots,\xi_n\in X_n]\times W} \phi\circ\zeta_1^n \, d\tilde{P}_w =$$

$$= \int_{X^{(n)}} \Pi_o^{(n)}(w;dx_1\times\ldots\times dx_n)E^n_{u_o^{(n)}(w;x^{(n)})}(\phi\circ\zeta_1^n)\cdot I_W(w) \quad ,$$

was unter Berücksichtigung von (3: 37) geschrieben werden kann:

(3: 49a) $$\int_{[\xi_1\in X_1,\ldots,\xi_n\in X_n]} \phi\circ\zeta_{n+1} d\tilde{P}_w =$$

$$= \int_{[\xi_1\in X_1,\ldots,\xi_1\in X_n]\times W} E^n_{\zeta_n(w)}(\phi\circ\zeta_1^n)\tilde{P}_w(d\tilde{w}) \quad .$$

Diese Gleichung drückt gerade aus:

(3: 50) $$E_w(\phi\circ\zeta_{n+1}/\tilde{\mathscr{A}}_n) = E^n_{\zeta_n(w)}(\phi\circ\zeta_1^n)$$

bzw.

(3: 51) $$E_w(\phi\circ\zeta_{n+1}/\tilde{\mathscr{A}}_n) = E_w(\phi\circ\zeta_{n+1}/\zeta_n) \quad ,$$

für alle $n\in N$. Das ist die Markoff Eigenschaft für ζ. Q.E.D.

Die Definition der assoziierten Markoff-Kette kann auf beliebige Startzeitpunkte erweitert werden:

3: 1.5.7. <u>Definition</u>: Sei $\xi^k = (\prod_{i=k}^{\infty} \underline{X}_i \ , \bigotimes_{i=k}^{\infty} \mathscr{X}_i \ , P_w^k \ , (\xi_n^k)_{n=k,k+1})$ der k-te beim Ursprung w einem SVV β assoziierte kanonische Prozess. Die Markoff-Kette $\zeta^k = (\prod_{i=k}^{\infty} \underline{X}_i \ , \bigotimes_{i=k}^{\infty} \mathscr{X}_i \ , P_w^k \ , (\zeta_n^k)_{n=k,k+1})$, die durch

(3: 52) $$\zeta_n^k = u_k^{(n)}(w;\xi_1^k,\ldots,\xi_n^k)$$

definiert wird, heißt die <u>k-te dem SVV β beim Ursprung w assoziierte Markoff-Kette</u>.

Es gilt der Satz:

3: 1.5.8. <u>Satz</u>: Die einem homogenen SVV assoziierten Markoff-Ketten sind homogen (d.h., es gilt $P_w^k = P_w$ für alle $k\in N$, $w\in\underline{W}$).

<u>Beweis</u>: Trivial

sowie der Satz:

3: 1.5.9. <u>Satz</u>: Seien β und ζ wie unter 3: 1.5.6. definiert. Sei ferner $(Q_{t,t+n})_{t\in N^*,n\in N}$ eine Familie von Funktionen auf $(\underline{W}\times\underline{W} \ , \mathscr{W})$ mit für jedes $w\in\underline{W}, W\in\mathscr{W}, t\in N^*$:

(3: 53) $$Q_{t,t+1}(w;W) := \Pi_t(w;\hat{W}_{w,t}) = P_w^t\{\zeta_1^t\in W\}$$

(3: 54) $$Q_{t,t+n}(w;W) := \Pi_t^{(n)}(w;\hat{W}_{w,t}^{(n)}) = P_w^t\{\zeta_{n-1}^t\in W\} \quad ,$$

wobei

(3: 55) $$\hat{W}_{w,t} = \{x;u_t(w;x)\in W\} \quad ,$$

(3: 56) $$\hat{W}_{w,t}^{(n)} = \{x^{(n)};u_t^{(n)}(w;x^{(n)})\in W\}$$ ist.

Dann bildet die Familie $(Q_{t,t+n})_{t\in N^*, n\in N}$ die Übergangsfunktion der Markoffschen Kette ζ.

Beweis: Trivial. Insbesondere folgt

$$(3{:}\ 57)\qquad Q_{t,t+n}(w;W) = \int_{\underline{W}} Q_{t,t+r}(w;dy)Q_{t+r,t+n}(y;W)$$

für jedes $t<r$, $(t+r)\ (t+n)$, $t\in N^*$, $r,n\in N$ (Chapman-Kolmogoroff-Gleichungen) unmittelbar aus (3: 15).

Die Interpretation der Assoziation zwischen einem SVV und seiner assoziierten Markoff Kette ζ erhält in (3: 53) bzw. (3: 54) ihren anschaulichen Ausdruck: die Wahrscheinlichkeit, daß ζ nach n Schritten in n-ten Schritt in W liegt, ist gleich der Wahrscheinlichkeit, daß der Pfad des assoziierten SVV über diese n Schritte in der Menge der Pfade liegt, die durch W laufen.

Ist das zugrundegelegte SVV β homogen, dann reduziert sich die Markoffsche Obergangsfunktion $(Q_{t,t+n})$ auf die Markoffsche Halbgruppe $(Q_n)_{n\in N^*}$, indem man setzt

$$(3{:}\ 58)\qquad Q_{s,t} = Q_{t-s} \quad , \quad s\in N^* \ , \ t\in N \ , \ s<t \ .$$

(3: 53) bzw. (3: 54) werden dann zu

$$(3{:}\ 59)\qquad Q_1(w;W) = \Pi(w;\hat{W}_w) = P_w\{\zeta_1\in W\}$$

$$(3{:}\ 60)\qquad Q_n(w;W) = \Pi^{(n)}(w;\hat{W}_w^{(n)}) = P_w\{\zeta_n\in W\}$$

wobei

$$(3{:}\ 61)\qquad \hat{W}_w = \{x;u(w;x)\in W\} \ ,$$

$$(3{:}\ 62)\qquad \hat{W}_w^{(n)} = \{x^{(n)} \ ; \ u^{(n)}(w;x^{(n)})\in W\} \quad \text{ist.}$$

3: 1.5.10. Bemerkung: Die Gleichungen (3: 53) und (3: 54) können in der vielleicht weniger übersichtlichen, jedoch zweckmäßigeren Form

$$(3{:}\ 53a)\qquad Q_{t,t+1}(w;W) = \int_{\underline{X}_{t+1}} \Pi_t(w;x_{t+1}) \cdot I_W(u_t(w;x_{t+1}))$$

bzw.

(3: 54a) $$Q_{t,t+n}(w;W) = \int_{\prod_{i=t+1}^{t+n}} \Pi_t^{(n)}(w;dx_{t+n})\cdot I_W(u_t^{(n)}(w;x_{t+1},\ldots,x_{t+n})$$

geschrieben werden. Diese Schreibweise kann selbstverständlich auf den homogenen Fall übertragen werden. Wir werden sie im folgenden systematisch anwenden. Für die anschliessenden Ausführungen ist ferner eine Indizierung von $(\underline{W},\mathscr{W})$, wie sie für $(\underline{X},\mathscr{X})$ vorgenommen wurde, zweckmässig. Wir betrachten also eine Folge $(\underline{W}_i,\mathscr{W}_i)_{i\in N}$ von zu $(\underline{W},\mathscr{W})$ isomorphen Meßräumen, und betrachten ζ_n als eine Zufallsvariable mit Werten in $(\underline{W}_n,\mathscr{W}_n)$. $\zeta_o = w$ am Ursprung des Prozesses habe Werte in $(\underline{W},\mathscr{W})$. Im übrigen gelten die unter 3: 1.1.5. getroffenen Konventionen.

Wir können dem SVV β mit der assoziierten Markoff-Kette ζ und dem assoziierten kanonischen Prozess ξ weitere assoziierte Prozesse zuordnen. Es gilt insbesondere der wichtige Satz:

3: 1.5.11. <u>Satz</u>: Die Folge $(\zeta'_n)_{n\in N} = (\xi_n,\zeta_n)_{n\in N}$ bildet eine Markoff-Kette, die mit ζ' bezeichnet wird. Die Markoff-Kette $(\xi^k_n,\zeta^k_n)_{n\in N}$ wird mit ζ'^k bezeichnet.

<u>Beweisskizze</u>: □ Der Beweis erfolgt analog dem Beweis von Satz 3: 1.5.6., so daß wir uns hier auf den Grundansatz beschränken wollen.

□ Man arbeitet auf den Raum $(\tilde{\Omega},\tilde{\mathscr{A}}) = (\Omega\times\underline{W}^N,\mathscr{A}\otimes\mathscr{W}^N)$. ζ' ist ein stochastischer Prozess auf $(\tilde{\Omega},\tilde{\mathscr{A}})$. Es gilt offenbar:

(3: 65) $$P_w\{\xi_1\in X_1\ ,\ \zeta_1\in W_1\} = \int_{\underline{X}_1} \Pi_o(w;dx_1)\cdot I_{X_1\times W_1}(x_1,u_o(w;x_1))$$

(3: 66) $$P_w\{\xi_n\in X_n\ ,\ \zeta_n\in W_n\} = \int_{\underline{X}^{(n)}} \Pi_o^{(n)}(w;dx^{(n)})\cdot I_{X_n\times W_n}(x_n,u_o^{(n)}(w;x^{(n)}))$$

P_w-f.s. für alle $w\in\underline{W}$.

□ Aus (3: 65) bzw. (3: 66) leitet man ab, für jede reelle $\mathscr{A}\times\mathscr{W}$-meßbare Funktion ϕ auf $\underline{X}\times\underline{W}$:

(3: 67) $$E_w(\phi(\xi_{n+1},\zeta_{n+1})/\tilde{\mathscr{A}}_n) = \int_{\underline{X}_{n+1}} \Pi_n(w_n;dx_{n+1})\phi(x_{n+1},u_{n+1}(w_n;x_{n+1})) =$$

$$= E_{\xi_n,\zeta_n}(\phi(\xi_{n+1},\zeta_{n+1})) ,$$

wobei $\tilde{\mathscr{A}}_n$ die von $(\xi_1,\zeta_1,\ldots,\xi_n,\zeta_n)$ erzeugte σ-Unteralgebra in $\tilde{\mathscr{A}}$ ist. Dies ist aber die schwache Markoff Eigenschaft. Q.E.D.

Aus dem vorhergehenden folgert man unmittelbar:

3: 1.5.12. Theorem: Die Funktionen $(Q'_{t,t+n})_{t,n\in N}$, definiert durch

(3: 68) $$Q'_{t,t+n}(x_t;X_{t+n},W_{t+n}) =$$

$$\int_{\prod_{i=t+1}^{t+n}\underline{X}i} \Pi^{(n)}_{t+1}(w_t;dx_{t+1}\times\ldots\times dx_{t+n})\cdot I_{X_{t+n}W_{t+n}}(x_{t+n},u^{(n)}_{t+1}(w_t;x_t,\ldots x_{t+n}))$$

für alle $X_{t+n}\in\mathscr{X}_{t+n}$, $W_{t+n}\in\mathscr{W}_{t+n}$, $x_t\in\underline{X}_t$, $w_t\in\underline{W}_t$, bilden die Übergangsfunktion der Markoff-Kette ζ.

3: 1.5.13. Bemerkungen: Wie bei Markoff-Ketten kann es bei SVV je nach Problemstellung wünschenswert oder notwendig sein, den Ursprung des SVV durch die zusätzliche Angabe einer Auswahlvorschrift über alle möglichen Ursprünge, d.h., einer Startwahrscheinlichkeit, zu präzisieren. Für die Kette ζ'^k sind die möglichen Ursprünge durch die Paare von der Form (x_k,w_k) gegeben: Die Funktionen $Q'_{t,t+n}$ geben die Wahrscheinlichkeit der Realisation von (X_{t+n},W_{t+n}) im n-ten Schritt an, wenn (x_t,w_t) als Ursprung für den ersten Schritt gegeben ist. Jede Wahrscheinlichkeitsverteilung über die (x_k,w_k) ist also eine Startwahrscheinlichkeit für ζ'^k. Allerdings interessiert uns die Kette ζ'(bzw. ζ'^k) prinzipiell nur als assoziierte Kette zu einem SVV. Die Startwahrscheinlichkeit von ζ' kann in diesem Zusammenhang nicht willkürlich gewählt werden, sondern ist in der jetzt zu erörternden Weise durch das zugrundegelegte SVV bestimmt.

Bei der Untersuchung eines SVV wurde immer davon ausgegangen, daß der SVV durch die Angabe eines Ursprunges w (bzw. einer Startwahrscheinlichkeit über die w) startet.[1] Die Angabe eines w als Ursprung eines SVV bestimmt allerdings lediglich die Verteilung der Zufallsvariable ζ_1', also eine Verteilung über die Paare (x_1, w_1). Der Prozess ζ', der einem SVV mit Ursprung w assoziiert ist, besitzt daher eine Startwahrscheinlichkeit, die nicht in einem Punkt (x,w) konzentriert ist. Diese Startwahrscheinlichkeit ist, wie man leicht ableitet, gegeben durch:

$$(3{:}\ 69)\qquad P_w\{\xi_1 \epsilon \cdot\ ,\ \zeta_1 \epsilon \cdot\ \} = \int_{\underline{X}_1} \Pi_o(w;dx_1)\cdot I_{\cdot X \cdot}(x_1, u_o(w;x_1)) \quad .$$

Allgemein ist die Wahrscheinlichkeit der Realisation von (X_{t+n}, W_{t+n}) im (n+1)-ten Schritt nach der Angabe des Ursprungs w in t gegeben durch:

$$(3{:}\ 70)\quad \int_{\underline{X}_t} \Pi_t(w;dx_t)\cdot I_{\cdot \times \cdot}(x_t, u_t(w;x_t)) \int_{\prod_{i=t+1}^{t+n} \underline{X}_i} \Pi_{t+1}^{(n)}(w_t; dx_{t+1}\times \ldots \times dx_{t+n})\cdot I_{X_{t+n}\times W_{t+n}}(x_{t+n}, u_{t+1}^{(n)}(w_t; x_t, \ldots, x_{t+n}))$$

Die Gleichungen (3: 69) und (3: 70) lassen sich leicht durch multiplikative Verknüpfung auf den Fall erweitern, wo der Ursprung der zugrundegelegten SVV durch eine beliebige Wahrscheinlichkeitsverteilung über $(\underline{W}, \mathscr{W})$ definiert ist. Es gilt ferner:

3: 1.5.14. <u>Satz</u>: Die Folge $(\zeta_n'')_{n\epsilon N} = (\zeta_{n-1}, \xi_n)_{n\epsilon N}$, mit $\zeta_o = w$, bildet eine Markoff-Kette, die mit ζ'' bezeichnet wird. Die Startwahrscheinlichkeit für ζ'' ist gegeben für jedes $w \epsilon \underline{W}$ durch:

---

1) Man bemerke, daß es sich hier um eine logische Annahme, und nicht bloß um eine Konvention, handelt. Die Angabe eines $x \epsilon \underline{X}$ liefert nicht die notwendige Information - ein Urbild von Π oder u -, um ein SVV zu starten. Die Angabe eines Paares (w,x) bzw. (x,w) dagegen ist für den weiteren Verlauf des SVV äquivalent mit der Angabe von $w' = u(w;x)$ bzw. von w. So ist z.B. $Q'(x,w;X,W)$ unabhängig von x. Die oben angegebene Schreibweise für die Funktionen Q', in der sowohl x als auch w erscheinen, erweist sich jedoch in vielen Anwendungsfällen als zweckmäßig und wird systematisch angewendet. Die obigen Bemerkungen gelten sinngemäß für die noch zu definierende Kette ζ''.

(3: 71) $$P_w\{\zeta_o=w,\xi_1\epsilon\cdot\} = \int_{\underline{X}_1} \pi_o(w;dx_1)\cdot I_\cdot(x) ,$$

seine Übergangsfunktion ist gegeben durch die Funktionen $(Q''_{t,t+n})_t$, definiert durch:

(3 :72) $$Q''_{t,t+n}(w_{t-n},x_t;W_{t+n-1},X_{t+n}) =$$

$$= \int_{\prod_{i=t+1}^{t+n-1}\underline{X}i} \pi_{t+1}^{(n-1)}(w_t;dx_{t+1}\times\dots\times dx_{t+n-1})\cdot I_{W_{t+n-1}}(u_{t+1}^{(n-1)}w_t;x_{t+1},\dots,x_{t+n-1}))\cdot\int_{\underline{X}_n} \pi_{t+n}(w_{t+n-1};dx_n)\ I$$

für alle $w_{t-1}\epsilon\underline{W}_{t-1}$, $W_{t+n-1}\epsilon\mathscr{W}_{t+n-1}$, $X_{t+n}\epsilon\mathscr{X}_{t+n}$ und mit $w_t = u_t(w_{t-1};x_t)$.

Auf eine Wiedergabe des Beweises wird hier verzichtet. Die Bemerkungen 3: 1.5.13. gelten hier entsprechend. Mit ζ''^k wird die Markoff-Kette $(\zeta_{n-1}^k,\xi_n^k)_{n,k\epsilon N}$ bezeichnet.

Der Übersichtlichkeit halber seien noch die Beziehungen zwischen den Prozessen ξ,ζ,ζ' und ζ'' graphisch verdeutlicht:

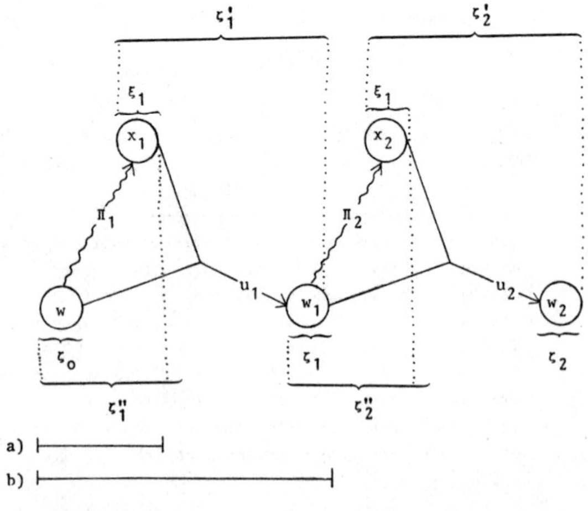

a) "Definitionsbereich" der Startwahrscheinlichkeit von ζ'' bei gegebenem w.

b) "Definitionsbereich" der Startwahrscheinlichkeit von ζ' bei gegebenem w.

Abbildung 3: 7.

3: 1.6. Die endlichen SVV

Zweck dieses Abschnitts ist es, die vorherigen grundlegenden Beziehungen für endliche SVV abzuleiten. Diese überschaubareren Formeln bilden die zweckmässige Ausgangsbasis für eine Untersuchung bzw. eine Anwendung endlicher SVV.

3: 1.6.1. Der homogene Fall: Wir betrachten ein homogenes endliches SVV $\beta = \{\underline{W},\underline{X},u,\Pi\}$ mit r Zuständen w_i , $\{w_i\} = \underline{W}$, $i = 1,\dots,r$, und s Ereignissen x_j, $\{x_j\} = \underline{X}$, $j = 1,\dots,s$. Eine schrittbezogene Indizierung von $\underline{X}$ und $\underline{W}$ bzw. ihrer Elemente ist für die Klarheit der folgenden Ausführungen nicht notwendig und wird nicht vorgenommen.

Die Übergangswahrscheinlichkeiten $\Pi(w_i;x_j)$, die die Wahrscheinlichkeit der Realisation des Ereignisses x_j in einem Schritt mit Ursprung w_i für $i = 1,\dots,r$, $j = 1,\dots,s$, angeben, können in einer stochastischen $r \times s$ Matrix $\underline{\Pi} = [\Pi_{ij}]$ mit $\Pi_{ij} = \Pi(w_i;x_j)$ zusammengefasst werden. $\underline{\Pi}^j$ bezeichne die j-te Spalte, $\underline{\Pi}_i$ die i-te Zeile von $\underline{\Pi}$. Es sind allerdings nicht die x_j allein, die für das Ergebnis eines Schrittes bestimmend sind, sondern die Ursprung-Ereignis-Kombinationen (w_i,x_j) als Urbild der Abbildung u. Es erweist sich daher als zweckmässig, die stochastische $r\times(r\times s)$ Matrix $A = [a_{i,kj}]$, definiert durch

$$(3{:}\ 73) \qquad a_{i,kj} = \begin{cases} \Pi(w_i;x_j) & \text{für } k=i \\ 0 & \text{für } k\neq i \end{cases}$$

für alle $i,k = 1,\dots,r$, $j = 1,\dots,s$, einzuführen. Mit $\underline{a}_i$ wird die i-te Zeile von A bezeichnet, mit $\underline{a}^{kj}$ ihre mit kj indizierte Spalte.

$a_{i,kj}$ gibt also die Wahrscheinlichkeit der Realisation von w_k als Ursprung eines Schrittes und von x_j als Ereignis dieses Schrittes gegeben w_i am Anfang des Schrittes. Die Matrix A ist ein Operator von $\underline{W}$ in $\underline{W}\times\underline{X}$, die die gesamte relevante Information bezüglich möglicher Ursprung-Ereignis-Kombinationen in einem Schritt enthält.

Wir definieren ferner die stochastische $(r\times s)\times r$ Matrix $B = b_{kj,i}$ durch

$$(3{:}\ 74) \qquad b_{kj,i} = \begin{cases} 1 & \text{wenn } u(w_k;x_j) = w_i \\ 0 & \text{sonst} \end{cases}$$

für alle $i,k = 1,\dots,r$, $j = 1,\dots,s$. Mit $\underline{b}^i$ wird die i-te Spalte von B bezeichnet, mit $\underline{b}_{kj}$ ihre mit kj indizierte Zeile.

B ist ein Operator von $\underline{W}\times\underline{X}$ in $\underline{W}$. Man bemerke, daß gilt:

$$(3{:}\ 75) \qquad b_{kj,i} = I_{w_i}(u(w_k;x_j))$$

$$\text{für alle } i,k = 1,\dots,r\ ,\ j = 1,\dots,s.$$

Zur Vereinfachung der Schreibweise definieren wir noch die stochastische $r\times r$, Matrix M durch $M = AB$, und die stochastische $(r\times s)\times(r\times s)$ Matrix $\hat{M}$ durch $\hat{M} = BA$. Die n-te Potenz einer Matrix Γ wird im Folgenden mit $\Gamma^{(n)}$ bezeichnet. $\Gamma^{(o)}$ bezeichnet die $r\times r$ Einheitsmatrix.

Wenn man in den relevanten Formeln für unendliche SVV die Integraloperation durch die Summenoperation entsprechend ersetzt, leitet man unter Berücksichtigung von (3: 75) für den homogenen endlichen Fall ab:

$$(3{:}\ 76) \qquad \pi^{(1,n)}(w_i;x_j) = \begin{cases} a_{i,ij} & \text{für } n=1 \\ \sum_{k=1}^{r} \underline{a}_i BM^{(n-2)}\underline{a}^{kj} & \text{für } n\geq 2 \end{cases}$$

$$(3{:}\ 77) \qquad Q_n(w_i;w_k) = \underline{a}_i\ \hat{M}^{(n-1)}\underline{b}^k \quad ,\quad n\in N$$

$$(3{:}\ 78) \qquad Q''_n(w_i,x_j;w_k,x_c) = \underline{b}_{ij}M^{(n-1)}\underline{a}^{kc} \quad ,\quad n\in N$$

$$(3{:}\ 79) \qquad Q'_n(x_j,w_i;x_c,w_k) = \begin{cases} a_{i,ic}b_{ic,k} & \text{für } n=1 \\ \sum_{d=1}^{r} \underline{a}_i BM^{(n-2)}\underline{a}^{dc}b_{dc,k} & \text{für } n\geq 2 \end{cases}$$

Diese Beziehungen gelten selbstverständlich für alle $x\in\underline{X}$ und $w\in\underline{W}$. Die Übergangswahrscheinlichkeiten $\pi^{(1,n)}(w_i;X)$ in eine Teilmenge $X\subset\underline{X}$ sind durch die Summe der entsprechenden Übergangswahrscheinlichkeiten nach allen $x_j\in X$ gegeben. (Vergleiche die Ausführungen über die Beziehungen zwischen Matrix der Übergangswahrscheinlichkeiten und Kern unter 2: 4.4.) Entsprechend werden die Übergangswahrscheinlichkeiten Q,Q' und Q" nach Teilmengen $W\subset\underline{W}$, $W\times X \subset \underline{W}\times\underline{X}$ und $X\times W \subset \underline{X}\times\underline{W}$ errechnet.

Die r×r Matrix $\underline{Q}_n = [q_{ik}^{(n)}]$, definiert durch

(3: 80) $$q_{ik}^{(n)} = Q_n(w_i;w_k) \qquad i,k = 1,\ldots,r\ ,$$

ist die n-stufige Übergangsmatrix der Kette ζ. Entsprechend werden die n-stufigen Übergangsmatrixen $\underline{Q}'_n$ und $\underline{Q}''_n$ der Ketten ζ' und ζ'' durch

(3: 81) $$\underline{Q}'_n = [q'^{(n)}_{ji,ck}] \quad \text{mit } q'^{(n)}_{ji,ck} = Q'_n(x_j,w_i;x_c,w_k)$$

(3: 82) $$\underline{Q}''_n = [q''^{(n)}_{ij,kc}] \quad \text{mit } q''^{(n)}_{ij,kc} = Q''_n(w_i,x_j;w_k,x_c)\ ,$$

gegeben. Man bemerke, daß $\underline{Q}_1 = M$ und $\underline{Q}''_1 = \hat{M}$ sind.

Die Startwahrscheinlichkeit für die Kette ζ' wird dann für jedes $w_k \in \underline{W}$ durch

(3: 83) $$P_{w_k}\{\xi_1 \in \{x_j;j\in K\},\zeta_1 \in \{w_i;i\in L\}\} = \sum_{i\in L}\sum_{j\in K} a_{k,kj}b_{kj,i}$$

angegeben.

Die Startwahrscheinlichkeit für die Kette ζ'' ist für jedes $w_k \in \underline{W}$ gegeben durch:

(3: 84) $$P_{w_k}\{\zeta_o = w,\xi_1 \in \{x_j;j\in K\}\} = \sum_{j\in K} a_{k,kj}$$

3: 1.6.2. Der nicht-homogene Fall: Der Vollständigkeit halber werden die Ergebnisse des vorherigen Unterabschnittes für den nicht-homogenen Fall ausgeführt. Wir betrachten ein endliches SVV $\beta = \{\underline{W},\underline{X},(u_t)_{t\in T},(\pi_t)_{t\in T}\}$ mit r Zuständen und s Ereignissen.

Anstatt einer Matrix $\underline{\Pi}$ haben wir dann eine Familie von durch t indizierten Matrizen $\underline{\Pi}_t = [{}_t\pi_{ij}]$, mit ${}_t\pi_{ij} = \pi_t(w_i;x_j)$.

Es werden ferner zwei Matrixfamilien $(A_t)_{t\in T} = [{}_ta_{i,kj}]_{t\in T}$ und $(B_t)_{t\in T} = [{}_tb_{kj,i}]_{t\in T}$ durch

(3: 85) $${}_ta_{i,kj} = \begin{cases} \pi_t(w_i;xj & \text{für } k=i \\ 0 & \text{sonst} \end{cases}$$

(3: 86) $${}_tb_{kj,i} = \begin{cases} 1 \text{ wenn } u_t(w_k;xj) = w_i \\ 0 \text{ sonst} \end{cases}$$

für alle $t\in T$, $i,k = 1,\ldots,r$, $j = 1,\ldots,s$, definiert. ${}_t\underline{a}^i$ $({}_t\underline{a}_i)$ bzw. ${}_t\underline{b}^i$ $({}_t\underline{B}_i)$ bezeichne die i-te Zeile (Spalte) der Matrix A_t bzw. B_t.

Es gilt dann:

$$(3{:}\ 87)\qquad \Pi_t^{(1,n)}(w_i;x_j) = \begin{cases} {}_t a_{i,ij} & \text{für } n=1 \\ \sum_{k=1}^{r} {}_t\underline{a}_i B_t A_{t+1} B_{t+1} \cdot \ldots \cdot A_{t+n-2} B_{t+n-2} \cdot {}_{t+n-1}\underline{a}^{kj} \;; & \text{für } n\geq 2 \end{cases}$$

$$(3{:}\ 88)\qquad Q_{t,t+n}(w_i;w_k) = {}_t\underline{a}_i B_t A_{t+1} B_{t+1} \cdot \ldots \cdot B_{t+n-1} A_{t+n} \cdot {}_{t+n}\underline{b}^k \qquad ; \quad n \in N$$

$$(3{:}\ 89)\qquad Q''_{t,t+n}(w_i,x_j;w_k,x_c) = {}_t\underline{b}_{ij} A_{t+1} B_{t+1} \cdot \ldots \cdot A_{t+n-1} B_{t+n-1} \cdot {}_{t+n}\underline{a}^{kc} \qquad ; \quad n \in N$$

$$(3{:}\ 90)\qquad Q'_{t,t+n}(x_j,w_i;x_c,w_k) = \begin{cases} {}_{t+1}a_{i,ic} \cdot {}_{t+1}b_{ic,k} & \text{für } n=1 \\ \sum_{d=1}^{r} {}_{t+1}\underline{a}_i B_{t+1} A_{t+2} \cdot \ldots \cdot A_{t+n-1} B_{t+n-1} \cdot {}_{t+n}\underline{a}^{dc} \cdot {}_{t+n}b_{dc,k} \;; & \text{für } n\geq 2 \end{cases}$$

für alle $t \in T$, $x \in \underline{X}$ und $w \in \underline{W}$.

Die n-stufigen Übergangsmatrizen $\underline{Q}_{t,t+n}$, $\underline{Q}'_{t,t+n}$, $\underline{Q}''_{t,t+n}$ eines Überganges zwischen den Zeitpunkten t und t+n werden für jedes $t \in T$ entsprechend dem homogenen Fall definiert.

3: 1.6.3. <u>Ein numerisches Beispiel</u>: Wir interessieren uns für die möglichen Wertveränderungen, die die Fahrzeuge eines Automobilisten im Laufe der Jahren erfahren, und für die möglichen Unfälle dieses Automobilisten. Es werden folgende Annahmen getroffen: Der Preis eines neuen Wagens, DM 10 000, stelle zugleich seinen Wiederverkaufswert w (Zustand) im ersten Jahr dar. In jedem Jahre vermindere sich der Wert des Wagens um 20 % seines jeweiligen Restwerts, wenn in diesem Jahr das Auto unfallfrei gefahren ist. Wir sagen dann, daß das Ereignis x_1 eingetreten ist. Dieser Wert vermindert sich um 36 %, falls der Wagen in diesem Jahr Blechschaden erfahren hat (Eintreten des Ereignisses x_2). Er vermindert sich um 48,8 %, wenn der Wagen schwer beschädigt wurde (Ereignis x_3). Der Wagen wird durch einen neuen ersetzt, sobald sein Wert unter DM 5000 fällt.

Den obigen Annahmen entsprechend definieren wir Funktionen u = u(w;x), die den Zustand w' im neuen Jahr als Funktion des Zustandes w im alten Jahr und der "Unfallsgeschichte" des Fahrzeugs in diesem Jahr ausdrücken, durch:

$$(3{:}\ 91)\qquad u(w;x_1) = \begin{cases} 0{,}8w & \text{für } 0{,}8w > 5000 \\ 10000 & \text{sonst} \end{cases} \quad ,$$

$$(3{:}\ 92)\qquad u(w;x_2) = \begin{cases} 0{,}64w & \text{für } 0{,}64w > 5000 \\ 10000 & \text{sonst} \end{cases} \quad ,$$

$$(3{:}\ 93)\qquad u(w;x_3) = \begin{cases} 0{,}512w & \text{für } 0{,}512w > 5000 \\ 10000 & \text{sonst} \end{cases} \quad .$$

Die obigen Prozentzahlen wurden der Einfachheit halber so gewählt, daß die Wertverminderung in einem "Blechschadenjahr" der Wertverminderung von 2 schadenfreien Jahren gleich ist. Die Wertverminderung in einem Jahr mit einem schweren Unfall entspricht der Wertverminderung in 3 schadenfreien Jahren. Unter dieser Annahme sind nur 4 Zuständen möglich.

Zustände	Ereignisse
w_1 = 10000	x_1 = Kein Unfall
w_2 = 8000	x_2 = Blechschaden
w_3 = 6400	x_3 = Schwerer Unfall
w_4 = 5120	

Tabelle 3:1 Zusammenfassung der möglichen Zuständen und Ereignissen

Ferner wird angenommen, daß die Unfallwahrscheinlichkeiten in jedem Jahr abhängig vom Wert des Autos sind. Dieser Wert wird insofern als repräsentativ für die Verkehrssicherheit des Fahrzeugs angesehen. Diese Unfallwahrscheinlichkeiten können als Übergangswahrscheinlichkeiten $\Pi(w_i;x_j)$ ausgedrückt werden, die in folgender, unserer Matrix $\underline{\Pi}$ entsprechenden Tabelle zusammengefaßt sind:

nach / von	x_1	x_2	x_3
w_1	0,85	0,10	0,05
w_2	0,81	0,12	0,07
w_3	0,77	0,14	0,09
w_4	0,73	0,16	0,11

Tabelle 3:2

Aus dieser Tabelle liest man z.B., daß die Wahrscheinlichkeit $\Pi(w_1;x_2)$ eines Blechschadens für ein neues Fahrzeug 0,10 ist.

Das "Wert- und Unfallsverhalten" des durch die obigen Annahmen definierten Systems läßt sich leicht für jeden Anfangszustand w graphisch darstellen:

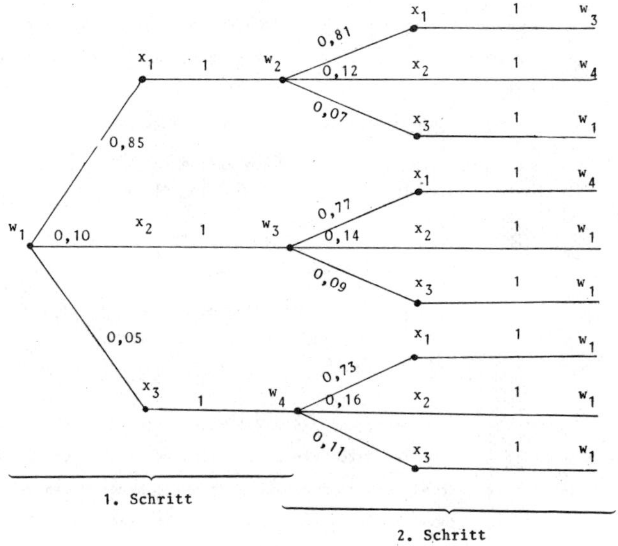

Tabelle 3:3 <u>Das Verhalten des Systems beim Anfangszustand $w = w_1$</u>

Die Wahrscheinlichkeiten der einzelnen Übergangen von w_i nach x_j bzw. von x_k nach w_n sind über die entsprechenden Verbindungslinien angegeben.

Die Darstellung der Fahrzeugsgeschichte als homogenes SVV $\beta = \{\{w_i\},\{x_j\},\Pi,u\}$ ist unmittelbar.

Die Matrix A, die wir der Anschaulichkeit halber als Tabelle aufschreiben, ist gegeben durch:

nach / von	w_1,x_1	w_1,x_2	w_1,x_3	w_2,x_1	w_2,x_2	w_2,x_3	w_3,x_1	w_3,x_2	w_3,x_3	w_4,x_1	w_4,x_2	w_4
w_1	0,85	0,10	0,05	0	0	0	0	0	0	0	0	
w_2	0	0	0	0,81	0,12	0,07	0	0	0	0	0	
w_3	0	0	0	0	0	0	0,77	0,14	0,09	0	0	
w_4	0	0	0	0	0	0	0	0	0	0,73	0,16	0,

Tabelle 3:4

Entsprechend ist die Matrix B gegeben durch:

nach / von	w_1	w_2	w_3	w_4
w_1, x_1	0	1	0	0
w_1, x_2	0	0	1	0
w_1, x_3	0	0	0	1
w_2, x_1	0	0	1	0
w_2, x_2	0	0	0	1
w_2, x_3	1	0	0	0
w_3, x_1	0	0	0	1
w_3, x_2	1	0	0	0
w_3, x_3	1	0	0	0
w_4, x_1	1	0	0	0
w_4, x_2	1	0	0	0
w_4, x_3	1	0	0	0

Tabelle 3:5

Aus dieser letzten Tabelle liest man die verschiedenen Möglichkeiten ab, einen gegebenen Zustand zu erreichen. Ein Fahrzeug wird z.B. in Zustand w_3 übergehen, wenn er im laufenden Jahr im Zustand w_1 war und Blechschaden erlitten hat, oder wenn er sich im Zustand w_2 befand und unfallfrei gefahren ist.

Der Matrix M = AB entspricht folgende Tabelle:

nach / von	w_1	w_2	w_3	w_4
w_1	0	0,85	0,10	0,05
w_2	0,07	0	0,81	0,12
w_3	0,23	0	0	0,77
w_4	1	0	0	0

Tabelle 3:6

Die Elemente dieser Tabelle sind die einstufigen Übergangswahrscheinlichkeiten der assoziierten Zustandssequenz ζ. Bis auf eine Startwahrscheinlichkeit über $\{w_i\}$ beinhaltet sie die ganze relevante Information, die für eine auf die Entwicklung des Wagenwertes beschränkte Untersuchung notwendig ist.

Nehmen wir jetzt z.B. an, daß unser Automobilist sich gerade einen neuen Wagen gekauft hat, und sich Gedanken über die Wahrscheinlichkeit eines Blechschadensunfalls im dritten Jahr nach dem Kauf macht. Er möchte also die Wahrscheinlichkeit kennen, mit der im dritten Schritt des SVV β beim Ursprung w_1 die Realisation des assoziierten Prozesses ξ x_2 sein wird, also $P_{w_1}\{\xi_3 = x_2\}$. Diese Wahrscheinlichkeit ist aber gerade $\pi^{(1,3)}(w_1;x_2)$, wobei nach (3: 76) gilt:

$$(3{:}\ 94) \qquad \pi^{(1,3)}(w_1;x_2) = \sum_{k=1}^{4} \underline{a}_1 BM^{(1)} \underline{a}^{k2} = 0{,}01325 + 0 + 0{,}96390 + 0{,}2864 = 0{,}126355$$

Diese Fragestellung gibt uns die Gelegenheit, den Begriff einer nicht in einem Punkt konzentrierten Startwahrscheinlichkeit für ein SVV zu veranschaulichen. In der obigen Berechnung der Unfallchancen im 3. Jahr gingen wir davon aus, daß der Zustand am Anfang des 1. Jahres w_1 mit Wahrscheinlichkeit 1 war, d.h., daß die Startwahrscheinlichkeit des SVV β in w_1 konzentriert war. Nehmen wir jetzt an, daß unser Automobilist im Moment der Berechnung noch kein Auto gekauft hat, wird aber mit Wahrscheinlichkeit 1/3 ein neues, mit Wahrscheinlichkeit 2/3 ein 1 Jahr altes Auto kaufen. In anderen Worten, die Startwahrscheinlichkeit $\mu(w_i)$, daß β seinen Ursprung in w_i hat, ist 1/3 für i=1, 2/3 für i=2, und 0 sonst. Die Wahrscheinlichkeit eines Blechschadens im dritten Jahr nach dem Kauf ist dann

$$(3{:}\ 95) \qquad P_\mu\{\xi_3 = w_2\} = \sum_{i=1}^{4} \mu(w_i)\pi^{(1,3)}(w_i;x_2) =$$

$$= \tfrac{1}{3}\pi^{(1,3)}(w_1;x_2) + \tfrac{2}{3}\pi^{(1,3)}(w_2;x_2) + 0\cdot\pi^{(1,3)}(w_3;x_2) + 0\cdot\pi^{(1,3)}(w_4;x_2) =$$

$$= \tfrac{1}{3}0{,}126355 + \tfrac{2}{3}0{,}139102 \approx 0{,}134852 \quad .$$

Interessiert sich dagegen der Automobilist für die Wahrscheinlichkeit der Realisation des Paares (x_j,w_i) im (n+1)-ten Jahr, wenn (x_c,w_k) im ersten Jahr stattgefunden haben, wird er das Element $q'^{(n)}_{c,k;j,i}$ der Matrix $\underline{Q}'_n$ betrachten, das nach (3: 78) zu errechnen ist. $q'^{(n)}_{c,k;j,i}$ ist die Wahrscheinlichkeit, daß im (n+1)-ten Jahr das Unfallsereignis x_j eintritt, und daß anschliessend das Auto den Wert w_i hat. Die Wahrscheinlichkeit der Realisation von (x_j,w_i) im (n+1)-ten Jahr, wenn das Auto am Anfang des ersten Jahres den Wert w_k hatte, errechnet sich entsprechend nach (3: 78) in Verbindung mit (3: 83). Sie ist gleich dem Element $q'^{(n+1)}_{\cdot,k;j,i}$ der Matrix $\underline{Q}'_{n+1}$. Ist noch eine beliebige Startwahrscheinlichkeit μ auf $(\underline{W})$ definiert, ist die gesuchte Wahrscheinlichkeit durch $\sum_k \mu(w_k) q'^{(n+1)}_{\cdot,k;j,i}$ gegeben.

3: 1.7. Allgemeine Bemerkungen: Systeme mit vollkommenen Verbindungen

3: 1.7.1. Praktische Bedeutung der assoziierten Prozesse : Im vorherigen Abschnitt wurden zwei grundlegende stochastische Prozesse, ξ und ζ, und zwei abgeleitete Prozesse, ζ' und ζ'', definiert. Die Prozesse ζ' und ζ'' haben die Markoff-Eigenschaft, sodaß ein weitentwickeltes Instrumentarium für ihre analytische Behandlung zur Verfügung steht. Über den Prozess ξ läßt sich dagegen wenig sagen. In der Regel wird er nicht Markoffsch sein, was seine direkte Behandlung sehr schwer oder unmöglich macht. (Man bemerke insbesondere, daß bei endlichen SVV es in der Regel nicht möglich ist, Markoffsche Übergangsmatrizen von $\underline{X}$ nach $\underline{X}$ zu definieren). Jedoch läßt sich jede Funktion der Zufallsvariablen ξ_i als eine Funktion des Markoff-Prozesses $\zeta' = (\xi_n, \zeta_n)_{n \in N}$ bzw. $\zeta'' = (\zeta_{n-1}, \xi_n)_{n \in N}$ ausdrücken. Die Untersuchung eines SVV kann also weitgehend auf die Untersuchung von (Funktionen von) speziellen Markoff-Ketten zurückgeführt werden. Dabei wird der Zustandssequenz (ζ_n) eine besondere Bedeutung beigemessen. Unabhängig von dem Interesse dieser Folge an und für sich bildet sie, wie aus dem Vorherigen ersichtlich ist, ein unentbehrliches Instrument für die Untersuchung der Ereignissequenz (ξ_n).

Phasenraum und Zustandsraum eines SVV wurden als beliebige, endlich- oder unendlichdimensionale Mengen definiert. Die Ergebnisse, die bis heute über das Verhalten und insbesondere das Grenzverhalten der assoziierten Prozessen bei beliebigen Zustands- und Phasenraum abgeleitet wurden, sind weitgehend in IOSIFESCU und THEODORESCU [1969] zusammengefaßt. Ihre formale Komplexität beschränkt ihre praktische Bedeutung. Einfachere, den sozial-ökonomischen Problemstellungen besser zugeschnittene Ergebnisse können abgeleitet werden, wenn über die Räume $(\underline{X}, \mathscr{X})$ und $(\underline{W}, \mathscr{W})$ eine Struktur definiert wird. Untersuchungen in dieser Richtung wurden vor allem von M. Frank Norman unternommen. Seine Ergebnisse sind in NORMAN [1972] zusammengefaßt. Norman untersucht dabei in einem lerntheoretischen Kontext zwei Hauptklassen von SVV: die SVV mit abnehmenden Abstand, und die SVV mit langsamer Zustandsveränderung. Er beschränkt sich auf den homogenen Fall. Zumindest seine Definitionen sind ohne weiteres auf den allgemeinen Fall zu übertragen, es bliebe allerdings noch zu überprüfen, welche Ergebnisse weiter gelten.

3: 1.7.2. SVV mit abnehmenden Abstand: Ein SVV ist ein SVV mit abnehmendem Abstand, wenn sein Zustandsraum $(\underline{W}, \mathscr{W})$ ein metrischer Raum mit Metrik d ist und wenn gilt:

$$(3{:}\ 96)\qquad r_n = \sup_{\substack{w,w'\in \underline{W}\\ w\neq w'}} \frac{d(u^{(n)}(w;x^{(n)}),u^{(n)}(w';x^{(n)}))}{d(w,w)} \text{ ist } \begin{cases} \text{a) } < \infty & \text{für } n=1\\ \text{b) } < 1 & \text{für ein } n\geq 1\end{cases}$$

sowie

$$(3{:}\ 97)\qquad |\Pi(w;X) - \Pi(w';X)| \leq Cd(w,w')$$

$$\text{für alle } X\in\mathscr{X},\quad w,w'\in\underline{W}.$$

Dabei bezeichnet d(w,w') den Abstand von w und w' in der Metrik d. C ist eine Konstante.

Man bemerke, daß (3: 96) impliziert, daß $d(u^{(n)}(w;x^{(n)}),\ u^{(n)}(w';x^{(n)})$ meßbar in $x^{(n)}$ für jedes $w,w'\in\underline{W}$ und $n\geq 1$ ist. Damit ist eine "anständige" Definition von r_n gesichert. Diese Bedingung ist insbesondere dann erfüllt, wenn $(\underline{X},\mathscr{X})$ separabel ist - eine nicht sehr einschränkende Annahme.

(3: 97) stellt eine Regularitätsbedingung über die Funktionen $\Pi(\cdot;X)$ dar. (3: 96a) ist auch eine reine Regularitätsbedingung über d. (3: 96b) besagt, daß der Abstand zwischen den jeweils n-ten Realisationen w_n und w'_n von zwei assoziierten Zustandssequenzen, die in w bzw. w', $w\neq w'$, gestartet sind, für ein $n\in N$ mit Wahrscheinlichkeit 1 kleiner als der Abstand d(w,w') zwischen den respektiven Anfangszuständen beider Sequenzen sein wird. In einem SVV mit abnehmendem Abstand ist also der Abstand zwischen $\hat{w} = u(w;x)$ und $\hat{w}' = u(w';x)$ tendenziell kleiner als der Abstand zwischen w und w'. (3: 96b) impliziert nicht, daß die Pfade von zwei Sequenzen nach denselben bzw. nach jeweils einem Zustand konvergieren, sondern nur, daß alle Pfade zeitweilig durch ein mit fortschreitendem n immer kleineres Gebiet von $(\underline{W},\mathscr{W})$ laufen.

Der Abstand zwischen zwei Zuständen kann allgemein als ein Ausdruck für die Ähnlichkeit dieser Zustände angesehen werden. Der Begriff der Ähnlichkeit, und damit die benutzte Metrik, ist selbst mit einem Werturteil verbunden (DEISSENBERG und STÖPPLER [1974]) und wird von Fall zu Fall - meistens stillschweigend - definiert. Strukturen von SVV mit abnehmendem Abstand kommen insbesondere in der Theorie der adaptiven Kontrollprozesse (BELLMAN [1961], SWORDER [1966], MENDEL und FU [1970]) sowie in Teilbereichen der Spieltheorie (AUMANN und MACHLER [1968]) vor. Der Abstand ist dann ein Maß für die Güte des jeweils erreichten Zustands als Folge einer Entscheidung im Vergleich zum optimal erreichbaren bzw. gewünschten Zustand (bzw. ein Gütemaß für die Entscheidung selbst). Neuere preistheoretische Ansätze weisen auch Strukturen von SVV mit abnehmenden Abstand aus (HILDENBRAND [1971], BHATTACHARYA und MAJUMDAR [1973]).

3: 1.7.3. SVV mit langsamer Zustandsveränderung: Ein SVV wird SVV mit langsamer Zustandsveränderung genannt, wenn entweder

(3: 98) $$\theta_w = P\{\zeta_{n+1} \neq \zeta_n | \zeta_n = w\} = \Pi(w;\{x;u(w;x) \neq w\})$$

für jedes $w \in \underline{W}$ klein ist (Zustandsveränderung mit kleiner Wahrscheinlichkeit), oder

(3: 99) $$\rho_w = ||u(w;x)-w||$$

für jedes $w \in \underline{W}$ klein ist (Zustandsveränderung in kleinen Stufen). In diesem Fall wird $\underline{W}$ als Teilmenge eines linearen normierten Raumes mit Norm $|| \quad ||$ definiert. θ_w bzw. ρ_w sind Maße für die Größenordnung der Wahrscheinlichkeit einer Zustandsveränderung bei jedem Schritt bzw. für die Größenordnung dieser Veränderung. Norman untersucht vor allem das Grenzverhalten der assoziierten Prozesse, wenn $\theta_w \to o$ bzw. $\rho_w \to o$. Er zeigt, daß beide Fälle weitgehend äquivalent sind.

Die SVV mit Veränderungen in kleinen Stufen könnten u.E. in Modellen des endogenen technischen Fortschrittes mit Vorteil angewandt werden. Betrachten wir z.B. ein einfaches Modell des "learning by doing". In diesem Modell sei der Kapitalstock w_{t+1} in der Periode t+1 eine Funktion u des Kapitalstockes w_t und des Zuwachses an technischem Wissen x_t in der Vorperiode: $w_{t+1} = u(w_t;x_t)$. x_t sei selbst eine Funktion F von w_t.[1)] Es handelt sich also um ein "deterministisches SVV" mit degenerierter Funktion $\Pi = F$. Die Erweiterung eines solchen Modells zu einem SVV mit Veränderung in kleinen Stufen erlaubt die Berücksichtigung eines wesentlichen Aspektes des technischen Fortschrittes, der in den

---

1) Das hier angegebene Modell wurde der Übersichtlichkeit halber sehr vereinfacht gewählt. Dadurch verliert es an Plausibilität. Es kann jedoch als die "implizite" Version eines Modells von Haavelmo angesehen werden (HAAVELMO [1954], 7.1. und 7.2.). In diesem Modell hängt in jeder Periode t der Output O_t vom Kapitalstock K_t und vom technologischen Wissen S_t. Die Investition I_t in der Periode ist eine Funktion von O_t. Der Zuwachs an technologischen Wissen ΔS_t ist eine Funktion G von I_t. K_{t+1} ist gleich K_t+I_t. Die Reduzierung zu unserem Modell erfolgt, indem man setzt $w_t=(K_t,S_t,O_t(K_t,S_t), I_t(O_t(K_t,S_t))$, $x_t=\Delta S_t$, $F=G$, $w_{t+1}=(K_t+I_t,S_t+\Delta S_t, O_{t+1}(K_t+I_t, S_t+\Delta S_t), I_{t+1}(O_{t+1}(K_t+I_t, S_t+\Delta S_t))) = u(w_t;x_t)$. w_t ist also etwa als der Vektor des "effizienten" Kapitalstocks in t und der daraus resultierenden Produktion zu verstehen.

deterministischen Ansätzen nicht berücksichtigt werden kann: die Höhe des technischen Fortschrittes ist nicht konstant, sondern variiert von Jahr zu Jahr in nicht genau voraussagbarer Weise. Der technische Fortschritt bleibt jedoch in der Regel in der gleichen Größenordnung (IHLAU und RALL [1970]).

Eine mögliche Abhängigkeit dieser Größenordnung vom allgemeinen Zustand der Wirtschaft würde ihren Ausdruck in der Abhängigkeit von ρ_w von w finden. Wird x_t als mehrdimensionale Variable definiert, lassen sich unterschiedliche Fluktuationen in den verschiedenen Branchen berücksichtigen (die Komponenten von x_t stellen dann die branchenmäßigen Veränderungen dar). Dagegen erlaubt der deterministische Ansatz nur die Berücksichtigung von unterschiedlichen Entwicklungen (im Sinne von "gesetzmäßigen" Entwicklungen, wie z.B. Trends).

Man bemerke hier, daß die Annahme, große Veränderungen der Technologie hätten die Wahrscheinlichkeit 0 f.s., nicht gleichbedeutend ist mit einer Unmöglichkeit solcher Veränderungen (Vgl. die Ausführungen unter 2: 2.4.).
Der hier vorgeschlagene Ansatz schließt also nicht die Möglichkeit eines technischen Durchbruches aus, was uns eine intuitiv ansprechende Eigenschaft erscheint. Noch plausibler wäre die Anwendung eines SVV, bei dem a) die Wahrscheinlichkeit θ_w, daß die Veränderung größer als ρ_w wird, b) ρ_w selbst, klein sind. Solche SVV sind bis jetzt noch nicht untersucht worden. Die SVV mit Veränderung in kleinen Stufen bzw. die SVV mit kleiner Veränderungswahrscheinlichkeit können jedoch als Grenzfälle eines solchen SVV, wenn $\theta_w \to 0$ bzw. $\rho_w \to 0$, angesehen werden.

Ähnliche Überlegungen können in Bezug auf Modelle der endogenen Präferenzveränderung angestellt werden. Die Erweiterung der herkömmlichen Modellen (WEIZSÄCKER [1971]) auf SVV mit Veränderungen in kleinen Stufen sichert plausible, weil langfristig relativ "weiche", jedoch durch das Modell nicht eindeutig vorbestimmte Präferenzveränderungen. Sie bedeutet in diesem Sinne ein Verzicht auf die problematische Annahme einer vollständigen Kenntnis der die Präferenzordnung bestimmenden Kausalzusammenhänge.

3: 1.7.4. <u>Endliche SVV</u>: Es hat sich erwiesen, daß die herkömmliche Theorie der endlichen Markoff-Ketten ein hinreichendes Instrumentarium für die Behandlung der endlichen SVV bietet. Dies gilt auch zum Teil, wenn nur der Zustandsraum des SVV endlich ist.

Neben der Untersuchung dieser speziellen SVV ist noch eine Reihe von Versuchen, den SVV-Begriff zu verallgemeinern, zu verzeichnen. Es handelt sich dabei um relativ beschränkte, unmittelbare Verallgemeinerungen, die die Grundstruktur der SVV beibehalten:

3: 1.7.5. Total-Nicht-Homogene SVV (LE CALVE und THEODORESCU [1967]): Die Total-Nicht-Homogenen SVV von Le Calvé und Theodorescu unterscheiden sich von den uns bekannten SVV dadurch, daß ihr Zustandsraum und Phasenraum nicht fest sind, sondern vom Zeitparameter t abhängen. Die Zufallsvariablen ξ bzw. ζ nehmen also je nach Zeitpunkt t ihrer Realisation Wert in einem anderen Raum $(\underline{X}(t), \mathcal{X}(t))$ bzw. $(\underline{W}(t), \mathcal{W}(t))$ an. Diese rein formale Verallgemeinerung ist von geringem Interesse. Le Calvé und Theodorescu zeigen in ihrem Aufsatz, wie man das Studium eines Total-Nicht-Homogenen SVV auf die Untersuchung eines assoziierten homogenen SVV zurückführen kann.

3: 1.7.6. Erweiterte SVV (ESVV) (LE CALVE und THEODORESCU [1969]): Die ESVV sind SVV, von denen alle deterministischen Aspekte eliminert worden sind, und zwar durch die Einführung von Markoffschen Kernen von $(\underline{W}\times\underline{X}, \mathcal{W}\otimes\mathcal{X})$ nach $(\underline{W}, \mathcal{W})$ an Stelle der deterministischen Verbindungsfunktionen u_t. Die ESVV behalten die wichtigsten Eigenschaften von SVV. Insbesondere bilden Ereignis- und Zustandssequenz stochastische Prozesse, wobei das letztere Markoffsch ist. Jedem ESVV kann ein SVV assoziiert werden, in dem Sinne, daß jedem Pfad des einen Systems ein Pfad des anderen Systems mit den gleichen stochastischen Eigenschaften zugeordnet werden kann.

Bei der Betrachtung der endlichen SVV erkennt man, wie sehr der Begriff eines ESVV eine natürliche Erweiterung des Begriffes eines SVV ist. Aus rein technischen Gründen, und ohne Einschränkung der Allgemeinheit unserer Ausführungen hatten wir bei der Behandlung der endlichen SVV die Funktionen u als "deterministische" Markoffsche Übergangsmatrizen bzw. Kerne B dargestellt. In dieser Schreibweise erscheinen die endlichen SVV als degenerierte ESVV. Man kommt unmittelbar zu einer Theorie der endlichen ESVV, indem man in den Beziehungen vom Unterabschnitt 3: 1.6. die Matrizen B durch beliebige stochastische Matrizen ersetzt. Aufgrund der Halbgruppeneigenschaft der stochastischen Matrizen behalten die Prozesse ζ, ζ' und ζ'' die Markoffsche Eigenschaft.

3: 1.7.7. SVV mit kontinuierlichen Parametern (THEODORESCU [1957]; IOSIFESCU [1967]): Diese Systeme mit vollkommenen Verbindungen, bei denen die Parametermenge T als geordnete kontinuierliche Menge (z.B. R) definiert wird, erlauben die Beschreibung von sich kontinuierlich vollziehenden Wechselwirkungen zwischen den Teilsystemen (W) und (X) und von kontinuierlichen Veränderungen der entsprechenden Zustands- und Phasenvariablen. Die SVV mit kontinuierlichem Parameter haben große potentielle Bedeutung im Hinblick auf praktische Anwendungen. Leider ist hier die Verallgemeinerung nicht so unmittelbar wie in den zwei vorherigen Fällen. Insbesondere kann das Theorem von Ionescu Tulcea zum Beweis der Existenz und der Eindeutigkeit der Wahrscheinlichkeitsmaße P_w nicht mehr angewandt werden. Für diese Systeme konnten bislang die grundlegenden Eigenschaften der SVV nur unter einschränkenden Annahmen über die u_t und Π_t (Theodorescu) oder den Raum $(\underline{X},\mathscr{X})$ (Iosifescu) nachgewiesen werden. Das für eine weitere Untersuchung dieser Systeme anzuwendende Instrumentarium dürfte auch wesentlich komplizierter sein als im diskontinuierlichen Fall.

3: 1.7.8. <u>Vereinfachungstheorie</u>: Die Untersuchung der Eigenschaften der assoziierten Prozesse bei mehrdimensionalen Phasen- bzw. Zustandsraum bleibt relativ einfach, solange alle Koordinaten von x und w jeweils gleiche mathematische Dinge sind. Das ist z.B. dann der Fall, wenn alle $x \in \underline{X}$ reelle Preis- oder Mengenvektoren sind, und alle $w \in \underline{W}$ Wahrscheinlichkeitsverteilungen sind. Wenn dagegen die Koordinaten in $\underline{X}$ oder $\underline{W}$ anderen Typen angehören - das war z.B. der Fall im Bayesschen Entscheidungsmodell, wo Wahrscheinlichkeitsverteilungen, Funktionen (Entscheidungen) und Vektoren (Ergebnisse, Zustände) zu Ereignisse bzw. Zustände zusammengefasst waren - ist im allgemeinen die Definition einer sinnvollen Struktur über diese Räume unmöglich. Die Untersuchungsmöglichkeiten werden entsprechend eingeschränkt. Es ist daher meistens wünschenswert, mit möglichst "anständigen" bzw. "einfachen" Räumen $\underline{X}$ und $\underline{W}$ zu arbeiten. Ein Ansatz zu einer praktischen Handhabung solcher Probleme im homogenen Fall ist in NORMAN [1972], 1.2., enthalten. Aufgrund seiner großen praktischen Bedeutung wollen wir diesen Ansatz, erweitert auf den allgemeinen Fall, wiedergeben.

Ausgegangen wird von einem SVV $\beta = \{(\underline{W},\mathscr{W}),(\underline{X},\mathscr{X}),(u_t)_{t\in N},(\Pi_t)_{t\in N}\}$ mit assoziierten Zustands- und Ereignissequenzen (ζ_n) bzw. (ξ_n). Mit $(\underline{W}_n^*,\mathscr{W}_n^*)_{n\in N}$ und $(\underline{X}_n^*,\mathscr{X}_n^*)_{n\in N}$ bezeichnen wir zwei Familien von jeweils zueinander isomorphen Meßräumen, die bestimmte gewünschte Struktureigenschaften aufweisen, die $(\underline{W},\mathscr{W})$ bzw. $(\underline{X},\mathscr{X})$ nicht besitzen. Es seien ferner $(\Phi_n)_{n\in N}$ bzw. $(\Psi_n)_{n\in N}$ zwei Familien von eineindeutigen meßbaren Abbildungen von $(\underline{W}_n,\mathscr{W}_n)$ in $(\underline{W}_n^*,\mathscr{W}_n^*)$ bzw. von $(\underline{X}_n,\mathscr{X}_n)$ in $(\underline{X}_n^*,\mathscr{X}_n^*)$ für alle $w_n \in \underline{W}_n$, $W_n \in \mathscr{W}_n$, $x_n \in \underline{X}_n$, $X_n \in \mathscr{X}_n$. Intuitiv stellen $w_n^* = \Phi_n(w_n)$

bzw. $x_n^* = \Psi_n(x_n)$ vereinfachte Zustände w_n bzw. Ereignisse x_n dar. Es werden jetzt Bedingungen aufgezeigt, unter welchen die Folgen $(\zeta_n^*) = (\Phi_n(\zeta_n))$ und $(\xi_n^*) = (\Psi_n(\xi_n))$ Zustands- und Ereignissequenzen für ein SVV sind.

Nehmen wir an, es gäbe Funktionen u_n^* auf $(\underline{W}^* \times \underline{X}^*)$ und Π_n^* auf $(\underline{W}^* \times \mathcal{X}^*)$ derart, daß

(3: 100) $$u_n^*(\Phi_n(w_n);\Psi_{n+1}(x_{n+1})) = u_n^*(w_n^*;x_{n+1}^*) = \Phi_{n+1}(u_n(w_n;x_{n+1}))$$

und

(3: 101) $$\Pi_n^*(\Phi_n(w_n);X_{n+1}^*) = \Pi_n^*(w_n^*;X_{n+1}^*) = \Pi_n(w_n;\Psi_{n+1}^{-1}(X_{n+1}^*)) = \Pi_n(w_n;X_n)$$

für alle $n \in N$, $w_n \in \underline{W}_n$, $x_n \in \underline{X}_n$, $X_n \in \mathcal{X}_n$, $w_n^* \in \underline{W}_n^*$, $x_n^* \in \underline{X}_n^*$, $X_n^* \in \mathcal{X}_n^*$ gilt.

Da die Φ_n und Ψ_n eineindeutig sind, sind die u_n^* und Π_n^* eindeutig bestimmt, und $\Pi_n^*(w_n;\cdot)$ ist ein Wahrscheinlichkeitsmaß auf $(\underline{X}_n^*,\mathcal{X}_n^*)$ für alle $n \in N$, $w_n \in \underline{W}_n$.
$B^* = \{(\underline{W}^*,\mathcal{W}^*),(\underline{X}^*,\mathcal{X}^*),(u_t^*)_{t\in T},(\Pi_t^*)_{t\in T}\}$ erfüllt offenbar alle Forderungen von Definition 3: 1.1.1., (d.h.: ist ein SVV) dann, wenn $u_n^*(\cdot;\cdot)$ und $\Pi_n^*(\cdot;X_{n+1}^*)$ meßbar sind für alle $n \in N$ und $X_{n+1}^* \in \mathcal{X}_{n+1}^*$.

Man kann jetzt folgenden Satz angeben:

3: 1.7.9. Satz : Wenn $u_n^*(\cdot;\cdot)$ und $\Pi_n^*(\cdot;X_{n+1}^*)$ für alle $n \in N$ und $X_{n+1}^* \in \mathcal{X}_{n+1}^*$ meßbar sind, so daß $B^* = \{(\underline{W}^*,\mathcal{W}^*),(\underline{X}^*,\mathcal{X}^*),(u_t^*)_{t\in T},(\Pi_t^*)_{t\in T}\}$ ein SVV ist, stellen (ζ_n^*) und (ξ_n^*) die Zustands- und Ereignissequenzen dieses SVV dar.

Beweis: □ Setzt man ξ_1 für x_1 in (3: 100) mit n=o ein, erhält man:

(3: 102) $$u_o^*(w^*;\xi_1^*) = \phi_1(\zeta_1) = \zeta_1^*,$$

also das Äquivalent von (3: 34) für n=o. Durch Rekurrenz über n erhält man das Äquivalent von (3: 34) für alle $n \in N$, und dies für jede beliebige Startzeit.

□ Setzt man entsprechend ξ_1 für x_1 in (3: 101) mit n=o ein, erhält man:

(3: 103) $$\Pi_o(w;X_1) = P_w\{\xi_1 \in \Psi_1^{-1}(X_1^*) | \zeta_o = w\} = \Pi_o^*(w^*;X_1^*) = P\{\xi_1^* \in X_1^* / \zeta_o^* = w\} = P_{w^*}\{\xi^* \in X_1^*\} \quad \text{f.s.}$$

für alle $X_1 \in \mathcal{X}_1$ bzw. $X_1^* \in \mathcal{X}_1^*$, also das Äquivalent von (3: 22). (3: 23) folgt durch Rekurrenz über die n. Q.E.D.

Das reduzierte Modell B^* kann viel einfacher als das ursprüngliche sein, jedoch kann die Untersuchung der Folgen (ζ_n^*) und (ξ_n^*) für das ursprüngliche Problem relevante Informationen liefern.

3: 1.7.10 Identifikation von SVV: Eine andere, für eine praktische Anwendbarkeit der SVV wesentliche Frage, ist die der statistischen Identifikation der assoziierten Prozesse. Die bekannten Ansätze zur Identifikation von Markoff-Ketten (etwa BILLINGSLEY [1961]) könnten hier weitgehend angewandt werden. Spezifische Methoden wären jedoch von Vorteil. Insbesondere muß man bedenken, daß in zahlreichen Anwendungsfällen die x_n die einzigen unmittelbar beobachtbaren Realisationen sind, da die w_n mit den Wahrscheinlichkeitsmaßen $\Pi_n(w_n;\cdot)$ identifiziert werden und damit nur indirekt über die auftretenden Realisationen in $\underline{X}$ zu schätzen sind.

Ein erster Schritt zu einer Theorie der Identifikation für die den SVV verwandten Ketten mit vollkommenen Verbindungen ist MIHOC [1967].

3: 1.7.11. Hierarchie und zeitliche Dimension: Neben diesen mehr technischen Bemerkungen wollen wir noch einige Überlegungen über die intuitive Interpretation eines SVV ausführen.

Wir haben gezeigt, daß SVV sich zur Beschreibung der Wechselwirkungen zwischen zwei Systemen (X) bzw. (W), ausgedrückt in den Veränderungen ihrer momentanen Zuständen x_n bzw. w_n, eignet. Diese Wechselwirkungen weisen eine bestimmte Asymmetrie aus. Jede Veränderung $x \to x'$ ist eine stochastische Funktion von w allein. Jede Veränderung $w \to w'$ ist deterministisch bestimmt durch w und durch ein $x \in \underline{X}$. Man kann allzuleicht dazu neigen, dieser Asymmetrie eine grundsätzliche Bedeutung, etwa im Sinne einer "Hierarchie" der Systeme (X) und (W), beizumessen. (X) wäre ein umfassenderes, komplexeres, oder einfach weniger bekanntes System, das dem Beobachter von (W) beeinflußt, jedoch nicht vollständig "kontrolliert" erscheint. (W) dagegen erscheint als ein von (X) völlig kontrolliertes System, dessen Entwicklung als Funktion von x völlig bestimmt bzw. bekannt ist. (X) wäre also in etwa "Umwelt" für (W). Eine solche Interpretation kann in einzelnen Modellen, die SVV als Grundstruktur benutzen, vertretbar sein, sie kann aber nicht für allgemeingültig erklärt werden. Wir brauchen uns nur das Gegenbeispiel der Lernmodelle zu gegenwärtigen, wo es die w sind, die die Unsicherheit in das Modell überhaupt einführen. Eine wesentliche Eigenschaft der SVV, die nicht zu stark betont werden kann, liegt sogar in der Tatsache, daß die Zustände nicht beobachtbar zu sein brauchen.

Ähnlich geht es mit der Indizierung der SVV. Wie schon betont, entspricht der allgemeinen Indizierung durch t bzw. der Schrittindizierung durch n grundsätzlich eine logische Reihenfolge. In zahlreichen Anwendungsfällen wird die Indizierung als ein Ausdruck für ein

Fortschreiten in der Zeit interpretiert. Die Beziehungen zwischen der konzeptuellen Zeit {t} und der reellen Zeit können jedoch sehr breit aufgelegt werden. So brauchen die Intervalle [t,t+1] nicht äquidistanten Intervallen der reellen Zeit zu entsprechen. Eine Indizierung von zwei mathematischen Objekten mit einem gleichen Index bedeutet nicht notwendigerweise, daß diese beiden Objekte zum gleichen Zeitpunkt "existierten", sondern nur, daß sie auf die gleichen Periode bezogen werden. Die Indizierung des Ereignisses x_t eines SVV mit t z.B. bedeutet nur, daß x_t in dem Verlauf des SVV einwirkte, "nachdem" w_{t-1} "beobachtet" wurde, und "bevor" das nächste w_t "beobachtet" wurde. Die Π_t und w_t können Ausdrücke für Vorgänge sein, die sich über einen Zeitraum abspielen. Alle diese potentiellen Möglichkeiten können hier auch nur im konkreten Fall, d.h. im Rahmen eines Modells, präzisiert werden.

3: 2. STOCHASTISCHE ENTSCHEIDUNGSSYSTEME MIT VOLLKOMMENEN VERBINDUNGEN

Der Mensch ist selten ein nur passiver Beobachter. Vielmehr beeinflußt er ständig seine Umwelt durch seine Entscheidungen. Die Modelle der Entscheidungstheorie sind analytische Hilfsmittel, die ihm helfen sollen, eine Auswahl zu treffen, die in ihren Folgen seinen Präferenzen am besten entspricht. Im Folgenden werden wir versuchen, von den stochastischen Systemen mit vollkommenen Verbindungen ausgehend, stochastische Entscheidungssysteme mit vollkommenen Verbindungen zu entwickeln, die als formale Basis für eine breite Klasse von Entscheidungsmodellen dienen könnten.

3: 2.1. Der intuitive Hintergrund und die Grundrisse der Formalisierung

Die Probleme, die mit den stochastischen Entscheidungssystemen mit vollkommenen Verbindungen untersucht werden sollen, gehören zu den sogenannten stochastischen sequentiellen Entscheidungsproblemen (vgl. WALD [1950]). Wir haben einen Spezialfall von stochastischen sequentiellen Entscheidungsproblemen mit dem Beispiel der Bayesschen Entscheidungstheorie bereits vorgeführt.

Ausgangspunkt jedes stochastischen sequentiellen Entscheidungsproblems sind zwei Räume $(\Omega,\mathscr{A})$ und $(\underline{E},\mathscr{E})$, die Beobachtungsraum respektive Entscheidungsraum heißen. Aus mathematischen Gründen wird verlangt, daß diese zwei Räume die Struktur eines Meßraums besitzen. Jeder Punkt $\omega\in\Omega$ beschreibt in problemrelevanter Weise einen möglichen "Umweltzustand". Die Umselt existiert in genau einem Zustand. Die Punkte $e\in\underline{E}$ (die Entscheidungen) stellen die Möglichkeiten dar, die dem Entscheidungsträger zur Verfügung stehen, um den gegebenen Umweltzustand zu verändern. Die Menge $\underline{E}$ enthält auch die "dummy" Entscheidung, die darin besteht, in die Umwelt nicht einzuwirken. Eine Entscheidung bedingt eine zufallgesteuerte Zustandsveränderung, wobei die Wahrscheinlichkeit der Realisation eines neuen Umweltszustands vom alten Zustand ω und von der Entscheidung e abhängt. Formal wird verlangt, daß die Zustandsveränderungsvorschrift sich als Markoffscher Kern Π von $(\Omega\times\underline{E},\mathscr{A}\otimes\mathscr{E})$ nach $(\Omega,\mathscr{A})$ ausdrücken läßt. $\Pi(\omega,e;A)$ gibt dann für $A\in\mathscr{A}$ die Wahrscheinlichkeit an, daß, ausgehend von einem Zustand ω und einer Entscheidung e_1, der neue Zustand in A liegt.

Ein stochastischer sequentieller Entscheidungsprozess läuft schematisch in folgender Weise ab: a) Ein Zustand $\omega\in\Omega$ wird beobachtet; b) Eine Entscheidung $e\in\underline{E}$

wird getroffen, die einen neuen Zustand ω' aufgrund der probabilistischen Vorschrift $\Pi(\omega,e;\cdot)$ bedingt. Der neue Zustand kann identisch mit dem alten sein; c) Eine neue Entscheidung wird getroffen, und der Zyklus wiederholt sich ad infinitum.

Die unter a) und b) beschriebenen Handlungen bilden eine Entscheidungsperiode. Die Folge von Entscheidungen/Zustandsveränderungen muß nicht unbedingt einer zeitlichen Reihenfolge entsprechen. Sie kann räumliche oder rein logische Dimension haben. Die Vorschrift Π kann in jeder Entscheidungsperiode eine andere sein (also "schrittabhängig" bzw. "zeitabhängig" sein).

Das Verhalten des Entscheidungsträgers in einer Entscheidungsperiode kann formalisiert werden durch die Einführung einer sogenannten Entscheidungsfunktion. Eine stochastische Entscheidungsfunktion für die Entscheidungsperiode t wird definiert als ein Markoffscher Kern[1] S_t von $(\Omega,\mathcal{A})$ nach $(\underline{E},\mathcal{E})$. Sie besteht darin, eine Entscheidung in $\underline{E}$ mit der Wahrscheinlichkeit $S_t(\omega;\cdot)$ zu treffen, nachdem der Zustand ω beobachtet wurde. Eine Entscheidungsfunktion für die Entscheidungsperiode t ist eine meßbare [1] Abbildung s_t von $(\underline{\Omega},\mathcal{A})$ in $(\underline{E},\mathcal{E})$. Sie besteht darin, die Entscheidung $e=s_t(\omega)$ zu treffen, nachdem ω beobachtet wurde. Eine Entscheidungsfunktion ist eine stochastische Entscheidungsfunktion, für die die Wahrscheinlichkeit $S(\omega;\cdot)$ in $s(\omega)$ konzentriert ist. Wir werden uns im Folgenden der Einfachheit halber auf nicht-stochastische Entscheidungsfunktionen beschränken.

Die Angabe einer (eventuell stochastischen) Entscheidungsfunktion für die Entscheidungsperiode t bestimmt vollständig - d.h. für jedes $\omega\in\Omega$ - das Verhalten des Entscheidungsträgers in der Periode t. Eine Politik ist eine Familie von (stochastischen) Entscheidungsfunktionen, die das Verhalten des Entscheidungsträgers vollständig - d.h. für jedes ω und t - vorschreibt.

Es wurde bis jetzt angenommen, daß in jeder Entscheidungsperiode t und für jedes $\omega\in\Omega$ jede beliebige Entscheidung $e\in\underline{E}$ getroffen werden darf. In der Regel wird jedoch die Menge der jeweils zulässigen Entscheidungen eine nicht-leere Teilmenge $\underline{E}_{t,\omega}$ von $\underline{E}$ als Funktion von t und ω sein. Eine Entscheidungsfunktion

---

1) Die Eigenschaften des Markoffschen Kerns bzw. der meßbaren Funktion werden hier wieder aus mathematischen Gründen verlangt.

für die Periode t wird nur dann zulässig sein, wenn sie jedem ω eine Entscheidung e aus $\underline{E}_{t,\omega}$ zuordnet. Eine Politik wird zulässig sein, wenn sie ausschliesslich aus zulässigen Entscheidungsfunktionen besteht.

Die verschiedenen möglichen Sequenzen von Umweltzuständen und Entscheidungen werden allgemein als nicht gleichwertig angesehen, sondern über eine (als kohärent angenommene) Präferenzfunktion unterschiedlich bewertet. Jeder Folge $(\omega,e,\omega',e',\ldots)$ kann man daher einen Nutzen bzw., um dem in diesem Zusammenhang üblichen Sprachgegebrauch zu folgen, eine Auszahlung $U(\omega,e,\omega',e',\ldots)$ zuordnen. Die Einbeziehung der Entscheidungen in der Auszahlungsfunktion U erlaubt, eventuelle (monetäre oder nicht-monetäre) Kosten der Entscheidung zu berücksichtigen. Die praktische Bedeutung der Theorie der sequentiellen Entscheidungssysteme liegt weitgehend in der Bestimmung einer optimalen Politik, d.h. einer Politik, die mit einem maximalen Erwartungswert für die Auszahlung verbunden ist.

Wie wir schon bei dem Beispiel der Bayesschen Entscheidungstheorie bemerkt haben, deckt die Schreibweise $U(\omega,e,\omega',e',\ldots)$ sowohl den Fall einer in ω und e nicht-additiven Auszahlungsfunktion U (d.h., $U(\omega,e,\omega',e',\ldots) \neq U(\omega,\omega',\ldots) + U(e,e',\ldots)$), wie den Fall, wo die ω oder die e keinen Einfluß auf die Auszahlung haben. Wesentlich für die praktische Bestimmung einer optimalen Politik ist ferner, daß U als additive Funktion der Auszahlungen $U_t(\omega,e)$ der einzelnen Perioden ausgedrückt werden kann.

In der Theorie der sequentiellen Entscheidungssysteme werden grundsätzlich unendliche Folgen von Zuständen, Entscheidungen und Auszahlungen betrachtet. Interessiert man sich für ein Optimierungsproblem über eine endliche Anzahl K von Perioden, wobei K eine Zufallsvariable sein kann, so wird man ähnlich wie bei den Zufallsprozessen die Untersuchung auf diese K Perioden faktisch beschränken, indem ein sogenannter Endzustand eingeführt wird. Dieser Endzustand kann nicht mehr verlassen werden und ist mit keiner bzw. mit einer konstanten Auszahlung verbunden. In dem Endzustand ist nur die dummy Entscheidung (d.h., keine Entscheidung) möglich. Wir werden in diesem Fall von einem Optimierungsproblem bei endlichem Planungshorizont, bzw. über K Perioden (Schritte) sprechen. Entsprechend werden die Begriffe einer Auszahlung, bzw. einer Strategie über K Perioden gebraucht.

Die wichtigsten der neu eingeführten Begriffe seien noch am Beispiel der optimalen Lagerhaltung eines Unternehmens kurz veranschaulicht. Am Anfang jedes Monats erfolge eine Nachbestellung in Höhe e (Entscheidung), wobei e eine

Funktion $s(\omega)$ (Entscheidungsfunktion) des vorhandenen Lagerbestands ω (Umweltzustand) ist. Der Lagerbestand am Ende des Monats ergebe sich aus Anfangsbestand ω zuzüglich der Bestellung e abzüglich der zufälligen Nachfrage. Er kann also als Realisation einer Zufallsvariable, deren Verteilung von ω und e abhängt, angesehen werden. Der Lagerbestand am Ende des Monats bildet den neuen Umweltzustand als Basis für eine neue Entscheidung. Auszahlung in jeder Periode sind hier etwa die Kosten der Lagerhaltung (Bestell-, Lager- und Fehlmengekosten) als negative Größe. Ziel des Unternehmens ist es, eine Bestellpolitik (also Funktionen s_t für jeden Monat t des Planungszeitraumes) festzulegen, die die erwartete Auszahlung über den Planungszeitraum maximieren. Nach Ende des Planungshorizonts (z.B. nach Auflösung der Firma) geht das System in den Endzustand "Lager inexistant" über, dem keine Entscheidungen zugeordnet werden und der keine Kosten verursacht.

3: 2.2. Die Entscheidungssysteme mit vollkommenen Verbindungen

Wir haben schon erwähnt, daß SVV sich zur Darstellung zahlreicher stochastischer sequentieller Entscheidungsprozesse eignen - allerdings nur zur deren Darstellung. Durch die Spezifikation der Elemente eines SVV (Zustands- und Phasenraum, Verbindungsfunktionen, Markoffsche Kerne) und die Angabe eines Ursprungs w zu einem Zeitpunkt t wird das Verhalten des SVV für alle $t' \geq t$ festgelegt. Die Definition des SVV läßt keine Möglichkeit zu, externe Einflüße, die nicht a priori durch die Abhängigkeit in t der Π_t und u_t ausgedrückt waren, zu berücksichtigen. Wir haben also sozusagen keine Möglichkeit, einen durch ein SVV gesteuerten Prozess zu beeinflussen. Unser erstes Ziel ist es, einen "Entscheidungsspielraum" in die Struktur von SVV einzuführen, der eine solche Beeinflussung zuläßt. Dabei beachten wir die Eigenart der SVV. Der Beobachtungsraum wird sinnvollerweise als der Raum $(\underline{W} \times \underline{X}, \mathscr{W} \otimes \mathscr{X})$ definiert, d.h., jeder Umweltzustand (w,x) kann grundsätzlich in zwei Komponenten w und x zerlegt werden. Entsprechend gibt es zwei unmittelbar sinnvolle Eingriffsmöglichkeiten: Entscheidungen können die Verbindungsfunktionen u_t und/oder die Markoffschen Kerne Π_t beeinflussen.

Nach diesen Überlegungen definieren wir:

3: 2.2.1. <u>Definition:</u> Ein <u>offenes stochastisches Entscheidungssystem mit vollkommenen Verbindungen</u>

$$\mathcal{O} = \{(\underline{W},\mathscr{W}),(\underline{X},\mathscr{X}),(\underline{C},\mathscr{C}),(\underline{E},\mathscr{E}),(u_{t,e})_{t\in T, e\in \underline{E}},(\Pi_{t,c})_{t\in T, c\in \underline{C}}\}$$

ist definiert durch die Angabe von:

(i) einer diskreten geordneten Parametermenge T. Der Einfachheit halber wird für T entweder Z oder N^* gewählt.

(ii) zwei Meßräumen $(\underline{W},\mathscr{W})$ und $(\underline{X},\mathscr{X})$. $(\underline{W},\mathscr{W})$ wird der Zustandsraum von $\mathcal{O}$, $(\underline{X},\mathscr{X})$ sein Phasenraum genannt. Die Punkte $w \in \underline{W}$ und $x \in \underline{X}$ werden Zustände respektive Ereignisse genannt.

(iii) zwei Meßräumen $(\underline{C},\mathscr{C})$ und $(\underline{E},\mathscr{E})$, die W-Entscheidungsraum und W-X-Entscheidungsraum genannt werden. Die Punkte $c \in \underline{C}$ und $e \in \underline{E}$ heißen W-Entscheidungen respektive W-X-Entscheidungen. Jedes Paar (c,e) wird Entscheidung genannt.

(iv) einer Familie von meßbaren Abbildungen $u_{t,e}(\cdot;\cdot) = \{u_{t,e}(w;x)\}$ von $(\underline{W}\times\underline{X},\mathscr{W}\times\mathscr{X})$ in $(\underline{W},\mathscr{W})$, die von $t \in T$ und $e \in \underline{E}$ abhängen. Die Abbildungen $u_{t,e}$ werden Verbindungsfunktionen erster Ordnung genannt.

(v) einer Familie von Markoffschen Kernen $\Pi_{t,c}(\cdot;\cdot) = \{\Pi_{t,c}(w;X)\}$ von $(\underline{W},\mathscr{W})$ nach $(\underline{X},\mathscr{X})$, die von $t \in T$ und $c \in \underline{C}$ abhängen.

Die alternative Schreibweise $u_t(w;x;e)$ wird im Folgenden für $u_{t,e}(w;x)$, und entsprechend $\Pi_t(w,c;X)$ für $\Pi_{t,c}(w;X)$ benutzt.

3: 2.2.2. Definition: Ein offenes stochastisches Entscheidungssystem mit vollkommenen Verbindungen heißt homogen, wenn die Abbildungen $u_{t,e}$ und die Markoffschen Kerne $\Pi_{t,c}$ von t unabhängig sind, d.h., wenn gilt

$$u_t(\cdot;\cdot;\cdot) = u(\cdot;\cdot;\cdot)\ ,\ \Pi_t(\cdot,\cdot;\cdot) = \Pi(\cdot,\cdot;\cdot) \quad \text{für alle } t \in T\ . \tag{3: 104}$$

Ein homogenes offenes stochastisches Entscheidungssystem mit vollkommenen Verbindungen wird mit $\{(\underline{W},\mathscr{W}),(\underline{X},\mathscr{X}),(\underline{C},\mathscr{C}),(\underline{E},\mathscr{E}),(u_e)_{e\in\underline{E}},(\Pi_c)_{c\in\underline{C}}\}$ bezeichnet.

3: 2.2.3. Definition: Ein offenes stochastisches Entscheidungssystem mit vollkommenen Verbindungen heißt endlich, wenn $\underline{W}$, $\underline{X}$, $\underline{C}$, $\underline{E}$ endlich sind und alle ihre Teilmengen enthalten.

Ein endliches offenes stochastisches Entscheidungssystem mit vollkommenen Verbindungen wird mit $\{\underline{W},\underline{X},\underline{C},\underline{E},(u_{t,e})_{t\in T,e\in\underline{E}},(\Pi_{t,c})_{t\in T,c\in\underline{C}}\}$ bezeichnet.

Ein offenes stochastisches Entscheidungssystem mit vollkommenen Verbindungen unterscheidet sich also von einem SVV grundsätzlich dadurch, daß für jedes $t \in T$ mehrere Verbindungsfunktionen u_t und mehrere Markoffsche Kerne Π_t definiert sind. (Ein offenes stochastisches Entscheidungssystem mit vollkommenen

Verbindungen reduziert sich offenbar zu einem SVV, wenn $\underline{C}$ und $\underline{E}$ jeweils nur ein Element enthalten). Diese eingeführten "Freiheitsgrade" machen es sinnlos, vom Verhalten eines offenen stochastischen Systems mit vollkommenen Verbindungen in einem ähnlichen Sinne, wie bei einem SVV, zu sprechen. Es fehlt an einer Vorschrift, die bestimmt, welches Π bzw. u bei jedem Schritt wirksam werden soll. Diese Vorschrift wird uns durch die Entscheidungsfunktionen bzw. Strategien geliefert. Wir definieren:

3: 2.2.4. <u>Definition</u>: Unter <u>W-Entscheidungsfunktion</u> (in t) versteht man jede meßbare Abbildung $s_t(\cdot) = \{s_t(w)\}$ von $(\underline{W},\mathscr{W})$ in $(\underline{C},\mathscr{C})$, und unter <u>W-X-Entscheidungsfunktion</u> (in t) jede meßbare Abbildung $r_t(\cdot;\cdot) = \{r_t(w;x)\}$von $(\underline{W}\times\underline{X},\mathscr{W}\times\mathscr{X})$ in $(\underline{E},\mathscr{E})$. Jedes Paar (s_t,r_t) wird <u>Entscheidungsfunktion</u> (in t) genannt.

3: 2.2.5. <u>Definition</u>: Jede Familie $(s_t,r_t)_{t\epsilon T}$ von Entscheidungsfunktionen heißt eine <u>Strategie</u> für das offene stochastische Entscheidungssystem mit vollkommenen Verbindungen .

3: 2.2.6. <u>Definition</u>: Eine Strategie $(s_t),r_t)_{t\epsilon T}$ heißt <u>homogen</u>, wenn $s_t=s$, $r_t=r$ für alle $t\epsilon T$ gilt.

Eine homogene Strategie reduziert sich also zu einer einzigen Entscheidungsfunktion.

Wir können dann einführen:

3: 2.2.7. <u>Definition</u>: Sei $\mathcal{O} = \{(\underline{W},\mathscr{W}),(\underline{X},\mathscr{X}),(\underline{C}, \ ),(\underline{E}, \ ),(u_{t,e})_{t\epsilon T,e\epsilon \underline{E}},(\Pi_{t,c})_{t\epsilon T,c\epsilon \underline{C}}\}$ ein offenes stochastisches Entscheidungssystem mit vollkommenen Verbindungen und $S = (s_t,r_t)_{t\epsilon T}$ eine Strategie für $\mathcal{O}$. Dann heißt das System $\mathscr{G} = \{(\underline{W},\mathscr{W}),(\underline{X},\mathscr{X}),(\underline{C},\mathscr{C}),(\underline{E},\mathscr{E}),(u_t(\cdot;\cdot;r_t(\cdot;\cdot)))_{t\epsilon T}$, $(\Pi_t(\cdot,s_t(\cdot);\cdot))_{t\epsilon T}$ ein <u>stochastisches Entscheidungssystem mit vollkommenen Verbindungen</u> (kurz: ein ESVV). Wir sagen, daß $\mathscr{G}$ dem offenen System $\mathcal{O}$ und der Strategie S <u>zugeordnet</u> ist.

Definition 3: 2.2.7. ist sinnvoll, weil $r_t(w;x)\epsilon\underline{E}$ und $s_t(w)\epsilon\underline{C}$ für alle $t\epsilon T$, $w\epsilon\underline{W}$ und $x\epsilon\underline{X}$.

Es gilt dann der wichtige Satz:

3: 2.2.8. <u>Satz</u>: Jedes ESVV kann mit einem SVV identifiziert werden.

Beweis: □ Wir wollen beweisen, daß es Markoffsche Kerne $\Pi_t^!$ von $(\underline{W},\mathscr{W})$ nach $(\underline{X},\mathscr{X})$ und meßbare Abbildungen $u_t^!$ von $(\underline{W}\times\underline{X},\mathscr{W}\otimes\mathscr{X})$ nach $(\underline{W},\mathscr{W})$ gibt, für die gilt:

(3: 105) $\quad \Pi_t^!(w;X) = \Pi_t(w,s_t(w);X)$,

(3: 106) $\quad u_t^!(w;x) = u_t(w;x;r_t(w,x))$

für alle $w\in\underline{W}$, $x\in\underline{X}$, $X\in\mathscr{X}$, $t\in T$. Dann ist das ESVV $\mathscr{G}$ offenbar dem SVV $\mathscr{G}' = \{(\underline{W},\mathscr{W}),(\underline{X},\mathscr{X}),(u_t^!)_{t\in T},(\Pi_t^!)_{t\in T}\}$ äquivalent.

□ Es sei für jedes $t\in T$ eine Abbildung Φ_t von $(\underline{W},\mathscr{W})$ in $(\underline{W}\times\underline{C},\mathscr{W}\otimes\mathscr{C})$ durch

(3: 107) $\quad \Phi_t(w) = (w;s_t(w))$

definiert. Φ_t ist $\mathscr{W}$-meßbar wegen der $\mathscr{W}$-Meßbarkeit von $w \to w$ und $w \to s_t(w)$. $\Pi_t^!(\cdot;X) = \Pi_t(\Phi_t(\cdot);X) = \Pi_t(\cdot,s_t(\cdot);X)$ ist daher auch $\mathscr{W}$-meßbar für jedes $X\in\mathscr{X}$. $\Pi_t^!(w;\cdot)$ ist andererseits offenbar ein W-Maß auf $(\underline{X},\mathscr{X})$. Damit ist die Existenz der Kerne $\Pi_t^!$ mit den gewünschten Eigenschaften bewiesen.

□ Entsprechend sei für jedes $t\in T$ Ψ_t eine Abbildung von $(\underline{W}\times\underline{X},\mathscr{W}\otimes\mathscr{X})$ in $(\underline{W}\times\underline{X}\times\underline{E},\mathscr{W}\otimes\mathscr{X}\otimes\mathscr{E})$, definiert durch:

(3: 108) $\quad \Psi_t(w;x) = (w;x;r_t(w;x))$.

Ψ_t ist $\mathscr{W}$-$\mathscr{X}$-meßbar wegen der $\mathscr{W}$-$\mathscr{X}$-Meßbarkeit von $w,x \to w,x$ und von $w,x \to r_t(w,x)$. Damit ist $u_t^!(\cdot;\cdot) = u_t\circ\Psi(\cdot;\cdot) = u_t(\cdot;\cdot;r_t(\cdot;\cdot))$ $\mathscr{W}$-$\mathscr{X}$-meßbar. Q.E.D.

Alle Beziehungen und Eigenschaften, die für das SVV $\mathscr{G}'$ nachgewiesen werden können, gelten also entsprechend für das ESVV $\mathscr{G}$. Insbesondere können alle Ergebnisse, die im Abschnitt 3: 1 ausgeführt wurden, den ESVV übertragen werden, indem man in jeder Formel $\Pi_t(w;X)$ durch $\Pi_t(w,s_t(w);X)$ und $u_t(w;x)$ durch $u_t(w;x;r_t(w,x))$ ersetzt. Diese rein mechanische Arbeit wollen wir uns ersparen. Ferner wollen wir die Definitionen, die für SVV angegeben wurden (Pfad, Ursprung,...) für ESVV unmittelbar übernehmen.

Man bemerke, daß das ESVV $\mathscr{G}$ nur dann homogen ist, wenn sowohl die Π_t und u_t als auch die s_t und r_t von t unabhängig sind. Dies führt zu der Definition:

3: 2.2.9. Definition: Ein ESVV heißt dann homogen, wenn das zugrundegelegte offene stochastische Entscheidungssystem mit vollkommenen Verbindungen und die zugrundegelegte Strategie homogen sind.

3: 2.3. Wechselwirkungen in einem ESVV

Wir wenden uns jetzt - allerdings nach den entsprechenden Ausführungen zu den SVV nur kurz - der Veranschaulichung des Begriffes des ESVV zu.

Die Freiheitsgrade, die in der Definition eines offenen Entscheidungssystem mit vollkommenen Verbindungen gegeben waren, werden durch die Einführung einer Strategie ausgeschöpft. Aus dem resultierenden ESVV leitet man für jeden Ursprung w zum Zeitpunkt t verschiedene Zufallsprozesse ab. Die Wechselwirkungen, die diese Pfade erzeugen, können schematisch dargestellt werden: Die Angabe eines Punktes w zum Zeitpunkt t bedingt über die W-Entscheidungsfunktion in t s_t eine W-Entscheidung $c = s_t(w)$. c und w gemeinsam bestimmen die Wahrscheinlichkeit $\pi_t(w,s_t(w);\cdot)$ über $(\underline{X},\mathscr{X})$. Für jede Realisation x in $\underline{X}$ bedingt das Paar w,x über die W-X-Entscheidungsfunktion r_t eine W-X-Entscheidung $e = r_t(w;x)$. e bestimmt dann die Verbindungsfunktion $u_{t,e} \epsilon (u_{t,e})_{e \epsilon \underline{E}}$, die dem Paar w,x einen neuen Punkt w' aus $\underline{W}$ im Zeitpunkt t+1 zuordnet. Diese Vorgangsfolge (Schritt in t) wiederholt sich ad infinitum, wobei der Ursprung w jedes Schrittes das Ergebnis w' des vorhergehenden Schrittes ist.

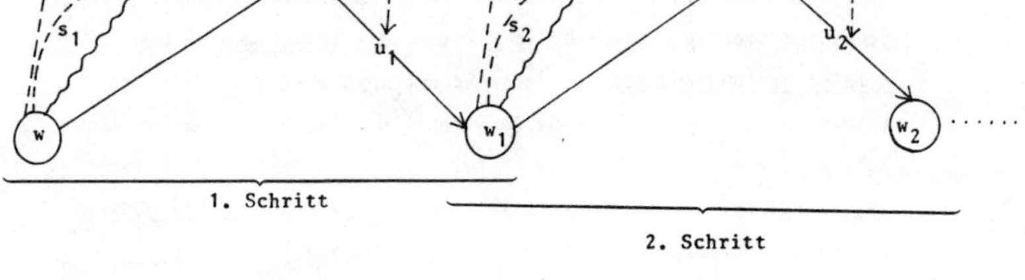

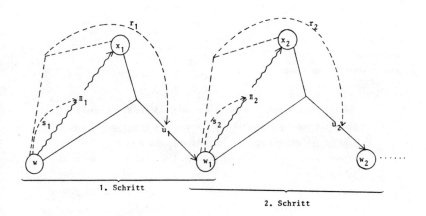

Abbildung 3: 8.: Erzeugung eines ESVV

Diese Zusammenhänge wollen wir noch - wie wir bisher versucht haben - an einem sehr vereinfachten ökonomischen Beispiel verdeutlichen. Wir betrachten eine Volkswirtschaft, deren Entwicklung funktional bestimmt ist bis auf zwei autonome Faktoren: einmal die staatliche Aktivität und einmal das Ergebnis der jährlich stattfindenden Tarifabschlüsse. Der Staat sei unser Entscheidungsträger. Wir gehen aus von einer volkswirtschaftlichen Lage w vor Anfang der Tarifrunden. Das Ergebnis der Tarifrunden kann als eine Zufallsvariable angesehen werden; deren Verteilung hinge ab: erstens von w, zweitens von den Empfehlungen s(w), die der Staat in Anbetracht von w den Tarifpartnern gibt (der W-Entscheidung des Staates). Die Wahrscheinlichkeitsverteilung $\Pi(w,s(w);\cdot)$ über die möglichen Abschlüsse hängt damit von w und s(w) ab. Findet dann ein Tarifabschluß x statt, so wird der Staat seine wirtschaftspolitische Aktivität e nach den gegebenen w und x richten, d.h., er wird eine W-X-Entscheidung $e = r(w;x)$ treffen. Diese Entscheidung bestimmt zusammen mit w und x die wirtschaftliche Entwicklung, und insbesondere die wirtschaftliche Lage $u(w;x;r(w;x))$ vor Anfang der neuen Tarifrunden. Eine Zeitabhängigkeit der Funktionen s und r kann hier u.U. als Ausdruck für eine Veränderung der wirtschaftspolitischen Präferenzordnung verstanden werden.

Die wirtschaftspolitischen Maßnahmen (die W-X-Entscheidungen), die dem Staat in jeder Periode tatsächlich möglich sind, sind in der Regel eine Funktion des Zustands x der Periode (z.B. kann das Steueraufkommen das Sozialprodukt nicht übersteigen) und eventuell des Zeitpunktes der Periode (das wirtschaftspolitische Instrumentarium wird erst nach und nach entwickelt). Um solche Beschränkungen zu berücksichtigen, verlangen wir , daß sie in der jeweils zulässigen Entscheidungsmenge liegen:

3: 2.3.1. Definition: Sei $\mathcal{O} = \{(\underline{W},\mathcal{W}),(\underline{X},\mathcal{X}),(\underline{C},\mathcal{C}),(\underline{E},\mathcal{E}),(u_{t,e})_{t\in T,e\in\underline{E}},(\Pi_{t,c})_{t\in T,c\in\underline{C}}\}$ ein offenes Entscheidungssystem mit vollkommenen Verbindungen. Für jedes $t\in T$ und $w\in\underline{W}$, bzw. $(w,x)\in\underline{W}\times\underline{X}$ werden die zulässigen W- bzw. W-X-Entscheidungsmengen als Teilmengen $\underline{C}_{t,w}\subset\underline{C}$ bzw. $\underline{E}_{t,w}\subset\underline{E}$ definiert. Eine W- bzw. W-X-Entscheidungsfunktion (in t) s_t bzw. r_t heißt dann zulässig, wenn $s_t(w)\in\underline{C}_{t,w}$ bzw. $r_t(w,x)\in\underline{E}_{t,w}$ für alle $w\in\underline{W}$, bzw. $(w,x)\in\underline{W}\times\underline{X}$. Eine Entscheidungsfunktion (s_t,r_t) heißt zulässig, wenn s_t und r_t zulässig sind. Eine Strategie $(s_t,r_t)_{t\in T}$ heißt zulässig, wenn jede Entscheidungsfunktion der Familie $(s_t,r_t)_{t\in T}$ zulässig ist.

Die Teilräume $\underline{C}_{t,w}$ und $\underline{E}_{t,w}$ müssen selbstverständlich in jedem konkreten Fall ad hoc festgelegt werden.

Die von uns gewählte Definition eines ESVV ist nicht ganz ohne Willkür. Andere sinnvolle Definitionen sind möglich. Unsere Definition scheint aber eine der allgemeinsten zu sein, die dem Entscheidungssystem den Charakter eines SVV noch gewähren. Man bemerke, daß sie sowohl die Fälle deckt, in denen die Entscheidungen über die Π und u nur aufgrund von w, bzw. die Entscheidungen über die u nur aufgrund von x getroffen werden, als auch jene, wo nur die Π, bzw. u Gegenstand der Entscheidung einer Periode sind.

3: 2.4. Auszahlungsfunktionen und Wert einer Strategie

Es sei im folgenden $\mathcal{O} = \{(\underline{W},\mathscr{W}),(\underline{X},\mathscr{X}),(\underline{C},\mathscr{C}),(\underline{E},\mathscr{E}),(u_{t,e})_{t\in N^*,e\in\underline{E}},(\Pi_{t,c})_{t\in N^*,c\in\underline{C}}\}$ ein offenes stochastisches Entscheidungssystem mit vollkommenen Verbindungen. (Wir beschränken uns wieder auf den Fall $T=N^*$, um die Schwierigkeiten zu vermeiden, die bei Pfaden mit Ursprung in $t=-\infty$ auftreten würden.) $(S_z)_{z\in Z}$ bezeichne eine Familie von Strategien $S_z = (s_{t,z},r_{t,z})_{t\in T}$ für $\mathcal{O}$. $(S_z)_{z\in\bar{Z}}$ sei die Menge der zulässigen Strategien als Teilmenge von $(S_z)_{z\in Z}$. Ferner bezeichne $(\mathscr{G}_z)_{z\in Z}$ die Menge der dem offenen System $\mathcal{O}$ und den verschiedenen Strategien S_z zugeordneten ESVV $\mathscr{G}_z$.

Die jetzt einzuführende Auszahlungsfunktion U für $\mathcal{O}$ soll jede Folge der Form $(w,w_{t,z}(w),x,r_{t,z}(w;x),w',s_{t+1,z}(w'),\ldots)$, d.h. jeden Pfad eines jeden ESVV $\mathscr{G}_z$ bewerten, sowie die Entscheidungen, die zur Erzeugung dieses Pfades beitragen. U muß also eine reelle meßbare Funktion auf $(\underline{W}^N\times\underline{C}^N\times\underline{X}^N\times\underline{E}^N\mathscr{W}^N\otimes\mathscr{C}^N\otimes\mathscr{X}^N\otimes\mathscr{E}^N)$ sein. Wegen der Meßbarkeit der Funktionen $s_{t,z}$ und $r_{t,z}$ kann man jedoch durch ein ähnliches Argument wie in Beweis 3: 2.2.8. U als Funktion der w und x allein definieren. Es sei also:

3: 2.4.1. Definition: Unter Auszahlungsfunktion für $\mathcal{O}$ in Bezug auf die Familie $(\mathscr{G}_z)$ verstehen wir jede reelle $\mathscr{W}^N$-$\mathscr{X}^N$-meßbare Funktion $U(\cdot) = \{U(w,x,w',x',\ldots)\}$. Dabei stellt die Folge $(w,x,w',x',\ldots)$ einen Pfad eines ESVV $\mathscr{G}_z$ dar.

Als Kriterium für die Güte einer Strategie benutzen wir, wie erwähnt, den Erwartungswert der Auszahlungen, die unter Anwendung dieser Strategie erzielt werden können. Dieser Erwartungswert ist in der Regel eine Funktion des Ursprunges des betrachteten Prozesses und des Zeitpunkts dieses Ursprunges. Wir definieren daher:

3: 2.4.2. Definition: Die erwartete Auszahlung

(3: 109) $$E_w(U_t(S_z)) = \int_{\underline{X}^N} \Pi_t^N(w;dx^N)U(w,x_1,u_t(w;x_1),x_2,u_t^{(2)}(w;x_2),\ldots.) ,$$

heißt der w-t-Wert der Strategie S_z. Dabei bezeichnet Π_t^N den projektiven Limes der Familie $(\Pi_i)_{i\geq t}$ der Markoffschen Kerne des $\mathcal{O}$ und S_z zugeordneten ESVV $\mathcal{G}_z$. Wir können jetzt einführen:

3: 2.4.3. Definition: Eine Strategie S_z ist w-t-optimal, wenn sie zulässig ist und wenn

(3: 110) $$E_w(U_t(S_z)) = \sup_{z\in\underline{Z}} E_w(U_t(S_z)) \quad \text{für alle } w\in\underline{W} \text{ und } t\in T \text{ ist.}$$

$\sup_{z\in\underline{Z}} E_w(U_t(S_z))$ heißt der optimale w-t-Wert von $\mathcal{O}$.

Ist der w-t-Wert einer Strategie von w bzw. t unabhängig, oder werden w bzw. t als gegeben angesehen, so werden wir vom t-Wert bzw. w-Wert dieser Strategie sprechen. Entsprechend werden wir die Begriffe der t- bzw. w-Optimalität benutzen. Bei Unabhängigkeit von w und t kann man einfach vom (optimalen) Wert einer Strategie sprechen. Die Frage der Existenz und der Bestimmung von optimalen Strategien wird hier für den allgemeinen Fall nicht angesprochen. Die meisten Verfahren zur Bestimmung einer optimalen Politik verlangen aber, wie bereits erwähnt, Additivität der Auszahlungsfunktion.

3: 2.4.4. Definition: Die Auszahlungsfunktion eines ESVV heißt additiv, wenn sie als Summe von Auszahlungsfunktionen für die einzelnen Schritte ausgedrückt werden kann, d.h., wenn gilt:

(3: 111) $$U(w,x_1,w_1,x_2,w_2,\ldots.) = \sum_{n\in N} U_{t+n}(w_{n-1},x_n)$$

mit w_o=w. Die Funktion U_{t+n} heißt Auszahlungsfunktion des n-ten Schrittes in t+n.

Die Abhängigkeit der Funktionen U_t von t kann etwa Ausdruck für eine Diskontierung sein.

Wir haben die Additivität in Bezug auf die $(w_{n-1},x_n) = \zeta''(\omega)$, also in Bezug auf die Realisationen der Kette ζ" definiert. Die einzelnen U_t bewerten jeweils einen Schritt, wobei sowohl w_{n-1} und x_n als $s_{t+n}(w_{n-1})$ und $r_{t+n}(w_{n-1};x_n)$ berücksichtigt werden können. Andere Definitionen der Additivität, etwa in Bezug auf die Kette ζ' oder auf die Ereignis- und Zustandssequenzen ξ und ζ, sind möglich. Sie erlauben allerdings in allgemeinen nicht, die e_n=$r_{t+n}(w_{n-1};x_n)$

zu bewerten, da die Angabe von $\zeta'(\omega) = (x_n, w_n)$, bzw. von $\zeta(\omega) = w_n$ und $\xi(\omega) = x_n$ keine Information über das Urbild (w_{n-1}, x_n) von e_n liefert. Diese weiteren Begriffe der Additivität stellen insofern zusätzliche Anforderungen an die Auszahlungsstruktur (Unabhängigkeit der $r_t(w,x)$ von w). Sie dürften aber keinen wesentlichen Vorteil bei praktischen Optimierungsproblemen mit sich bringen. Auf ihre explizite Definition wird hier verzichtet.

Wenn die Auszahlungsfunktion additiv ist, kann (3: 109) offenbar geschrieben werden:

(3: 112) $\quad E_w(U_t(S_z)) =$

$$\int_{\underline{X}_1} \Pi_t(w;dx_1)U_t(w,x_1) + \sum_{n\geq 2} \int_{\underline{X}_1} \Pi_t(w;dx_1) \int_{\prod_{i=2}^{n}\underline{X}_i} \Pi_{t+1}^{(n-1)}(u_t(w;x_1);dx_2\times\ldots\times dx_n)U_{t+n}(u_t^{(n-1)}(w;x^{(n-1)}),x_n) =$$

$$\sum_{n\in N} \int_{\underline{X}_1} \Pi_t(w;dx_1) \int_{\underline{W}_{n-1}\times\underline{X}_n} Q''_{t,t+n}(w,x_1;dw_{n-1}\times dx_n)U_{t+n}(u_t^{(n-1)}(w;x^{(n-1)}),x_n)$$

mit w_o=w. Die erwartete Auszahlung wird hier als Funktion der Übergangswahrscheinlichkeiten der Markoffschen Kette ζ''^t(definiert in Bezug auf das ESVV $\mathcal{G}_z$) ausgedrückt. (Es sei daran erinnert, daß $\int_{\underline{X}_1} \Pi_t(w;dx_1)$ die Startwahrscheinlichkeit der Kette ζ''^t bei gegebenem w ist).

In den meisten praktischen Problemen werden die Funktionen U_t a priori gegeben. Es kann dann leicht vorkommen, daß $U = \sum_{t=n}^{\infty} U_t$ unendliche Werte annimmt und damit die Definition einer Auszahlungsfunktion nicht erfüllt. Die Forderung der Endlichkeit von U ist aber wesentlich für die Vergleichbarkeit der verschiedenen Strategien (ist U nicht endlich, so können verschiedene Strategien den Wert ∞ haben und damit unvergleichbar sein). Man muß dann die Funktionen U_t so umformen, daß Endlichkeit von U gewährleistet ist. Diese Fragestellung ist dem Ökonomen unter anderem aus der herkömmlichen Wachstumstheorie wohl bekannt und wird hier nicht weiter behandelt.

3: 2.5. Beispiele

3: 2.5.1. Die Markoffschen Entscheidungssysteme: Die diskreten Markoffschen Entscheidungsprozesse werden aus den Markoff Ketten abgeleitet, indem "Einflussmöglichkeiten" auf die einstufigen Übergangswahrscheinlichkeiten definiert werden. Unter Berücksichtigung von Beispiel 3: 1.4.3. erkennt man leicht, daß die hier definierten Strukturen die diskreten Markoffschen Entscheidungssysteme als Spezialfall einschliessen.

3: 2.5.2. Das optimale Stoppen eines SVV: Wir betrachten nach und nach subzessive Realisationen $w, w_1, w_2, \ldots$ der Zustände eines der Einfachheit halber als homogen angenommenen SVV β. Die Wahrscheinlichkeit, daß die Zustände $w_{n+1}, w_{n+2}, \ldots$ beobachtet werden, nachdem w_n beobachtet wurde, leitet sich also aus den stochastischen Eigenschaften des SVV β beim Ursprung w_n her. Jedem Zustand w_n sei eine Auszahlung $U(w_n)$ zugeordnet.

Mit der Beobachtung von w_n, $n \in N^*$, wird eine sogenannte Null-Eins-Entscheidung verbunden. Einerseits können wir w_n "auswählen" und bekommen die Auszahlung $U(w_n)$. Weitere Auszahlungen sind ausgeschlossen. Man sagt dann, daß das SVV β im Zeitpunkt n gestoppt wurde. Andererseits können wir auf die Auszahlung $U(w_n)$ verzichten und den nächsten Zustand w_{n+1} beobachten, wobei eine neue Null-Eins-Entscheidung "Stoppen oder Nicht-Stoppen" fällig wird. Rückgriffe auf bereits vergangene Auswahlgelegenheiten sind nicht zugelassen. Das Problem des optimalen Stoppens besteht darin, eine homogene Null-Eins-Strategie (also eine Abbildung S, die jedem w_n eine von den beiden Entscheidungen "Stoppen" oder "Nicht-Stoppen" zuordnet) zu bestimmen, die mit der größten möglichen erwarteten Auszahlung verbunden ist.

Wenden wir uns noch einmal unserem Beispiel der Preisfixierung unter Unsicherheit (S.82) zu. Im Rahmen dieses Beispieles wäre ein optimales Stoppzeitproblem gegeben für einen Käufer, der einen einmaligen Kauf bei möglichst niedrigen Preisen machen möchte. In jeder Periode n kann er den Preis w_n beobachten und sich für Kauf oder Nicht-Kauf entscheiden. Nach erfolgtem Kauf interessiert er sich nicht mehr (Einmaligkeit des Kaufs) für die weitere Preisentwicklung. Aus der Sicht des Käufers tritt dann das SVV "Preisfixierung" in einen Endzustand ein.

Unser Käufer wird aber im allgemeinen nicht beliebig lange warten können, eher er seinen Kauf tätigt. Man unterscheidet entsprechend zwischen dem Stopproblem bei unendlichem Planungshorizont (die Entscheidung des Stoppens kann beliebig verschoben werden, also in einem Zeitpunkt n mit $n\to\infty$ getroffen werden) und dem bei endlichem Planungshorizont K (die Entscheidung des Stoppens muß innerhalb der K ersten Schritten gefällt werden). Der Fall des unendlichen Planungshorizonts könnte trivial erscheinen. Man braucht anscheinend nur solange zu warten, bis das System sich in demjenigen Zustand w^* befindet, der mit einer maximalen Auszahlung verbunden ist. Die Wahrscheinlichkeit, daß genau w^* jemals realisiert wird, ist aber in der Regel Null, sodaß auch dieser Fall einer mathematischen Untersuchung bedarf. Die Modelle des optimalen Stoppens können ferner leicht auf den Fall des mehrmaligen Stoppens erweitert werden (eine Auszahlung kann k-mal in Anspruch genommen werden - wobei k eine Zufallsvariable sein kann - bevor das System in seinen Endzustand übergeht) und auf den Fall, in dem der optimale Zustand w^* nicht bekannt ist.

Durch die Einführung der Null-Eins-Auswahlmöglichkeit bei jedem Schritt wird aus dem SVV β ein offenes stochastisches Entscheidungssystem mit vollkommenen Verbindungen abgeleitet. Die Festlegung einer homogenen Null-Eins-Strategie S definiert dann ein homogenes ESVV. Die Entscheidung- und Auszahlungsstruktur dieses ESVV sind äußerst einfach: Die homogene Strategie S besteht aus einer einzigen W-Entscheidungsfunktion. Zwei Entscheidungen sind definiert. Eine ist die "dummy" Entscheidung: Nicht Stoppen, das SVV β "von selbst weiterlaufen lassen". Die andere (Stoppen) führt im Falle des einmaligen Stoppens gleich das System in einen Endzustand über. Die Auszahlung ist Null, falls die "dummy" Entscheidung getroffen wurde. Die Frage der Existenz und der Bestimmung einer optimalen Strategie in diesem einfachsten Fall des einmaligen Stoppen eines SVV wurde in IOSIFESCU [1969] gelöst. Man erkennt aber leicht, daß der Begriff des optimalen Stoppens eines SVV ohne besondere Probleme auf kompliziertere Auszahlungs- und Entscheidungsstrukturen erweitert werden kann.

3: 2.5.3. <u>Die indirekt beobachtbaren Markoffschen Entscheidungssysteme (IOSIFESCU und MANDL [1966])</u>: Sei $\zeta = (\zeta_n)_{n\in N^*}$ eine homogene Markoff-Kette mit endlichem Zustandsraum $\underline{I} = \{1,2,\dots,h\}$ und seien

$$(3:\ 113)\qquad c_j^o = P(\zeta_o=j)\quad,\quad p_{ij} = P(\zeta_n=j/\zeta_{n-1}=i)\quad,\quad i,j\in\underline{I}$$

ihre Startwahrscheinlichkeit respektive ihre einstufigen Übergangswahrscheinlichkeiten.

Es wird angenommen, daß die Realisationen der Kette ζ nicht direkt beobachtbar sind, daß man aber probabilistische Rückschlüsse über diese Realisationen aus der Beobachtung einer anderen Folge $\xi = (\xi_n)_{n\in N}$ von Zufallsvariablen mit Werten in $\{1,2,\dots,m\}$ ziehen kann. So könnte z.B. ξ die Tageseinnahmen eines Buchhändlers darstellen, und ζ der nicht buchmässig erfasste Anteil der Taschenbücher an diesen Einnahmen. Diese "indirekte Beobachtbarkeit" wird durch folgende Annahmen über die Folge ξ präzisiert: Es wird eine Familie $(q(j))_{j\in \underline{I}}$, $q(j) = (q_1(j),\dots,q_m(j))$, von Wahrscheinlichkeitsverteilungen als bekannt angenommen. Für $\zeta_n=j$ sei die Wahrscheinlichkeitsverteilung von ξ_n durch $q(j)$ gegeben. $q_x(j)$ ist also die Wahrscheinlichkeit, daß $\xi_n=x$ ist, wenn $\zeta_n=j$ ist. Für einen gegebenen Wert von ζ_n sei ferner ξ_n unabhängig von $(\zeta_k,\xi_k)_{k\neq n}$.

Führen wir die Zufallsvariablen

(3: 114) $\quad w_n = (c_1^n,\dots,c_k^n) \quad , \quad c_j^n = P(\zeta_n=j/\xi_1,\dots,\xi_n) \quad , \quad j\in I \quad ,$

ein. w_n stellt die a posteriori (d.h., nach Beobachtung von $\xi_1,\dots,\xi_n$) Verteilung von ζ_n dar. Unter Berücksichtigung der oben getroffenen Annahmen leitet man ab

(3: 115) $\quad P(\xi_{n+1}=x|\xi_1,\dots,\xi_n) = \sum_{ij} c_i^n p_{ij} q_x(j) \quad ,$

sowie, für $\xi_{n+1} = x$

(3: 116) $\quad c_j^{n+1} = (\sum_i O(x,j,i)c_i^n)(\sum_i O(x,i)c_i^n)^{-1}$

mit

(3: 117) $\quad O(x,j,i) = p_{ij}q_x(j) \quad , \quad O(x,i) = \sum_j O(x,j,i) \quad ,$ und $x = \{1,\dots,m\}$.

Setzen wir

(3: 118) $\quad \underline{X} = \{1,\dots,m\} \quad , \quad \underline{W} = \{w=(c_1,\dots,c_k);\ c_i \geq o,\quad i=1,\dots,k \quad , \quad \sum_i c_i=1\}$

und (schrittbezogene Indizierung) $w_n = (c_1^n,\dots,c_k^n)\in \underline{W}$

(3: 119) $\quad \pi(w;X) = \sum_i \sum_{x\in X} c_i O(x,i) \quad , \quad x\in\underline{X} \quad , \quad X\subset\underline{X} \quad , \quad w\in\underline{W} \quad ,$

(3: 120) $\quad u(w;x) = ((\sum_i O(x,j,i)c_i)(\sum_i O(x,i)c_i)^{-1} \quad , \quad j=1,\dots,k)$

mit $u(w;x)=w$, wenn (3: 120) nicht definiert ist. Damit ist $u(w;x)$ ein h Vektor, dessen n-te Komponente durch (3: 120) mit j=n gegeben ist.

Man erkennt, daß ξ der assoziierte kanonische Prozess des homogenen SVV $\beta = \{\underline{W},\underline{X},u,\pi\}$ ist.

Nehmen wir jetzt an, daß der Verlauf der Kette ζ beeinflußt werden kann, daß also die Übergangsfunktionen p_{ij} von Entscheidungen $y \in \underline{Y}$ abhängen: $p_{ij} = p_{ij}(y)$. Wir haben damit ein "offenes Markoff Entscheidungssystem" $\zeta\{y\}$. In unserem Fall kann sich ein hypothetischer Entscheidungsträger nicht in seinen Entscheidungen nach dem laufenden Zustand von ζ richten, da dieser Zustand nicht bekannt ist. Er kann jedoch seine Entscheidungen auf die a posteriori Verteilung w dieses Zustandes, also auf den momentanen Zustand des SVV β, beziehen. Diese w stellen jeweils die vollständigste Information dar, die er über den Zustand von ζ haben kann. Seien also Entscheidungsfunktionen $d(\cdot) = \{d(w)\}$, die hier zugleich homogene Strategien sind, als Abbildungen von $\underline{W}$ in $\underline{Y}$ für $\zeta\{y\}$ definiert. Die Annahme, daß die Entscheidungen aufgrund einer Funktion d getroffen werden, d.h., daß $p_{ij} = p_{ij}(d(w))$ ist, bestimmt dann ein "Markoffsches Entscheidungssystem" ζ_d.

Das SVV β ist aber selbst über die Definition der Π und u von den p_{ij}, und damit von y, abhängig. Jedem Markoffschen Entscheidungssystem ζ_d (jedem festen d) entspricht also ein (homogenes) SVV, bzw. ESVV, $\beta_d = \{\underline{W}, \underline{X}, u_d, \Pi_d\}$. d ist offenbar zugleich W-Entscheidungsfunktion, (von w allein abhängige) W-X-Entscheidungsfunktion, und Strategie für β_d. Die hier gegebene Entscheidungsstruktur ist insofern ein recht einfacher Spezialfall.

Die ESVV β_d wurden nur als Hilfsmittel zur Untersuchung der Markoffschen Entscheidungssysteme ζ_d eingeführt. Der von Iosifescu und Mandl behandelte Problemkreis ist jedoch verwandt genug mit unseren Interessen, um noch kurz umrissen zu werden.

Sei $U(\cdot) = \{U(i,j,y)\}$, $i,j \in \underline{I}$, $y \in \underline{Y}$, eine reelle Auszahlungsfunktion, die jeden Übergang von i nach j unter Anwendung der Entscheidung y bewertet. Der Erwartungswert der kumulierten Auszahlung, die mit K sukzessiven Übergängen der Markoff Kette ζ_d beim Anfangszustand $w_o = w$ verbunden ist, ist gegeben durch:

$$(3:\ 121) \qquad E_w \sum_{n=1}^{K} U(\zeta_{n-1}, \zeta_n, y_{n-1}) = E_w \sum_{n=1}^{K} E_w \{u(\zeta_{n-1}, \zeta_n, y_{n-1}) / \xi_1, \ldots, \xi_{n-1}\} =$$

$$= E_w \sum_{n=1}^{K} \gamma(w_n; d(w_n))$$

wobei $\gamma(w_n; d(w_n)) = \sum_{i,j} c_i p_{ij}(d(w_n)) U(i,j)$ ist.

Strebt die Verteilung von w_n nach einer Grenzverteilung wenn $n \to \infty$, kann das

Integral von $\gamma(w_n;d(w_n))$ in Bezug auf diese Verteilung als der Erwartungswert der Auszahlung des n-ten Übergangs der Kette ζ_d, mit $n\to\infty$, identifiziert werden. Man interessiert sich für die Strategien d, die die Existenz dieses Grenzwerts sichern (d-Strategien). Aus den d-Strategien werden dann die optimalen (den Grenzwert maximierenden) ausgesucht.

3: 2.6. Die endlichen ESVV

Sei $\mathcal{O} = \{\underline{W},\underline{X},\underline{C},\underline{E},(u_e)_{e\in\underline{E}},(\Pi_c)_{c\in\underline{C}}\}$ ein endliches homogenes offenes Entscheidungssystem mit vollkommenen Verbindungen. Jeder W-Entscheidung $c\in\underline{C}$ wird die Matrix $\underline{\Pi}_c$ der Übergangswahrscheinlichkeiten $\Pi_c(w_i;x_j)$ von $\underline{W}$ nach $\underline{X}$, und entsprechend die Matrix A_c der Übergangswahrscheinlichkeiten von $\underline{W}$ in $\underline{W}\times\underline{X}$, zugeordnet. Jeder W-X-Entscheidung $e\in\underline{E}$ entspricht eine Matrix B_e als Operator von $\underline{W}\times\underline{X}$ in $\underline{X}$. Jeder Entscheidung (c,e) wird dann die Matrix $M_{c,e} = A_cB_e$ zugeordnet. Im Falle eines nicht-homogenen Entscheidungssystem $\mathcal{O} = \{\underline{W},\underline{X},\underline{C},\underline{E},(u_{t,e})_{t\in T,e\in\underline{E}},(\Pi_{t,c})_{t\in T,c\in\underline{C}}\}$ werden jedem $c\in\underline{C}$ zwei Familien $(\underline{\Pi}_{t,c})_{t\in T}$ und $(\underline{A}_{t,c})_{t\in T}$ von Matrizen zugeordnet, und jedem $e\in\underline{E}$ eine Familie $(\underline{B}_{t,e})_{t\in T}$.

Unter Berücksichtigung der relevanten Indizierung durch c und e gelten die unter 3: 1.6. abgeleiteten Beziehungen für endliche ESVV. Wir wollen sie nicht explizit wiedergeben, sondern werden zur Veranschaulichung gleich zu unserem numerischen Beispiel zurückkehren.

Wir erweitern das in Beispiel 3: 1.6.3. definierte SVV zu einem offenen Entscheidungssystem mit vollkommenen Verbindungen, in dem wir folgende Annahmen machen. Unser Automobilist fahre seinen Wagen nicht selbst, sondern nehme die Dienste eines Chauffeurs in Anspruch. In jedem Jahr habe er die Auswahl, einen besseren oder einen schlechteren Chauffeur einzustellen, wobei sich die Auswahl des Chauffeurs auf die Unfallwahrscheinlichkeiten im betreffenden Jahr auswirkt. Damit haben wir zwei W-Entscheidungen, c_1 = "Einstellung des besseren Chauffeurs", und c_2 = "Einstellung des schlechteren Chauffeurs", definiert. Die entsprechenden Matrizen $\underline{\Pi}$ seien gegeben durch:

nach / von	x_1	x_2	x_3
w_1	0,85	0,10	0,05
w_2	0,81	0,12	0,07
w_3	0,77	0,14	0,09
w_4	0,73	0,16	0,11

$\underline{\Pi}_{c_1}$

nach / von	x_1	x_2	x_3
w_1	0,65	0,20	0,15
w_2	0,61	0,22	0,17
w_3	0,57	0,24	0,19
w_4	0,53	0,26	0,21

$\underline{\Pi}_{c_2}$

Tabelle 3:7

Die Matrizen A_{c_1} und A_{c_2} lassen sich unmittelbar aus $\underline{\Pi}_{c_1}$ und $\underline{\Pi}_{c_2}$ ableiten und werden nicht wiedergegeben.

Ferner wollen wir annehmen, daß unser Automobilist - falls sein Wagen im laufenden Jahr einen Unfall hatte - ihn am Ende des Jahres reparieren lassen kann. Ein Auto, das einen Blechschaden erlitten hat und repariert wird, erfährt eine Wertminderung von 20% (das ist die normale, "altersabhängige" Wertminderung). Nach einem schweren Unfall und Reparatur betrage die Wertminderung 36% (also die gleiche Wertminderung wie bei einem Blechschaden ohne Reparatur).

Wir haben diesmal zwei W-X-Entscheidungen e_1, "Reparieren", und e_2, "Nicht Reparieren", eingeführt. Die entsprechenden Matrizen B sind gegeben durch:

von \ nach	w_1	w_2	w_3	w_4
w_1, x_1	0	1	0	0
w_1, x_2	0	0	1	0
w_1, x_3	0	0	0	1
w_2, x_1	0	0	1	0
w_2, x_2	0	0	0	1
w_2, x_3	1	0	0	0
w_3, x_1	0	0	0	1
w_3, x_2	1	0	0	0
w_3, x_3	1	0	0	0
w_4, x_1	1	0	0	0
w_4, x_2	1	0	0	0
w_4, x_3	1	0	0	0

B_{e_1}

von \ nach	w_1	w_2	w_3	w_4
w_1, x_1	0	1	0	0
w_1, x_2	0	1	0	0
w_1, x_3	0	0	1	0
w_2, x_1	0	0	1	0
w_2, x_2	0	0	1	0
w_2, x_3	0	0	0	1
w_3, x_1	0	0	0	1
w_3, x_2	0	0	0	1
w_3, x_3	1	0	0	0
w_4, x_1	1	0	0	0
w_4, x_2	1	0	0	0
w_4, x_3	1	0	0	0

B_{e_1}

Tabelle 3:8

Jedem Paar (c,e) werden die zwei Matrizen A_c und B_e, also die Matrix $M_{c,e} = A_c B_e$ zugeordnet. In unserem Beispiel haben wir vier Matrizen $M_{c,e}$, die gegeben sind durch:

von \ nach	w_1	w_2	w_3	w_4
w_1	0	0,85	0,10	0,05
w_2	0,07	0	0,81	0,12
w_3	0,23	0	0	0,77
w_4	1	0	0	0

M_{c_1,e_1}

von \ nach	w_1	w_2	w	w_4
w_1	0	0,95	0,05	0
w_2	0	0	0,93	0,07
w_3	0,09	0	0	0,91
w_4	1	0	0	0

M_{c_1,e_2}

nach / von	w_1	w_2	w_3	w_4
w_1	0	0,65	0,20	0,15
w_2	0,17	0	0,61	0,22
w_3	0,43	0	0	0,57
w_4	1	0	0	0

M_{c_2,e_1}

nach / von	w_1	w_2	w_3	w_4
w_1	0	0,85	0,15	0
w_2	0	0	0,83	0,17
w_3	0,19	0	0	0,81
w_4	1	0	0	0

M_{c_2,e_2}

Tabelle 3:9

Die Annahme, daß nur dann repariert werden kann, wenn vorher ein Unfall stattgefunden hat, definiert eine zulässige W-X-Entscheidungsmenge $\underline{E}_x$ in $\underline{E}$ als Funktion von x. Es gilt nämlich $\underline{E}_{x_1} = \{e_1\}$ und $E_x = \underline{E}$ für $x \neq x_1$.

Jede W-Entscheidungsfunktion s ist hier Ausdruck für ein mögliches Verhalten des Automobilisten hinsichtlich der Einstellung eines Chauffeurs in einem Jahr als Funktion des jeweiligen Wagenzustandes. So entspricht z.B. die durch $s(w)=c_1$ für alle $w \in \underline{W}$ definierte W-Entscheidungsfunktion dem Verhalten "unabhängig vom Zustand des Wagens wird immer der bessere Chauffeur eingestellt". Eine W-X-Entscheidungsfunktion r ist Ausdruck für ein mögliches Verhalten des Automobilisten hinsichtlich der Reparatur des Autos als Funktion des Wertes und der Unfallgeschichte des Autos im betrachteten Jahr. Jedes Paar (s,r) ist entsprechend Ausdruck für eine Verhaltensweise des Automobilisten hinsichtlich Einstellung und Reparatur über ein Jahr.

Die Annahme, daß der Automobilist ein Auto nur über eine endliche Anzahl K von Jahren hält, kann formal ausgedrückt werden durch die Einführung einer weiteren Entscheidung *, die am Ende des K-ten Jahres zwangsläufig getroffen wird. Als Folge dieser Entscheidung tritt ein Endzustand ** ein. K könnte z.B. die Lebenserwartung des Automobilisten darstellen, und wird dann sinnvollerweise als Zufallsvariable definiert.

Wir wenden uns jetzt der Definition einer Auszahlungsfunktion für unser Beispiel zu. Es seien folgende Annahmen getroffen:

a) Die Einstellung eines besseren Chauffeurs (W-Entscheidung c_1) koste 1000 DM/Jahr mehr als die Einstellung eines schlechteren (W-Entscheidung c_2). Wir schreiben $f(c_1) = -1000$, $f(c_2) = 0$.

b) Eine Reparatur koste pauschal 1600 DM: $f(e_1) = 0$, $f(e_2) = -1600$.

c) Die Jahresbetriebskosten seien umgekehrt proportional zum Zustand des Autos. Für ein Auto im Zustand w seien sie durch $f(w) = -(2000 - \frac{1}{10}w)$ gegeben.

d) Wir behalten die Annahme bei, der Automobilist würde sein Auto dann und nur dann ersetzen, wenn dessen Wert unter 5000 DM fällt. Er kann aber jetzt in bestimmten Fällen durch Reparaturen den Verfall unter diese Grenze verschieben. Die Kosten $-f(w,x,e)$, einen alten Wagen durch einen zu ersetzen, seien -10000 DM zuzüglich des rechnerischen Restwertes $u_c(w,x)$ des alten Wagens. Man bermerke, daß dieser Restwert niedriger als w_4, nämlich 3880, 3104 und 2483,20 DM, sein kann.

e) Die Entscheidung * und der Zustand ** seien mit keiner Auszahlung verbunden.

Die Auszahlung im n-ten Jahr, $\hat{U}_n$, wird definiert durch

$$\hat{U}_n(w,x,e,c) = f(c)+f(e)+f(w)+f(w,x,e)$$

wenn w,x,e und c in diesem Jahr realisiert wurden, und durch

$$\hat{U}_n(*,**) = 0,$$

falls das System sich in seinem Endzustand befand, bzw. gerade in diesen überging.

Wenn die Entscheidungsfunktion des n-ten Jahres (s,r) ist und $c=s(w)$, $e=r(w;x)$ gilt, können wir $\hat{U}_n$ als Funktion von w und x allein ausdrücken: $\hat{U}_n(w,x,r(w;x),s(w)) = U_n(w,x)$. Die Funktion U, definiert durch $U = \sum_{n\in N} U_n$, ist offenbar eine additive Auszahlungsfunktion im Sinne von Definition 3: 2.4.4., wenn sie reell ist. Die Endlichkeit von U ist gesichert, wenn der Zustand ** nach endlich vielen Jahren mit Wahrscheinlichkeit 1 erreicht wird (endlicher Planungshorizont), da dann alle Summanden U_n bis auf endlich viele, die offenbar reell sind, Null sind. Im Falle eines unendlichen Planungshorizonts muß eine Diskontierung eingeführt werden, um die Konvergenz von $\sum_{n\in N} U_n$ zu sichern. U kann dann etwa in der Form $U = \sum_{n\in N} \rho^n U_n$ mit $0\leq\rho<1$ definiert werden.

3: 2.7. Bestimmung einer optimalen Politik durch Wertiteration

Die Anzahl der möglichen Strategien für ein offenes stochastisches Entscheidungssystem mit vollkommenen Verbindungen steigt sehr schnell mit der Anzahl der W- und W-X-Entscheidungen und mit der Anzahl der Schritte vor Erreichen eines Endzustandes. Bei unendlichen Planungshorizont ist diese Anzahl unendlich, sobald die zulässigen Entscheidungsmengen mehr als ein Element über unendlich viele Schritte enthalten. Es ist in diesem letzten Falle unmöglich, die optimale Strategie durch Vergleich der Werte der verschiedenen zugeordneten ESVV zu bestimmen. Es soll jetzt gezeigt werden, wie im Falle eines endlichen Planungshorizonts das Problem der Bestimmung einer optimalen Strategie für ein endliches offenes Entscheidungssystem mit vollkommenen Verbindungen mit Hilfe eines Verfahrens der dynamischen Programmierung, der sogenannten Wertiterationsmethode, behandelt werden kann. Bei diesem Verfahren wird das Schwergewicht der Betrachtung auf den einzelnen Schritt mit seinen relativ wenigen zugeordneten Entscheidungsmöglichkeiten gelegt.

Der Grundgedanke der Wertiteration ist der folgende: Man betrachtet zuerst den letzten Schritt des gegebenen Optimierungsproblems. Es wird diejenige Entscheidungsfunktion für den letzten Schritt festgelegt, die die erwartete Auszahlung über diesen Schritt maximiert. Anders ausgedrückt: die Entscheidung, die im letzten Schritt getroffen wird, wird für jeden möglichen Ausgang des vorletzten Schrittes in "optimaler Weise" vorgeplant. Die Entscheidungsfunktion für den vorletzten Schritt wird anschliessend so bestimmt, daß sie zusammen mit der für den letzten Schritt festgelegten Entscheidungsfunktion den erwarteten Wert über die zwei letzten Schritte maximiert. Entsprechend wird die optimale Entscheidungsfunktion rückwärts - wir sagen: rekursiv - für die früheren Schritte, bis zum ersten Schritt zurück, festgelegt. Diese Lösungsmethode, die von Bellman entwickelt wurde (vgl. BELLMAN [1957]) ist hier anwendbar, weil aufgrund der Markoffschen Eigenschaft von ζ'' der Verlauf eines Schrittes jeweils nur vom Ergebnis des vorherigen Schrittes (und gegebenfalls des Zeitpunkts des Schrittes) abhängt.

Der praktische Vorteil der Wertiterationsmethode gegenüber einem einfachen Vergleich der Strategienwerte liegt darin, daß man das sehr umfangreiche Problem der Bestimmung und des Vergleiches aller möglichen Strategien über K Schritte durch eine Reihe von relativ einfachen Problemen, nämlich die Bestimmung der optimalen Entscheidungsfunktion im K-ten, (K-1)-ten, usw, Schritt, ersetzt. Die Bestimmung der optimalen Entscheidungsfunktion im (K-n)-ten Schritt erfolgt jeweils aufgrund der Daten, die diesen Schritt für sich genommen charakterisieren, und der Ergebnisse des Optimierungsproblem im (K-n+1)-ten Schritt. Weitere Daten werden nicht benötigt. Man bemerke jedoch, daß die dynamische Programmierung zwar ein systematisches Rechenverfahren anbietet, die rechnerische Schwierigkeiten aber nicht beseitigt. Insbesondere können größere Probleme auch unter Einsatz von EDV-Anlagen nicht routinemässig gelöst werden, vor allem schon aufgrund der hohen Speicheranforderungen.

Die Wertiteration eignet sich für alle endlichen offenen Entscheidungssysteme mit vollkommenen Verbindungen. Sie wird hier lediglich für homogene Systeme abgeleitet. Die Erweiterung auf den nicht homogenen Fall ist trivial.

Betrachten wir zunächst ein homogenes endliches SVV $\beta = \{\underline{W},\underline{X},u,\Pi\}$ und eine additive Auszahlungsfunktion $U = \sum_{n\in N} U_n$ für β. Der Erwartungswert der Auszahlung über K Schritte mit Ursprung w als Summe der Auszahlungen der einzelnen Schritten ist gegeben durch:

(3: 122) $E_w(U^{(K)}) = 0 \qquad$ für K=0;

(3: 123) $E_w(U^{(K)}) =$

$$= \sum_{x_1\in\underline{X}} \Pi(w;x_1)U_1(w;x_1) + \sum_{x_1\in\underline{X}} \Pi(w;x_1) \sum_{x_2\in\underline{X}} \Pi(u(w;x_1);x_2)U_2(u(w;x_1),x_2) +$$

$$+ \sum_{x_1\in\underline{X}} \Pi(w;x_1) \sum_{x_2,x_3} \Pi^{(2)}(u(w;x_1);x_2,x_3)U_3(u^{(2)}(w;x_1,x_2),x_3)+\dots$$

$$\dots+ \sum_{x_1\in\underline{X}} \Pi(w;x_1) \sum_{x_2,\dots,x_K} \Pi^{(K-1)}(u(w;x_1);x_2,\dots,x_K)U_K(u^{(K-1)}(w;x^{(K-1)}),x_K)$$

für K≥1. Mit Rücksicht auf die Definition der $\Pi^{(n)}$ kann dieser letzter Ausdruck geschrieben werden:

(3: 124) $E_w(U^{(K)}) =$

$$\sum_{x_1\in\underline{X}} \Pi(w;x_1)U_1(w;x_1) + \sum_{x_1\in\underline{X}} \Pi(w;x_1) \sum_{x_2\in\underline{X}} \Pi(u(w;x_1);x_2)U_2(u(w;x_1),x_2) +$$

$$+ \sum_{x_1\in\underline{X}} \Pi(w;x_1) \sum_{x_2\in\underline{X}} \Pi(u(w;x_1);x_2) \sum_{x_3\in\underline{X}} \Pi(u^{(2)}(w;x_1,x_2);x_3)U_3(u^{(2)}(w;x_1,x_2),x_3) +\dots$$

$$\dots+ \sum_{x_1\in\underline{X}} \Pi(w;x_1) \sum_{x_2\in\underline{X}} \Pi(u(w;x_1);x_2)\dots \sum_{x_{K-1}} \Pi(u^{(K-1)}(w;x_1,\dots,x_{K-1});x_K)U_K(u^{(K-1)}(w;x_1,\dots,x_{K-1}),x_K) =$$

$$\sum_{x_1\in\underline{X}} \Pi(w;x_1)U(w;x_1) + \sum_{n=2}^{K} \sum_{x_1\in\underline{X}} \Pi(w;x_1) \left\{ \sum_{x_2\in\underline{X}} \Pi(u(w;x_1);x_2)U_2(u(w;x_1),x_2) +\dots \right.$$

$$\left. \dots+ \sum_{x_K} \Pi(u^{(K-1)}(w;x_1,\dots,x_{K-1});x_K)U_K(u^{(K-1)}(w;x_1,\dots,x_{K-1}),x_K) \right\},$$

d.h., aufgrund der Definition von $E_w(U^{(K)})$:

$$(3{:}\ 125) \qquad E_w(U^{(K)}) = E_w(U^{(1)}) + \sum_{x\in \underline{X}} \Pi(w;x) E_{u(w;x)}(U^{(K-1)})$$

für alle $w\in\underline{W}$ und $K\in N$. Dabei bezeichnet $U^{(K-i)}$, $i=0,\ldots,K-1$, die Auszahlungsfunktion über den (i+1)- bis K-ten Schritt.

Die Beziehung (3: 125) wird uns erlauben, die einzelnen Entscheidungsfunktionen, die eine optimale Politik über K Schritte für ein offenes stochastisches System mit vollkommenen Verbindungen bilden, rekursiv zu bestimmen. Betrachten wir ein endliches homogenes offenes stochastisches Entscheidungssystem mit vollkommenen Verbindungen $\mathcal{O} = \{\underline{W},\underline{X},\underline{C},\underline{E},(u_e)_{e\in E},(\Pi_c)_{c\in \underline{C}}\}$. Sei $c^{(K)}=(c_1,\ldots,c_K)$, wobei c_i als die W-Entscheidung des i-ten Schrittes zu verstehen ist, und entsprechend $r^{(K)} = (r_1(w;\cdot),\ldots,r_K(w_{K-1};\cdot))$. Der optimale w-Wert von $\mathcal{O}$ über K Schritte ist gegeben durch:

$$(3{:}\ 126) \qquad \sup_{(c^{(K)},r^{(K)})} (U^{(K)}(c^{(K)},r^{(K)})) =$$

$$= \max_{c_1} \max_{r_1} \Big[E_w(U_1(c_1,r_1)) + \sum_{x_1\in \underline{X}} \Pi(w,c_1;x_1) \max_{c_2} \max_{r_2} \Big[E_{u(w;x_1;r_1(w;x_1))} U_2(c_2,r_2) + \ldots$$

$$\ldots + \sum_{x_K} \Pi(u^{(K-1)}(w;x_1,\ldots,x_{K-1});x_K) \max_{c_K} \max_{r_K} \Big[E_{u^{(K-1)}(w;x_1,\ldots,x_{K-1})} U_K(c_K,r_K)\Big]\Big]\Big],$$

das ist, unter Berücksichtigung von (3: 125):

$$(3{:}\ 127) \qquad \sup_{(c^{(K)},r^{(K)})} E_w(U^{(K)}(c^{(K)},r^{(K)}) =$$

$$= \max_{c_1} \max_{r_1} \Big[E_w(U_1(c_1,r_1)) + \sum_{x\in \underline{X}} \Pi(w,c_1;x_1) \sup_{(c^{(K-1)},r^{(K-1)})} E_{u(w;x_1;r_1(w;x_1))} U^{(K-1)}(c^{(K-1)},r^{(K-1)})\Big]$$

für alle $w\in\underline{W}$ und $K\in N$, mit $r_i \in r^{(K)}$, $i=1,\ldots,K$,

$$u^{(j)}(w;x_1,\ldots,x_j) = u(\cdot;x_j;r_j(\cdot,x_j))\circ\ldots\circ u(w;x_1;r_1(w,x_1)) \quad , \; j=1,\ldots,K-1 \; ,$$

und mit $E_w(U(c,r))$ entsprechend (3: 109) definiert. Dabei werden selbstverständlich die verschiedenen Suprema und Maxima über die jeweils zulässigen c, bzw. $r(w;\cdot)$ definiert. In unserer Schreibweise findet diese Einschränkung der Einfachheit halber keinen Ausdruck.

Die rekursive Definition von $E_w(U^{(K)})$ wurde also dazu benutzt, jede endliche Folge von Entscheidungen in die erste Entscheidung und in die späteren Entscheidungen zu zerlegen. Aus (3: 125) erkennt man, daß jede (zulässige) Strategie über K Schritte, die (3: 127) maximiert, optimal (über K Schritte) ist. Der optimale w-Wert ist für alle $w \in \underline{W}$ und $K \in N$ eindeutig bestimmt.

Mit Hilfe von (3: 127) wird die optimale Strategie über K Schritte, $K \in N$, bestimmt. Zuerst wird das Problem der Optimierung über einen Schritt im Zeitpunkt K gelöst. Dazu bestimmt man für jedes Paar (w_{K-1}, c_K) die zulässige Funktion $r_K(w_{K-1};\cdot)$, die $E_{w_{K-1}}(c_K) = E_{w_{K-1}}(U_K(w_{K-1}, c_K, r_K(w_{K-1};\cdot),\cdot)$ maximiert. $E_{w_{K-1}}(c_K)$ wird dann über die zulässigen c_K maximiert. Dadurch wird jedem w ein Paar $(c_K^* = s_K^*(w), e_K^*(\cdot) = r_K^*(w;\cdot))$ zugeordnet. $w \rightarrow (s_K^*(w), r_K^*(w;\cdot))$ ist offenbar die optimale Entscheidungsfunktion bzw. Strategie für das Optimierungsproblem über einen Schritt mit Auszahlungsfunktion U_K. $w \rightarrow (s_K^*(w), r_K^*(w;\cdot))$ ist ferner optimal für den letzten Schritt jedes Optimierungsproblems über endlich viele Schritte, wenn die Auszahlungsfunktion des letzten Schrittes U_K ist, da sie das letzte Glied von (3: 125) maximiert. (s_K^*, r_K^*), in (3: 127) eingesetzt, bestimmt den rechten Teil dieser letzten Gleichung für K=2, und erlaubt damit die Berechnung der optimalen Entscheidungsfunktion (s_{K-1}^*, r_{K-1}^*). $((s_{K-1}^*, r_{K-1}^*), (s_K^*, r_K^*))$ bilden wiederum die optimale Strategie für das Optimierungsproblem über zwei Schritte in K-1 und K, bzw. die optimale Strategie für die zwei letzten Schritte eines Optimierungsproblems über endlich viele Schritte, das in K endet. Das Paar $((s_{K-1}^*, r_{K-1}^*), (s_K^*, r_K^*))$, in (3: 127) eingesetzt, erlaubt ferner die Bestimmung von (s_{K-2}^*, r_{K-2}^*)...

Die Wertiterationsmethode sei an unserem numerischen Beispiel demonstriert. Man bemerke, daß hier die Auszahlungsfunktionen der verschiedenen Schritte homogen sind, d.h., es gilt $U_i = U^{(1)}$ für alle $i,j \in N$. Man kann in unserem Beispiel vier zulässige Funktionen $r(w;\cdot)$ definieren:

$$\left.\begin{array}{l} x_1 \longrightarrow \\ x_2 \longrightarrow \\ x_3 \longrightarrow \end{array}\right\} r^1(w;\cdot) = \left\{\begin{array}{l} e_1 \\ e_1 \\ e_1 \end{array}\right. \qquad \left.\begin{array}{l} x_1 \longrightarrow \\ x_2 \longrightarrow \\ x_3 \longrightarrow \end{array}\right\} r^2(w;\cdot) = \left\{\begin{array}{l} e_1 \\ e_2 \\ e_2 \end{array}\right.$$

$$\left.\begin{array}{l} x_1 \longrightarrow \\ x_2 \longrightarrow \\ x_3 \longrightarrow \end{array}\right\} r^3(w;\cdot) = \left\{\begin{array}{l} e_1 \\ e_2 \\ e_1 \end{array}\right. \qquad \left.\begin{array}{l} x_1 \longrightarrow \\ x_2 \longrightarrow \\ x_3 \longrightarrow \end{array}\right\} r^4(w;\cdot) = \left\{\begin{array}{l} e_1 \\ e_1 \\ e_2 \end{array}\right.$$

für alle $w \in \underline{W}$.

Tabelle 3:10

r^i, $i=1,\dots,4$, bezeichnet also die "i-te zulässige W-X-Entscheidungsfunktion". Der Funktion r^1 z.B. entspricht die Zuordnung der W-X-Entscheidung e_1, nicht reparieren, zu jedem Paar (w,x). Die Entscheidungsfunktion, die in i wirksam ist, wird dagegen in den allgemeinen Formeln entsprechend unseren früheren Konventionen weiterhin mit r_i, $i\in N$, bezeichnet.

Die erwarteten Auszahlungen über einen Schritt werden für jedes w,c, und $r(w;\cdot)$ berechnet. Für $w=w_1$, $c=c_1$, $r(w;\cdot) = r^1(w;\cdot)$ haben wir z.B.:

$$E^{(1)}_{w_1}(c_1,r^1(w_1;\cdot)) = \sum_x \pi(w_1,c_1;x)U(w_1,c_1,x,r^1(w_1;x)) =$$

$$= 0{,}85\ U(w_1,c_1,x_1,r^1(w_1;x_1)) + 0{,}10\ U(w_1,c_1,x_2,r^1(w_1;x_2)) + 0{,}05\ U(w_1,c_1,x_3,r^1(w_1;x_3)) =$$

$$= 0{,}85\ [f(w_1) + f(c_1) + f(r^1(w_1;x_1)) + f(w_1,x_1,r^1(w_1;x_1))] + 0{,}10\ [f(w_1) + f(c_1) + f(r^1(w_1;x_2)) +$$

$$+ f(w_1,x_2,r^1(w_1;x_2))] + 0{,}05\ [f(w_1) + f(c_1) + f(r^1(w_1;x_3)) + f(w_1,x_3,r^1(w_1;x_3))] =$$

$$= [0{,}85 + 0{,}10 + 0{,}05]f(w_1) + [0{,}85 + 0{,}10 + 0{,}05]f(c_1) + 0{,}85[f(r^1(w_1;x_1)) + f(w_1,x_1,r^1(w_1;x_1))]$$

$$+ 0{,}10[f(r^1(w_1;x_2)) + f(w_1,x_2,r^1(w_1;x_2))] + 0{,}05[f(r^1(w_1;x_3)) + f(w_1,x_3,r^1(w_1;x_3))] =$$

$$= -1000 -1000 -0{,}85(0+0) -0{,}10(0+0) -0{,}05(0+0) = -2000\ .$$

Die $E^{(1)}_w(c,r)$ sind in folgender Tabelle zusammengefasst:

	r^1	r^2	r^3	r^4
w_1,c_1	-2000	-2240	-2160	-2080
w_1,c_2	-1000	-1560	-2320	-2240
w_2,c_1	-2628,40	-2504	-2820,40	-2312
w_2,c_2	-2240,40	-1824	-2592,40	-1472
w_3,c_1	-3837,44	-3278,80	-3204,64	-3911,60
w_3,c_2	-4139,04	-3210,80	-3054,24	-4295,60
w_4,c_1	-8885,808	-9125,36	-9017,648	-8923,68
w_4,c_2	-8110,078	-8535,95	-8324,318	-8868,27

Tabelle 3:11

Die Maxima bezüglich der c und der $r(w;\cdot)$, d.h. die 4 optimalen w-Werte des Modells über einen Schritt, wurden in der obigen Tabelle umkreist. Man erkennt unmittelbar aus dieser Tabelle, daß die optimale W-Entscheidungsfunktion des letzten Schrittes eines Optimierungsproblems über K Schritte durch $s_K^*(w) = c_2$ für alle w gegeben ist. Die optimale W-X-Entscheidungsfunktion r_K^* entspricht folgender Tabelle:

	x_1	x_2	x_3
w_1	e_1	e_1	e_1
w_2	e_1	e_2	e_1
w_3	e_1	e_1	e_2
w_4	e_1	e_1	e_1

Tabelle 3:12

Es gilt also z.B. $r_K^*(w_2;x_2) = e_2$.

Tabelle 3:12 kann irreführen. Unsere Auszahlungsfunktion berücksichtigt nicht die Kosten der Erstanschaffung eines (neuen oder gebrauchten) Wagens. Die ausgewiesenen $E_w^{(1)}$ stellen also ausschließlich die erwarteten Betriebskosten und Wertminderungskosten bei alternativem Verhalten hinsichtlich Chauffeureinstellung und Reparaturdruchführung dar. Die Berücksichtigung der Erstanschaffungskosten führt zu einer neuen Tabelle der Maxima, die sich von Tabelle 3:11 dadurch unterscheidet, daß jedem Element einer Zeile (w_i,c) die Anschaffungskosten eines Wagens im Zustand w_i addiert werden. Dadurch wird offenbar die optimale Entscheidungsfunktion nicht verändert. Die neue Tabelle gibt uns aber die Möglichkeit, zusätzlich die Kaufentscheidung, der die geringsten erwarteten Gesamtkosten (d.h., Anschaffungskosten + erwartete Unterhaltskosten) über ein Jahr entsprechen , zu bestimmen. Eine solche Bestimmung kann allerdings schon aufgrund von Tabelle 3:11 bei Kenntnis der Unterschiede des Einkaufspreises von Automobilen in den verschiedenen Zuständen erfolgen. Der Unterschied zwischen sup $E_{w_1}^{(1)}$ und sup $E_{w_2}^{(1)}$ z.B., DM 472, stellt bei einem Planungshorizont von einem Jahr den relativen Vorteil dar, der einem Automobilisten dadurch entsteht, daß er am Anfang des Jahres über einen neuen und nicht über einen ein Jahr alten Wagen verfügt. (Dies gilt selbstverständlich nur unter der Annahme, daß der Automobilist die optimale Strategie über ein Jahr verfolgt). Ein Automobilist, der die erwarteten Gesamtkosten über ein Jahr zu minimieren versucht, wird also nur dann einen neuen Wagen kaufen, wenn sein Preis höchstens 472 DM höher ist als der Preis eines ein Jahr alten Wagens.

Betrachten wir jetzt das Optimierungsproblem über 2 Schritte. Die allgemeine Formel ist gegeben durch:

$$(3{:}\ 128)\qquad \sup_{(c^{(2)},r^{(2)})} E_w(U^{(2)}(c^{(2)},r^{(2)}) =$$

$$= \max_{c_1} \max_{r_1} [E_w(U^{(1)}(c_1,r_1)) + \sum_x \Pi(w,c_1;x_1) \sup_{(c_2,r_2)} E_{u(w;x_1;r_1(w;x_1)} U^{(1)}(c_2,r$$

Die $\sup_{(c_2,r_2)}$, also die optimalen "w-Werte des letzten Schrittes", haben wir für unser Beispiel gerade berechnet. Die Funktion $u(w;x;r(w;x))$ entspricht folgender Tabelle:

	$r^1(\cdot;x_1)$	$r^1(\cdot;x_2)$	$r^1(\cdot;x_3)$	$r^2(\cdot;x_1)$	$r^2(\cdot;x_2)$	$r^2(\cdot;x_3)$
w_1	w_2	w_3	w_4	w_2	w_2	w_3
w_2	w_3	w_4	w_1	w_3	w_3	w_4
w_3	w_4	w_1	w_1	w_4	w_4	w_1
w_4	w_1	w_1	w_1	w_1	w_1	w_1

	$r^3(\cdot;x_1)$	$r^3(\cdot;x_2)$	$r^3(\cdot;x_3)$	$r^4(\cdot;x_1)$	$r^4(\cdot;x_2)$	$r^4(\cdot;x_3)$
w_1	w_2	w_2	w_4	w_2	w_3	w_3
w_2	w_3	w_3	w_1	w_3	w_4	w_4
w_3	w_4	w_4	w_1	w_4	w_1	w_1
w_4	w_1	w_1	w_1	w_1	w_1	w_1

Tabelle 3:13

Der neue Zustand wird also z.B. w_4 sein, wenn der alte Zustand w_2 war, x_2 eingetreten ist, und die W-X-Entscheidung $r^1(w_2;x_2)$ getroffen wurde.

Es gilt:

$$\sup_{(c^{(2)},r^{(2)})} E_{w_1}(U^{(2)}(c^{(2)},r^{(2)})) =$$

$$= \max [-2000+0{,}85(-1472)+0{,}10(-3054{,}24)+0{,}05(-8110{,}078)\ ,\ -1000+0{,}65(-1472)+0{,}20(-3054{,}24)+0{,}15(-8110{,}078)$$
$$-2240+0{,}85(-1472)+0{,}10(-1472)+0{,}05(-3054{,}24)\ ,\ -1560+0{,}65(-1472)+0{,}20(-1472)+0{,}15(-3054{,}24)\ ,$$
$$-2160+0{,}85(-1472)+0{,}10(-1472)+0{,}05(-8110{,}078)\ ,\ -2320+0{,}65(-1472)+0{,}20(-1472)+0{,}15(-8110{,}078)\ ,$$
$$-2080+0{,}85(-1472)+0{,}10(-3054{,}24)+0{,}05(-3054{,}24)\ ,\ -2240+0{,}65(-1472)+0{,}20(-3054{,}24)+0{,}15(-3054{,}24)] \simeq$$

$$\simeq \max [-3962\ ,\ -3784\ ,\ -3791\ ,\ -3269\ ,\ -3964\ ,\ -4788\ ,\ -3789\ ,\ -3405] =$$

$$= -\ 3269$$

und entsprechend

$$\sup_{(c^{(2)},r^{(2)})} E_{w_2}(U^{(2)}(c^{(2)},r^{(2)})) =$$

$$\begin{aligned}= \max [&-2628,4+0,81(-3054,24)+0,12(-8110,078)+0,07(-1000) ,\\ &-2240,4+0,61(-3054,24)+0,22(-8110,078)+0,17(-1000) ,\\ &-2504+0,81(-3054,24)+0,12(-3054,24)+0,07(-8110,078) ,\\ &-1824+0,61(-3054,24)+0,22(-3054,24)+0,17(-8110,078) ,\\ &-2820,4+0,81(-3054,24)+0,12(-3054,24)+0,07(-10007 ,\\ &-2592,4+0,61(-3054,24)+0,22(-3054,24)+0,17(-1000) ,\\ &-2312+0,81(-3054,24)+0,12(-8110,078)+0,07(-8110,078) ,\\ &-1472+0,61(-3054,24)+0,22(-8110,078)+0,17(-8110,078)] \simeq\end{aligned}$$

$$\simeq \max [-6146 , -5247 , -5912 , -5738 , -5731 , -5297 , -6327 , -6498] =$$

$$= -5247 .$$

$$\sup_{(c^{(2)},r^{(2)})} E_{w_3}(U^{(2)}(c^{(2)},r^{(2)})) \simeq$$

$$\simeq \max [-10312 , -9192 , -10749 , -9970 , -10749 , -9970 , -10386 , -9348]$$

$$= -9192$$

$$\sup_{(c^{(2)},r^{(2)})} E_{w_4}(U^{(2)}(c^{(2)},r^{(2)})) \simeq$$

$$\simeq \max [-9886 , -9110 , -10125 , -9536 , -1018 , -9324 , -9924 , -9868] =$$

$$= -9110 .$$

Diesen optimalen w-Werte über zwei Schritte entspricht die optimale W-Entscheidungsfunktion für den ersten (bzw. allgemein: vorletzten) Schritt $s^*_{K-1}(w) = c_2$ für alle w. Der optimalen W-X-Entscheidungsfunktion r^*_{K-1} entspricht folgende Tabelle:

	x_1	x_2	x_3
w_1	e_1	e_2	e_2
w_2	e_1	e_1	e_1
w_3	e_1	e_1	e_1
w_4	e_1	e_1	e_1

Tabelle 3:14

Das abgeleitete Paar von Entscheidungsfunktionen $((s^*_{K-1},r^*_{K-1}),(s^*_K,r^*_K))$ bildet die optimale Strategie für jede Optimierung über 2 Schritte, bzw. über die zwei letzten Schritte einer Optimierung über K Schritte, wobei K eine beliebige natürliche Zahl mit $K \geq 2$ ist.

Die vorherigen Überlegungen bezüglich der Kosten der Erstanschaffung, bzw. der relativen Vorteile gelten hier entsprechend.

3: 2.8. Bemerkungen

Wir haben der Einfachheit halber angenommen, daß der Übergang in einen Endzustand mit einer konstanten Auszahlung - oder genauer: mit einer Auszahlung, die nicht vom bisherigen Verlauf des Prozesses abhängt - verbunden ist. In unserem Beispiel war diese Endauszahlung Null. Das Optimierungsproblem lässt sich jedoch ohne weiteres auf den Fall einer Auszahlung erweitern, die vom letzten Zustand vor dem Übergang in den Endzustand abhängig ist. Im Rahmen unseres Beispiels könnte diese Endauszahlung etwa den Erlös des Verkaufs des Autos im letzten Jahr (Restwert am Ende des Planungshorizonts) darstellen. Im Vergleich zum Optimierungsproblem mit zustandsunabhängiger Endauszahlung wird die neue Politik hinsichtlich der Erreichung einer günstigen Endauszahlung "verschoben". Ähnlich kann der Fall behandelt werden, wenn mehrere Endentscheidungen * definiert sind, die mit unterschiedlichen Auszahlungen verbunden sind, z.B. im Rahmen unseres Beispiels die Alternativen "Verkaufen" oder "Verschrotten".

Etwas komplizierter, jedoch ohne grundsätzliche Schwierigkeiten, ist die Erweiterung auf kontinuierliche Zustandsvariable (d.h., auf den Fall, wenn s und/oder r Wert in einem Intervall nehmen).

Die Wertiterationsmethode stellt ein sehr rechenaufwendiges Verfahren dar, sobald K groß ist. In der Praxis interessiert man sich jedoch meistens für Prozesse, die über eine unbestimmte, gegebenfalls große Anzahl von Schritten ablaufen, also gerade für Probleme, die mit der Wertiteration nur schwer zu lösen sind. Man beweist aber für diskrete homogene Markoffsche Entscheidungsprozesse, daß die optimalen Entscheidungsfunktionen der einzelnen Schritte gegen eine feste Entscheidungsfunktion konvergieren, wenn K sehr groß wird. Die Konvergenz kann schon für kleine K stattfinden. Wegen der Markoff-Eigenschaft von ζ" gilt entsprechend für ein Entscheidungssystem mit vollkommenen Verbindungen $(s^*_{K-n}, r^*_{K-n}) = (s^*, r^*)$ für $n \geq N$, N Konstante. Für Prozesse, die über eine größere Anzahl von Schritten ablaufen, kann also eine Optimierungsmethode von Vorteil sein, die das Schwergewicht auf eine möglichst unmittelbare Bestimmung von (r^*, s^*) legt. Ein solches Verfahren, die sogenannte Politikiterationsmethode, wurde von Howard entwickelt (HOWARD [1960]). Die Demonstration dieser Methode würde uns jedoch zu weitergehenderen Überlegungen zwingen, insbesondere über die Matrix der Übergangswahrscheinlichkeiten des zugrundegelegten Markoff-Prozesses, das ist in unserem Fall die Matrix M, und wird nicht vorgenommen.

Für eine eingehende Behandlung der oben angesprochenen Fragen, siehe z.B. BECKMANN [1968], HOWARD [1971].

Definiert man die Zielfunktion U derart, daß sie nur die Ereignisfolge x und gegebenenfalls die Entscheidungen bewertet, so bedeutet die Optimierung eines ESVV die Optimierung nur des Zufallsprozesses ξ. Wir erhalten damit die Möglichkeit, eine Klasse von Nicht-Markoffschen Prozessen mit Hilfe der Methoden, die zur Optimierung Markoffscher Prozessen anwendbar sind, indirekt zu optimieren. Dieser Punkt wird hier nicht weiter erläutert, da er nur dann praktische Bedeutung erlangen kann, wenn man genaue Angaben über die Klasse der Prozessen ξ macht. Wir sind jedoch bislang zu keinem Ergebnis in dieser Richtung gekommen.

LITERATURVERZEICHNIS

ASH, Robert B. [1972]: Real Analysis and Probability. New York, London: Academic Press 1972

AUMANN, R.J. [1964]: Markets with a continuum of traders. In: Econometrica 32, 1964, S. 39-50

AUMANN, R.J. und MASCHLER, M. [1968]: Repeated Games with Incomplete Information. The Zero-Sum Extensive Case. Report to the U.S. Arms Control and Disarmament Agency, Washington, D.C. Final report on contract ACDA/ST-143, prepared by Mathematica, Princeton, N.J., November 1968, Chapter II, S. 25-108

BACHELARD, Gaston [1960]: Le Nouvel Esprit Scientifique. 7ème Edition. Paris: Presses Universitaires de France 1960

BAUER, Heinz [1968]: Wahrscheinlichkeitstheorie und Grundzüge der Maßtheorie. Berlin: Walter de Gruyter & Co. 1968

BECKMANN, Martin J. [1968]: Dynamic Programming of Economic Decisions. Berlin, Heidelberg, New York: Springer Verlag 1968

BELLMANN, Richard [1961]: Adaptive Control Processes: A Guided Tour. Princeton: Princeton University Press 1961

BHATTACHARYA, Rabindra Nath und MAJUMDAR, Mukul [1973]: Random Exchange Economies. In: Journal of Economic Theory. Volume 6, Number 1, 1973, S. 37-67

BILLINGSLEY, Patrick [1961]: Statistical Inference for Markov Processes. Chicago: The University of Chicago Press 1961

BORCH, Karl Henrik [1968]: The Economics of Uncertainty. Princeton: Princeton University Press 1968

CAILLOT, P. und MARTIN, F. [1972]: Le modèle bayésien. In: Annales de l'Institut Henri Poincaré VIII, 2, 1972, S. 183-210

CHUNG, Kai Lai [1960]: Markov Chains with Stationary Transition Probabilities. Berlin, Göttingen, Heidelberg: Springer Verlag 1960

DEISSENBERG, Christophe [1970]: Assoziierte Markov-Modelle und ihre Anwendung auf die Darstellung von Lernvorgängen. Diplomarbeit. Frankfurt am Main 1970

DEISSENBERG, Christophe und STOPPLER, Siegmar [1974]: Zur dynamischen Bewertung wirtschaftspolitischer Zielkombinationen. In: Zeitschrift für die gesamte Staatswissenschaft, 130. Band, 1974, S. 75-89

DOOB, J.L. [1953]: Stochastic Processes. New York and London: Wiley 1953

DRAKE, Alvin W. [1967]: Fundamentals of Applied Probability Theory. New York, St.Louis, San Francisco, Toronto, London, Sydney: McGraw-Hill Book Company 1967

DUBINS, L. und SAVAGE, L. [1965]: How to Gamble if You Must. New York: McGraw-Hill 1965

DYNKIN, E.B. [1965]: Markov Processes, Band I und II. Berlin, Göttingen Heidelberg: Springer Verlag 1965

DYNKIN, E.B. und JUSCHKEWITSCH, A.A. [1969]: Sätze und Aufgaben über Markoffsche Prozesse. Heidelberg, New York: Springer Verlag 1969

FRANKEL, Marvin [1973]: Pricing Decisions under Unknown Demand. In: Kyklos, Volume XXVI, Fasc. 1, 1973, S. 1-24

GEORGESCU-ROEGEN, Nicholas [1971]: The Entropy Law and the Economic Process. Cambridge: Harvard University Press 1971

GEORGESCU-ROEGEN, Nicholas [1966]: Analytical Economics: Issues and Problems. Cambridge: Harvard University Press 1966

GOBLOT, E. [1942]: Systématique des Sciences. 7ème Edition. Paris: Presses Universitaires de France 1942

HAAVELMO, T. [1954]: A Study in the Theory of Economic Evolution. Amsterdam: North Holland 1954

HALMOS, Paul R. [1950]: Measure Theory. Princeton, Toronto, London, New York: D. Van Nostrand Company, Inc. 1950

HAYEK, F.A. [1952]: The Counter Revolution of Science. Glencoe: Free Press 1952

HENN, R. und KÜNZI, H.P. [1968]: Einführung in die Unternehmensforschung II. Berlin, Heidelberg, New York: Springer Verlag 1968

HILDENBRAND, Werner [1971]: Random Preferences and Equilibrium Analysis. In: Journal of Economic Theory, Volume 3, Number 4, 1971, S. 414-429

HOWARD, Ronald A. [1971]: Dynamic Probabilistic Systems. New York, London, Sydney, Toronto: John Wiley & Sons, Inc. 1971

IHLAU, Toni und RALL, Lothar [1970]: Die Messung des technischen Fortschrittes. Tübingen: J.C.B. Mohr (Paul Siebeck) 1970

IONESCU TULCEA, C.T. [1949]: Sur les mesures dans les espaces produits. In: Rend. Accad. Naz. dei Lincei, Cl. Sci. fis. math. nat., serie 8, Band 7, 1949, S. 208-211

IOSIFESCU, M. [1963]: Stochastische Systeme mit vollkommenen Verbindungen mit einem willkürlichen Zustandsraum. In: Rev. math. pures et appl. 8, 1963, S. 611-645; 9, 1963, S. 91-92 (in russisch)

IOSIFESCU, Marius [1967]: Systèmes aléatoires à liaisons complètes à paramètre continu. In: Rev. Roum. Math. Pures et Appl., Tome XII, Nr. 9, 1967, S. 1289-1292

IOSIFESCU, Marius [1969]: Un problème d'analyse séquentielle pour les systèmes aléatoires à liaisons complètes. In: Rev. Roum. Math. Pures et Appl., Band XIV, Nr. 5, 1969, S. 649-652

IOSIFESCU, M. und MANDL, P. [1966]: Application des systèmes à liaison complètes à un problème de réglage. In: Rev. Roum. Math. Pures et Appl. 11, 1966, S. 533-539

IOSIFESCU, M. und THEODORESCU, R. [1969]: Random Processes and Learning. Berlin, Heidelberg, New York: Springer Verlag 1969

JACOBS, K. [1958]: Konjunkturschwankungen Markoffscher n-Personen-Prozesse mit monomialer Regelung. In: Math. Zeitschrift 69, 1958, S. 247-270

JORDAN, Pascual [1936]: Anschauliche Quantentheorie. Berlin: Verlag von Julius Springer 1936

KOLMOGOROFF, A.N. [1931]: Über die analytischen Methoden in der Wahrscheinlichkeitsrechnung. In: Math. Ann. 104, 1931, S. 415-458

KOLMOGOROFF, A.N. [1933]: Grundbegriffe der Wahrscheinlichkeitsrechnung. In: Ergebnisse der Mathematik. Berlin: Springer Verlag 1933

KOLMOGOROFF, A.N. und FOMIN, S.V. [1961]: Measure, Lebesque Integrals, and Hilbert Space. New York and London: Academic Press 1961

KOO, A.Y.C. [1963]: An Empirical Test of Revealed Preference Theory. In: Econometrica, Volume 31, 1963, S. 646-664

KRUPP, S.R., ed. [1966]: The Structure of Economic Science. Englewood Cliffs: Prentice Hall 1966

LE CALVE, Georges und THEODORESCU, Radu [1967]: Systèmes aléatoires à liaisons complètes totalement non homogènes. In: C.R.Acad. Sc. , Série A, t. 265, 1967, S. 347-349

LE CALVE, Georges und THEODORESCU, Radu [1969] : Systèmes aléatoires généralisés à liaisons complètes. Unveröffentlichtes Manuskript.

LOEVE, M. [1963]: Probability Theory. Princeton, New York, Toronto, London: Van Nostrand 1963. (3. Auflage)

MANDELBROT, B. [1963]: The Variation of Speculative Prices. In: J. Business 36, 1963, S. 394-419

MENDEL, J.M. und FU, K.S., Editors [1970]: Adaptive, Learning and Pattern Recognition Systems. New York, London: Academic Press 1970

METIVIER, Michel [1966] : Processus à liaisons complètes et processus markoviens associées. Unveröffentlichtes Manuskript, Rennes 1966-1967

MEYER, Paul-André [1967]: Processus de Markov. Berlin, Heidelberg, New York: Springer Verlag 1967

MIHOC, G.H. [1967]: Problèmes d'inférence statistique pour les chaines à liaisons complètes. In: Rev. Roum. Math. Pures et Appl., Tome XII, Nr. 9, 1967, S. 1329-1332

NEUMANN, John von [1961]: Collected Works, Volume I and II. Edited by A.H. Taub. Oxford, London, New York, Paris: Pergamon Press 1961

NEUMANN, John von und MORGENSTERN, Oskar [1953]: Theory of Games and Economic Behavior. 3., verbesserte Auflage. Princeton: Princeton University Press 1953

NEVEU, Jacques [1970]: Bases Mathématiques du Calcul des Probabilités. Paris: Masson et Cie 1970

NORMAN, M. Frank [1972]: Markov Processes and Learning Models. New York, London: Academic Press 1972

ONICESCU, O. und MIHOC, G. [1935]: Sur les chaînes statistiques. In: C. r. Acad. Sci. Paris 200, 1935, S. 511-512

PARETO, V. [1927]: Manuel d'économie politique. 2ème Edition. Paris: Giard 1927

RAIFFA, Howard und SCHLAIFER, Robert [1961]: Applied Statistical Decision Theory. Boston: Division of Research, Graduate School of Business Administration, Harvard University 1961

STEINDL, J. [1965]: Random Processes and the Growth of Firms. New York: Hafner 1965

SWORDER, David [1966]: Optimal Adaptive Control Systems. New York, London: Academic Press 1966

THEODORESCU, Radu [1957]: Stochastische kontinuierliche Prozesse mit vollkommenen Verbindungen. In: Math. Nachr. 16, 1957, S. 191-223

TINTNER, G. [1968]: Methodology of Mathematical Economics and Econometrics. Chicago: University of Chicago Press 1968

TINTNER, Gerhard und SENGUPTA, Jati K. [1972]: Stochastic Economics. New York, London: Academic Press 1972

VAN PRAAG, Bernard M.S. [1968]: Individual Welfare Functions and Consumer Behavior. Amsterdam: North Holland Publishing Company 1968

WALD, Abraham [1958]: Statistical Decision Functions. New York: John Wiley & Sons, Inc. London: Chapman & Hall, Ltd. 1958

WEIZSÄCKER, Carl Christian von [1971]: Notes on Endogenous Change of Tastes. In: Journal of Economic Theory, Volume 3, Number 4, 1971, S. 345-372

ZIDAROIU, Corneliu [1970] : Random Decision Processes with Complete Connections. In: Rev. Roum. Math. Pures et Appl., Tome XV, No 7, 1970, S. 1113-1122

SYMBOLVERZEICHNIS

SACHVERZEICHNIS